新时代思政学科研究文库

网络时代高校思想政治教育对象研究

王　方◎著

光明日报出版社

图书在版编目（CIP）数据

网络时代高校思想政治教育对象研究 ／ 王方著．

北京：光明日报出版社，2024.6. -- ISBN 978 - 7 - 5194 -

8053 - 0

Ⅰ. G641

中国国家版本馆 CIP 数据核字第 2024UR1854 号

网络时代高校思想政治教育对象研究

WANGLUO SHIDAI GAOXIAO SIXIANG ZHENGZHI JIAOYU DUIXIANG YANJIU

著　者：王　方

责任编辑：许　怡　　　　　　　　责任校对：王　娟　贾　丹

封面设计：中联华文　　　　　　　责任印制：曹　净

出版发行：光明日报出版社

地　　址：北京市西城区永安路 106 号，100050

电　　话：010-63169890（咨询），010-63131930（邮购）

传　　真：010-63131930

网　　址：http：//book. gmw. cn

E - mail：gmrbcbs@ gmw. cn

法律顾问：北京市兰台律师事务所龚柳方律师

印　　刷：三河市华东印刷有限公司

装　　订：三河市华东印刷有限公司

本书如有破损、缺页、装订错误，请与本社联系调换，电话：010-63131930

开　　本：170mm×240mm

字　　数：222 千字　　　　　　　印　　张：14.5

版　　次：2024 年 6 月第 1 版　　　印　　次：2024 年 6 月第 1 次印刷

书　　号：ISBN 978 - 7 - 5194 - 8053 - 0

定　　价：89.00 元

新时代思政学科研究文库·编委会

主　编：冯　刚

副主编：白永生　金国峰

编　委（按姓氏笔画为序）：

王　振　朱宏强　吴满意　严　帅

张小飞　张晓平　罗仲尤　钟一彪

胡玉宁　龚　超　曾令辉　曾永平

序　言

　　传承、实践与创新是思想政治教育学科永续发展的必由之路。思想政治教育学科40年砥砺前行，取得了长足发展，积累了丰富经验和坚实基础，在规律把握中不断推进科学化。新时代思想政治工作作为治党治国的重要方式，需要思想政治教育学科的理论支撑，全面建设社会主义现代化国家的新征程也为思想政治教育学科发展实践提供了广阔天地。实践是创新的基础，创新是发展的关键，立足新时代思想政治教育学科实践，以揭示和运用规律、推动学科接续发展为旨归，深入总结思想政治教育学科创新成果，是新时代思想政治教育学科资政育人功能充分发挥的关键所在。

一、新时代思想政治教育学科研究具有深厚的实践基础

　　实践出真知，纵观40年学科发展历程，眺望新征程学科建设之路，实践始终是思想政治教育学科深化发展的丰沃土壤。一直以来，思想政治教育学科不仅承担着思想理论研究的使命，而且肩负着把研究成果转化为教育内容、完成马克思主义理论教育的任务。由此，思想政治教育学科在我国社会主义事业中举足轻重的地位充分展现。立足思想政治教育40年丰硕实践，思想政治教育学科不断深化理论基础，优化政策制度设计，增进发展内生动力，推动内涵式发展，使思想政治教育的发展更加有积淀、更加有保障、更加有活力、更加有质量，在理论、制度、发展动力和发展模式上系统增进科学化，

把思想政治教育的创新发展不断推向新高度。特别是党的十八大以来，以习近平同志为核心的党中央立足新时代中国特色社会主义的伟大实践，在思想政治教育领域提出了一系列新思想、新举措，这些重要思想和举措有机统一，体现出鲜明的时代特征，为思想政治教育学科的理论与实践创新发展提供了根本遵循。在习近平新时代中国特色社会主义思想的指导下，新时代思想政治教育学科蓬勃发展，理论研究的不断深化为我国思想政治工作提供了有力理论支撑，学科体系的日益完善助力推动形成具有中国特色、中国风格、中国气派的哲学社会科学体系，教育教学改革的不断推进切实提高了思想政治教育的质量和国际化水平，在加强国际交流合作、借鉴世界先进经验中实现了思想政治教育学科的创新发展。

踏上全面建设社会主义现代化国家的新征程，思想政治工作成为治党治国的重要方式，对此为思想政治工作科学化发展提供理论支撑的思想政治教育学科也迎来了广阔的发展空间。面对新征程中宣传思想领域的新挑战，思想政治教育学科在实践问题破解中实现了新发展。面向社会意识形态的多样化，随着我国社会经济的发展，人们的思想观念发生了深刻的变化，社会意识形态呈现出多样化态势。这就要求思想政治教育学科要主动适应这一变化，不断创新教育内容和方式，牢牢把握马克思主义在意识形态领域的指导地位。面向网络信息传播的迅速化，互联网的普及使得信息传播速度加快、范围更广。思想政治教育学科要关注网络空间的健康发展，引导网民树立正确的价值观，抵制不良信息的侵害。同时，善于运用现代信息技术，提高思想政治教育的实效性。面向国际交流的常态化，新时代国际交流日益频繁，不同文化、价值观的碰撞和交融使得人们的思想更加活跃。思想政治教育学科要关注国际形势的变化，教育人们树立国家意识、民族意识，坚定"四个自信"。面向社会问题的复杂化，随着我国社会转型的深入，各种社会问题日益凸显。

思想政治教育学科要关注这些问题，引导人们正确认识和分析社会现象，树立正确的世界观、人生观和价值观。通过教育，提高人们的道德素质和社会责任感，为解决社会问题贡献力量。面向人才培养的多元化，新时代要着力培养德智体美劳全面发展的社会主义建设者和接班人，思想政治教育学科要在人才培养中发挥重要作用，着力培养能够担当民族复兴大任的时代新人。因此，新时代思想政治教育学科必须紧跟时代发展，积极融入中国式现代化建设实践，锚定打破困境的突破口，明确接续发展的生长点，找准质量提升的着力点，实现新时代思想政治教育学科的内涵式高质量发展。

二、深刻把握新时代思想政治教育学科研究的基本规律

把握规律是对思想政治教育本质的执着追求，40 年来思想政治教育学科在规律探寻中砥砺前行，也将在规律指导下创新发展。思想政治教育学科具有突出的理论性和实践性，理论和实践相统一是贯穿思想政治教育发展始终的基本规律，理论是实践的指导，理论又在实践导向中创新并在实践检验中发展。为了回应新时代的发展要求，满足思想政治教育学科改革和创新的需求，新时代思想政治教育学科要注重理论创新、方法创新和课程创新。第一，新时代思想政治教育的理论创新应立足马克思主义理论的基本原理，紧密结合新时代中国特色社会主义事业的发展实际，着力探讨思想政治教育规律的新表现、新实践和新发展，深入研究新时代思想政治教育的重大理论和实践问题。第二，与时俱进是思想政治教育发展规律的本质要求，新时代思想政治教育学科的方法创新应注重结合现代科技手段，提高思想政治教育的针对性和实效性。同时，注重传统方法与现代科技手段的有机结合，如线上线下相结合、情感与理性相统一等，实现新时代思想政治教育方法的创新性发展。第三，新时代思想政治教育学科的课程创新应着力推进大中小学思想政治教育一体化建设，实现课程体系的系统化、科学化。此外，注重课程内容的更

新,将习近平新时代中国特色社会主义事业的新理论、新成果融入课程体系中,提高课程的时代性。

遵循和运用规律是新时代思想政治教育学科发展的必由之路,在规律深化中将思想政治教育学科研究引向深入。思想政治教育学科应坚持马克思主义理论,特别是习近平新时代中国特色社会主义思想的指导地位,坚定理论自信;贯彻以人民为中心的发展思想,在服务党和国家中心工作中实现学科发展;积极融入中国实践,总结中国经验,贡献中国智慧;推动与其他学科的交叉融合,拓宽研究领域;着力加强学科队伍建设,提高学科人才的培养质量。总而言之,新时代思想政治教育学科应坚持规律指导,紧紧抓住发展机遇,积极应对挑战,随着思想政治教育理论与实践研究的不断深入、研究视野的持续开拓,思想政治教育必将在守正创新中不断深化,思想政治教育学科必将在内涵式发展的道路上迈向新高度。

三、丰富拓展新时代思想政治教育学科研究文库

满眼生机转化钧,天工人巧日争新。在思想政治教育学科发展过程中,一大批中青年学者通过积极参与学科建设工作,逐渐崭露头角,成长为独当一面的学术骨干。他们在研究过程中不断拓宽视野,提出富有创新性的观点,为学科理论体系注入了新的活力。这些中青年学者不仅推动了思想政治教育学科的繁荣发展,还为培养新一代思政人才、服务国家和社会做出了重要贡献。在长期的学术探索中,这些中青年学者立足于时代发展的前沿,深入研究思想政治教育的核心问题,积极回应新时代面临的挑战。他们勇于突破传统研究范式,不断创新理论框架,为学科发展提供了源源不断的动力。同时,他们还注重将理论研究与实践应用紧密结合,持续丰富思想政治教育学科理论体系。在成长过程中,这些中青年学者紧紧把握时代脉搏,关注国家和社会发展需求,深入挖掘传统优秀文化资源,借鉴国际先进经验,积极探索适

应新时代的教育方法，以期为我国思想政治教育事业的发展贡献力量。在研究过程中，这些中青年学者充分发挥自身优势，勇于突破传统束缚，以全球视野和时代高度审视思想政治教育的发展。他们结合国际国内的新形势、新任务，对学科的理论体系进行深入挖掘和创新发展，为构建具有中国特色、世界水平的思想政治教育学科体系做出了积极努力。在未来的道路上，这些中青年学者将以更加坚定的信念、更加宽广的视野、更加严谨的态度，为思想政治教育学科的繁荣发展贡献力量，为实现中华民族伟大复兴的中国梦书写新的篇章。

　　基于此，我们精心策划了这套具有鲜明时代特色和实践价值的《新时代思政学科研究文库》，组织了一批在我国思想政治教育领域具有重要成就的中青年学者，呈现他们对于思想政治教育的深入认识和系统观点。丛书从不同维度对思想政治教育学科理论和实践问题作出探索性研究，深入剖析了新时代思想政治教育的核心议题，为丰富思想政治教育学科理论体系提供了参考。丛书第一批次包括《网络时代高校思想政治教育对象研究》《高校思想政治理论课教学研究》《新时代高校思政课"八个相统一"规律研究》《思想政治教育内生动力理论研究》《思政课教师专业发展研究》《思想政治教育场景论》《思想政治教育接受动力研究》《社会主义意识形态价值结构纵横论》8本分册。其中，《网络时代高校思想政治教育对象研究》深入剖析网络时代高校思想政治教育目标群体特征和需求的变化，强调网络环境对教育对象的影响，为提升思想政治教育效果提供了理论支撑。《高校思想政治理论课教学研究》从教学角度出发，研究了高校思想政治理论课的改革创新，提出了教学模式、教学方法、教学评价等方面的创新举措，为提高教学质量提供了有益借鉴。《新时代高校思政课"八个相统一"规律研究》围绕习近平总书记对思政课建设的改革创新方法论进行了系统的学理性阐述，深刻总结了思政课建设长期以来形成的规律性认识，构成一个紧密联系、有机统一的整体。《思想政治教育内生动力理论研究》系统探究了思想政治教育内生动力的核心问题，为认识和激发内生动力进而推动思想政治教育内涵式发展奠定了理论基础。《思政课教师专业发展研究》聚焦中学思政课教师群体，着眼教师专业发展视角，深入探究了中学思政课教师专业发展的基本过程，为提升教师队伍的整体素质提供了理论和实践指导。《思想政治教育场景论》从场景角度出发，论证了思想政治教育场景的多样性、针对性和实效性，探讨了思想政治教育的有效实施途径。《思想政治教育接受动力研究》通过研究思想政治教育的接受动力，强调教育对象的接受动力是提高教育效果的关键，教育者应关注教育对象的兴趣、需求和困惑，从而有针对性地开展教育活动。《社会主义意识形态价值结构纵横论》从价值视角出发，系统分析了社会主义意识形态的价值结构，为做好新时代意识形态工作提供了借鉴。

总体而言，《新时代思政学科研究文库》既着力为思想政治教育学科中青年学者提供平台和窗口，也推动研究成果有力支撑我国思想政治教育的创新发展，为中国式现代化建设培养德智体美劳全面发展的社会主义建设者和接班人贡献力量。

北京师范大学思想政治工作研究院院长

冯刚

2024 年 2 月

前　言

　　网络信息技术的发展，在给时代发展带来重要机遇的同时，也使高校思想政治教育面临新形势、新任务的挑战。高校作为人才培养的聚集地，肩负着立德树人的重大使命，是培养中国特色社会主义事业合格的建设者和可靠接班人的摇篮。高校只有充分明确网络时代高校思想政治教育对象的内涵，科学把握其呈现出的新特征，才能更好发挥具有针对性和实效性的育人功能。

　　本书从概念厘定、理论基础的梳理、教育对象的新特征把握、现状考察、提升路径创新发展五个方面，通过审视时代发展变迁对人的生产方式、生活方式和思维方式的影响，科学把握高校思想政治教育对象的内涵、现实表征和呈现出的特征，剖析青年学生在接受思想政治教育过程中的现状和存在的问题，分析影响高校思想政治教育对象成长发展的主客观因素，从而持续探寻高校思想政治教育的发展路径，来实现高校思想政治教育对象的全面发展和高校思想政治教育的创新发展。当前，高校思想政治教育育人场域在现实社会与网络空间的交织中进行。教育对象在参与网络生活的过程中，一方面呈现出共享性凸显、主体性增强和流变性突出的新特征；另一方面，教育对象也面临着知识、信息获取的碎片化与系统性之间的矛盾，教育对象群体之间也出现圈层文化不断更迭的现象，需要我们以整体性、动态性、技术性、开放性的原则去科学认识教育对象出现的新特征。问题是时代的呼声。高校思想政治教育在应对主流价值观遭遇冲击、网络道德模糊失范、网络技术运用异化错位、教育对象分辨是非能力减弱的现实境况中，只有积极运用网络信息技术和大数据技术，准确把握教育对象的群体画像和个体特征，才能更好迎接网络教育对象主体明显增多、认知能力弱化、思想多样等挑战。

　　教育是指向未来的事业，学生的成长成才是个体发展的需要，更是立足社会、谋求发展的必须。学生的成长发展的期待与内在需要，驱动着他们自己调节自己的思想和行为去适应时代的变化和社会的发展要求。因此，网络时代高校思想政治教育对象培养的重点路径有以下几个方面：要遵循高校网络育人的规律，解决技术发展的先进性与教育对象个体适应能力滞后之间的矛盾、人才培养的新要求与教育对象个体成长发展需求之间的矛盾、教育对象的普遍性与网络中教育对象思想行为特殊性的矛盾；要健全高校网络思想政治教育机制，完善网络法治教育机制、网络监督管理机制以及网络舆情风险评估和处理机制，为高校思想政治教育育人质量的提升提供制度保障；要配齐建强高校网络思想政治教育队伍，更新网络育人理念、提升信息技术媒介素养、健全网络育人激励机制，充分挖掘高校思想政治教育者的育人潜能；要搭建高校网络思想政治教育平台，通过精心打造主题校园网络品牌，挖掘网络文化育人的功能，完善网上网下协同育人平台建设等措施，来抓住青年、赢得青年，让网络时代高校思想政治教育对象实现德智体美劳全面发展。

目　录
CONTENTS

导　论

高校思想政治教育的根本任务是立德树人，围绕、关照和服务教育对象，致力于促进教育对象实现更好地成长和发展。为了实现这一目标，高校思想政治教育始终坚持深化教育对象研究，系统分析影响教育对象的时代背景、成长环境等因素，准确把握教育对象的实际状况、现实需求和阶段性特征，从而更有针对性地提出满足社会发展需要的切实目标和适应教育对象实际的内容供给。当今时代，网络作为青年学生接受知识、获取信息的重要渠道，表达意见、提出观点的关键平台，已经成为青年学生不可分割的成长环境。2014 年 11 月，习近平总书记向首届世界互联网大会致贺词中指出："当今时代，以信息技术为核心的新一轮科技革命正在孕育兴起，互联网日益成为创新驱动发展的先导力量，深刻改变着人们的生产生活，有力推动着社会发展。"[1] 为此，高校必须高度重视网络对青年学生思维方式、价值观念等的重大影响，深化网络时代高校思想政治教育对象研究，把握青年学生作为网络思想政治教育对象的变化与成长发展规律，了解他们的所思所想和实际需求，着力提升高校思想政治教育的针对性和实效性，增强教育对象的获得感和满足感。

第一节　研究缘起与研究意义

网络时代高校思想政治教育对象研究是顺应网络发展潮流和教育质量提

---

①　习近平. 习近平向首届世界互联网大会致贺词 [N]. 人民日报，2014-11-20 (1).

升而提出的重要课题。网络信息技术的飞速发展，在给时代发展带来重要机遇的同时，也对高校思想政治教育提出了新挑战、新任务和新要求。高校思想政治教育对象是"现实的人"，是处在具体社会条件下不断变化的人。高校必须坚持整体思维、系统思维，认识把握网络时代下高校思想政治教育对象的发展变化，为有效开展思想政治教育提供重要依据。

一、研究缘起

党的十八大以来，习近平总书记提出了一系列关于青年学生成长发展和网络安全的重要论述，高度重视网络对青年学生的重要影响。2016 年 4 月，习近平总书记在网络安全和信息化工作座谈会上强调："互联网是一个社会信息大平台，亿万网民在上面获得信息、交流信息，这会对他们的求知途径、思维方式、价值观念产生重要影响，特别是会对他们对国家、对社会、对工作、对人生的看法产生重要影响。"[1] 因此，"人在哪儿，宣传思想工作的重点就在哪儿，网络空间已经成为人们生产生活的新空间，那就也应该成为我们党凝聚共识的新空间。"[2] 其中，网络对青年学生的影响尤其需要关注，这是由青年学生的重要地位决定的。

第一，青年学生是祖国的未来、民族的希望。青年学生是中国特色社会主义事业的合格建设者和可靠接班人，承担着实现中华民族伟大复兴的重任。习近平总书记在党的十九大报告中强调："青年兴则国家兴，青年强则国家强。青年一代有理想、有本领、有担当，国家就有前途，民族就有希望。"[3] 党的二十大报告指出："从现在起，中国共产党的中心任务就是团结带领全国各族人民全面建成社会主义现代化强国、实现第二个百年奋斗目标，以中国式现代化全面推进中华民族伟大复兴。"[4] 人才是全面建设社会主义现代化国家的三大基础性、战略性支撑之一，时代发展进程中各行各业对人才的需求

---

① 习近平. 习近平谈治国理政：第二卷［M］. 北京：外文出版社，2017：335.
② 习近平. 论党的宣传思想工作［M］. 北京：中央文献出版社，2020：355.
③ 习近平. 习近平谈治国理政：第三卷［M］. 北京：外文出版社，2020：54.
④ 习近平. 高举中国特色社会主义伟大旗帜为全面建设社会主义现代化国家而团结奋斗——在中国共产党第二十次全国代表大会上的报告［M］. 北京：人民出版社，2022：21.

十分迫切。青年学生生逢盛世，必然大有可为，大有作为。因此，高校必须高度重视网络对青年学生成长发展带来的双重影响，为青年学生的成长成才创设风清气正的网络环境。第二，青年学生正处于价值观确立的关键时期。习近平总书记在学校思想政治理论课教师座谈会上的讲话中指出："青少年阶段是人生的'拔节孕穗期'，最需要精心引导和栽培。"① 当前，网络已经成为青年学生接受知识、获取信息的重要渠道，而网络空间信息爆炸式增长、裂变式传播，低俗信息、虚假信息、网络谣言以及媚俗的网络产品等甚嚣尘上，多元化的社会思潮影响着青年学生对主流价值观的认同和践行，这对思想政治教育提出了更高的要求。因此，在青年学生政治观念、价值判断和道德理念发展的关键期，高校更要重视网络对青年学生的影响，充分发挥思想政治教育的导向功能，为青年学生在网络空间中提供正确指引，促使青年学生形成健康的数字人格，更好地进行数字化生存。第三，青年学生具有示范带动作用。习近平总书记在全国高校思想政治工作会议上的讲话中强调："高校毕业生走入社会，他们的思想和言行往往影响他们这一代年轻人。"② 为发挥青年学生的示范带动作用，高校必须保证青年学生健康成长，高度重视网络对青年学生的影响。为此，习近平总书记强调，"我们要本着对社会负责、对人民负责的态度，依法加强网络空间治理，加强网络内容建设，做强网上正面宣传，培育积极健康、向上向善的网络文化，用社会主义核心价值观和人类优秀文明成果滋养人心、滋养社会，做到正能量充沛、主旋律高昂，为广大网民特别是青少年营造一个风清气正的网络空间。"③ 总的来说，以习近平同志为核心的党中央高度重视网络对人的深刻影响，着眼青年学生这一特殊关键群体，高度关注网络时代下青年学生思维方式、价值观念等的发展变化，为完善思想政治教育学科发展和实践效果提供正确引导。因此，我们加强网络时代高校思想政治教育对象的研究是十分必要的。

与此同时，网络作为高校思想政治教育的新载体、新平台、新场域，在

① 习近平．习近平谈治国理政：第三卷［M］．北京：外文出版社，2020：329.

② 习近平．习近平关于青少年和共青团工作论述摘编［M］．北京：中央文献出版社，2017：38.

③ 习近平．习近平谈治国理政：第二卷［M］．北京：外文出版社，2017：337.

其本身平等性、互动性、开放性和共享性特质的影响下，高校思想政治教育对象有何特殊性和新变化？经过网络空间中的精神交往和思想交流，高校思想政治教育对象会受到哪些启发和影响？如何应对网络时代高校思想政治教育对象的发展变化，以及由此带来的新形势、新挑战和新问题？我们深入探索这些问题，对推动高校思想政治教育的发展变革，提升高校思想政治教育的育人质量，使青年学生以聪明才智贡献国家，以真才实干服务社会，在攀登知识高峰时追求卓越，在肩负时代重任中行胜于言，在真刀真枪的实干中成就一番事业，为实现民族复兴的历史宏愿矢志不渝，有着重要的时代价值、理论价值和实践意义。

二、研究意义

（一）理论价值

思想政治教育对象研究是思想政治教育基础理论研究的重要组成部分，而开展思想政治教育对象研究必须坚持历史分析的原则和方法。在网络深度融入高校思想政治教育对象学习、生活、实践的社会背景下，网络时代高校思想政治教育对象研究是深化完善思想政治教育基础理论研究的重要内容。一方面，思想政治教育对象研究在思想政治教育基础理论研究中居于重要地位。这是由思想政治教育对象作为思想政治教育活动中的必要角色决定的。"思想政治教育对象是思想政治教育实施活动不可或缺的要素……缺少教育对象的思想政治教育只能是抽象的而不是现实的活动。"① 因此，在思想政治教育基础理论研究中需要对教育对象予以重点关注。另一方面，这也是由思想政治教育对象在思想政治教育研究中的重要地位决定的。思想政治教育对象影响思想政治教育活动其他要素，进而影响基础理论的整体研究。思想政治教育实效性的发挥，要立足教育对象的群体特征和个性特点，从他们的思想品德实际和现实需求出发，科学合理地确立教育内容、教学方法和施教方案等。"思想政治教育者要保证思想政治教育活动有效，就不能从自己的主观认

---

① 《思想政治教育学原理》编写组.思想政治教育学原理：第二版 [M].北京：高等教育出版社，2018：189.

识和愿望出发，而必须从教育对象思想品德的现实状况出发，根据教育对象思想政治品德现状与社会主流意识形态要求之间存在的差距，确定教育的目标、教育的内容、教育的方案、具体实施教育等。"① 基于思想政治教育对象研究，思想政治教育的目标制定、内容组织、方法选择、载体运用、环境营造、过程开展、管理实施等都将持续深化和完善。因此，思想政治教育对象研究在思想政治教育基础理论研究中居于前提性的重要地位。我们还要注意的是，教育对象的发展变化具有社会历史性，其思想理念、道德认知和价值观念会随着时间的推移和阅历的增加而不断发生变化。"在不同的社会历史条件下，教育对象便具有不同的思想特点和道德面貌；随着社会历史条件的变化，教育对象的思想特点和道德面貌也会发生相应变化。因此，只有紧紧联系教育对象所处的社会环境和社会关系，才能从本质层面深刻透视教育对象行为背后的思想以及思想意识背后的物质动因，才能真正把握教育对象的思想特点和发展趋向。"② 网络已经成为青年学生成长发展中不可分割的空间环境，成为思想政治教育对象研究必须考虑的现实因素。

（二）实践意义

认真研究网络时代青年学生的发展变化，准确把握青年学生的实际状况、现实需要和阶段性特征，是开展好高校思想政治教育的重要前提。思想政治教育是有目的、有计划、有组织的实践活动。思想政治教育对象作为这项实践活动的构成要素之一，更是思想政治教育活动的出发点和落脚点。一方面，高校思想政治教育的出发点是围绕学生、关照学生、服务学生。为此，我们必须清楚认识和正确把握高校思想政治教育对象，才能找到适合不同类型、不同特点教育对象的教育内容、方法和载体等，从而增强思想政治教育的针对性和实效性。在网络时代背景下，高校思想政治教育对象作为现实的人，其个体的价值观念、心理特征、具体需求、交往方式、思维方式等都会受网络的影响而不断发生变化。因此，我们必须从整体上把握高校思想政治教育

---

① 《思想政治教育学原理》编写组 . 思想政治教育学原理：第二版 ［M］. 北京：高等教育出版社，2018：189.
② 陈万柏，张耀灿 . 思想政治教育学原理：第三版 ［M］. 北京：高等教育出版社，2015：160-161.

对象的特点，将网络时代背景与具体成长环境相结合来分析和认知高校思想政治教育对象，为高校思想政治教育的组织设计、实施开展提供重要依据。另一方面，高校思想政治教育的落脚点是促进青年学生成长发展的。高校思想政治教育的目标是立德树人，这是思想政治教育的最终指向，也是思想政治教育的根本遵循。高校思想政治教育对象是思想政治教育活动的成果体现者，这既要求在开展思想政治教育活动前做好调查研究，准确把握教育对象的实际状况，制定科学合理的教育目标；又要求在开展思想政治教育活动后分析测评教育对象的接受情况，掌握思想政治教育活动的实际效果。在这两个过程中，我们都必须关注和考虑网络的发展变化对高校思想政治教育对象的影响，既要在把握网络时代下高校思想政治教育对象实际状况的基础上制定切实目标，组织设计网络融入高校思想政治教育活动，以提升教育效果，又要从网络角度分析高校思想政治教育对象的接受状况，总结经验、找准不足，才能知其然更知其所以然，深刻挖掘高校思想政治教育对象思想行为背后的动因，更好地发挥网络对高校思想政治教育活动开展的促进作用。因此，在网络深度融入高校思想政治教育对象学习、生活、实践的时代大背景下，为了有效开展高校思想政治教育活动、切实提升高校思想政治教育实际效果，我们必须主动地认识和探究青年学生在网络时代发生的成长变化，准确把握网络时代青年学生的实际状况和阶段性特征，坚持把网络作为认识分析高校思想政治教育对象思维方式和行为实践的重要因素。

总的来说，网络时代对思想政治教育对象研究提出了新任务和新要求，基于此，思想政治教育其他理论也将做出相应调整，从而带动思想政治教育整体基础理论的深化完善。因此，我们加强网络时代高校思想政治教育对象研究势在必行。

第二节　研究现状

网络时代高校思想政治教育对象研究是伴随着网络深度，逐步融入青年学生的学习生活中，研究深刻影响青年学生的思维方式、价值观念和行为习惯。这成为高校思想政治教育的关键变量而提出的重要课题。目前，学界关于网络时代高校思想政治教育对象的直接研究较少，多是在网络思想政治教育中展开相关论述，主要集中在以下几个方面。

一、关于网络时代高校思想政治教育对象的认识研究

我们清晰认识教育对象是开展好研究的前提基础，对推动高校思想政治教育的发展变革有着重要的时代价值和实践意义。目前，学界关于网络时代高校思想政治教育对象的认识主要集中在概念内涵、本质特征和认识方法把握等方面。

关于网络时代高校思想政治教育对象内涵的认识，作为思想政治教育对象的一部分，网络时代高校思想政治教育对象不能脱离其一般属性。目前，学界普遍接受的概念解释是，思想政治教育对象是指在教育者实施思想政治教育活动时作为对象的人。① 网络时代高校思想政治教育对象在此基础上有其特殊属性。有学者指出在网络思想政治教育互动关系中履行网络思想政治教育职能是区分网络思想政治教育主客体的唯一标准。凡是忽视和放弃网络思想政治教育职能，并受网络思想政治教育主体网络教育活动的辐射和影响的，就是网络思想政治教育客体②，即我们所说的网络思想政治教育对象。还有学者论证了高校网络思想政治教育的对象主要是大学生，他们是网络信息消费的主力军，并且处于世界观、价值观形成的重要时期，但缺乏足够的筛选辨别能力，容易受不良信息的干扰，高校需要对其进行网络思想政治教育。③

关于网络时代高校思想政治教育对象的特征认识，一般意义上，思想政治教育对象具有受控性、能动性、可塑性等本质特征。④ 随着社会变化发展，高校思想政治教育对象在实践中呈现出新的特点，包括学生群体多样化、价

---

① 《思想政治教育学原理》编写组. 思想政治教育学原理：第二版 [M]. 北京：高等教育出版社，2018：188.
② 骆郁廷. 论网络思想政治教育的主体与客体 [J]. 马克思主义与现实，2016（2）：2.
③ 左殿升，等. 大学生网络思想政治教育研究 [M]. 北京：人民出版社，2019：96.
④ 《思想政治教育学原理》编写组. 思想政治教育学原理：第二版 [M]. 北京：高等教育出版社，2018：189-190.

值观念个性化、思想意识多元化、信息渠道网络化。① 网络时代高校思想政治教育对象具有特殊表现形式。有学者通过实证研究，得出了大学生网络精神文化生活的群体特征，表现为外部世界的网络联结性、网络人格的自我表露性、文化空间的参与共创性、价值选择的困惑冲突性和专业成长的失衡失范性等。② 有学者分析了互联网环境下青年学生思想和行为的新特点，指出当代青年学生更加注重体现主体性和独立性，表现出更明显的易变性和随意性。③

关于网络时代高校思想政治教育对象的研究方法认识，我们掌握有效的方法是准确认识把握网络时代高校思想政治教育对象的前提。有学者指出，认识教育对象的着力方式要由"面"向"点"深入，着力取向由单向用力向多向合力拓展，帮助教育对象解除他们"百思不得其解"的思想困惑，这是人工智能无法替代的工作。④ 有学者指出在互联网背景下要将大数据运用于教育对象的把握上，基于"学生画像"（运用大数据对学生发展的状况进行实证刻画）的不同维度，从而实施大学生个体或者群体的分类分层，实施定制式、个性化教育引导。⑤ 有学者指出大数据应用可以实现对教育对象的精准画像，提供个性化教育方案，把学生的在线学习数据，学生日常学习、行为数据转化为可评价和应用的信息，制定个性化教育路径，通过对青年学生思想行为的动态研究，提供及时、有针对性的引导。⑥ 有学者指出大数据作为一项新兴技术，成为思想政治教育了解教育对象情况、挖掘教育对象需求、评估教育对象表现、提升教育整体质量的有效工具，他同时强调既要发挥大数据在网络时代高校思想政治教育对象研究的优势，又要避免"技术迷信"，客观认识

---

① 宋妍，李超. 高校思想政治教育工作对象研究 [J]. 思想理论教育导刊，2009（5）：116-119.

② 黄燕. "95后"大学生网络精神文化生活的群体特质与引导策略 [J]. 思想理论教育，2017（2）：78-83.

③ 冯刚. 互联网思维与思想政治教育创新发展 [J]. 学校党建与思想教育，2018（2）：4-8.

④ 王习胜. 高校思想政治工作要在教育对象"思想"深处着力 [J]. 思想教育研究，2018（3）：47.

⑤ 李怀杰，申小蓉. 大数据时代个性化思想政治教育论析 [J]. 思想理论教育，2019（3）：105-110.

⑥ 吴满意，徐先艳，等. 高校思想政治教育数据治理研究 [M]. 北京：团结出版社，2022：18-19.

大数据本身的局限性。①

二、关于网络对高校思想政治教育对象的影响研究

目前，学界关于网络对高校思想政治教育对象影响的相关研究较多，主要集中在分析积极影响的阐发和消极影响的两方面。

关于网络对高校思想政治教育对象的积极影响研究，对人的发展来说，互联网不仅为人的实践活动与发展开辟了新的领域，而且互联网的开放性和平等性在一定程度上打破了时空界限，方便了人的沟通交流。互联网的丰富性和多元性提供了海量信息，激发了人的想象力和创造力，互联网的主体性和互动性促进沟通，可以发展人的能动性和本质力量。② 其中，网络对高校思想政治教育对象的积极影响主要体现在素质和能力提升等方面。有学者以微博、微信为例分析了"微时代"对高校大学生思想行为的影响，一方面拓展了大学生的信息来源，拓宽了信息渠道，也方便了大学生关注时事政治，有利于增强他们的社会责任感；另一方面，为大学生提供了情感交流、自我表达的平台，满足了大学生个性发展、情感心理的需要。③ 有学者通过实证研究分析了大学生网络行为状况得出：网络已经成为大学生学习的主要辅助工具，网络表达成为大学生释放情感的重要渠道，互联网改变了大学生的社交方式，大学生网络消费行为丰富多样，大学生关注网络不文明行为，具有较好的网络素养。④

关于网络对高校思想政治教育对象的消极影响研究，主流价值观冲击、沉溺网络逃避现实是网络对高校思想政治教育对象消极影响的主要表现。有学者分析了网络二次元文化对青年的影响，表现为青年空间上的闭塞容易疏

---

① 冯刚. 大数据应用于思想政治教育的局限与突破 [J]. 重庆大学学报（社会科学版），2021（2）：1-7.

② 《思想政治教育学原理》编写组. 思想政治教育学原理：第二版 [M]. 北京：高等教育出版社，2018：253-255.

③ 张明明. 微博、微信网络环境下高校思想政治教育研究 [J]. 思想理论教育导刊，2014（4）：104-110.

④ 滕建勇，严运楼，丁卓菁. 大学生网络行为状况分析及教育对策 [J]. 思想理论教育，2015（5）：81-84.

离主流价值观，心态上的避世容易缺乏责任担当，言语上的激进容易争夺核心话语权，行为上的泛娱乐化容易理性思辨力下降。① 有学者分析了网络新媒体对青年学生行为模式和思想观念的影响：碎片化的阅读、简单化的表述、感性化的语言导致青年学生思想的碎片化；网络中消极腐朽的思想价值观念冲击主流文化，传统价值观、正统权威导致青年学生价值的模糊化；网络的隐匿性激发了情绪表达，导致青年学生思想的情绪化。② 有学者指出互联网充斥了大量信息，但信息质量良莠不齐，高校大学生的判断能力不强，导致道德观念、政治信仰受到冲击。网络具有很强的吸引力，高校大学生容易沉溺网络，导致其自控力减弱，最终虚拟世界将影响现实生活。③ 有学者分析了网络对青年学生和高校思想政治教育带来的冲突矛盾，包括互联网拓展的新领域中存在的多元价值观与社会稳定必须坚持的社会主义核心价值观之间的矛盾与冲突，互联网带来的虚拟社会角色与现实之间的行为规范的矛盾与冲突，互联网带来的虚拟社会交往方式与现实的秩序的矛盾和冲突，互联网带来的信息膨胀与现实中人处理信息的能力有限的矛盾和冲突，互联网潜在的安全风险与人们活动与发展安全性需要的矛盾和冲突。④ 这些矛盾和冲突都增加了我们认识网络时代青年学生和开展高校思想政治教育的难度，是网络时代高校思想政治教育对象研究需要关注和思考的现实问题。

三、关于针对网络时代高校思想政治教育对象开展教育的重点内容研究

网络时代下高校思想政治教育对象的培养，其教育内容除了有一般性的知识理论外，还有其特殊内容。学界现有研究主要集中在主流价值观教育、主体性培育和网络素养培养等方面。

主流价值观教育方面。面对网络空间良莠不齐的价值观念和错综复杂的

---

① 包雷晶.当代青年网络次元化生存的现实图景及应对 [J].思想理论教育，2020（2）：86-90.
② 苏俊海.高校青年学生思想特点及思想政治教育途径探析 [J].中国高等教育，2019（17）：39-40.
③ 张明明.微博、微信网络环境下高校思想政治教育研究 [J].思想理论教育导刊，2014（4）：104-110.
④ 《思想政治教育学原理》编写组.思想政治教育学原理：第二版 [M].北京：高等教育出版社，2018：256-259.

信息内容，高校加强网络时代高校思想政治教育对象的主流价值观教育具有特殊重要性。有学者在把握新媒体时代青少年思想政治教育特点的基础上，提出加强新媒体时代青少年思想政治教育的观点，坚持立德树人是根本遵循，理想信念教育是关键环节，培育践行社会主义核心价值观是首要任务，坚持文化育人是重要载体，引导青少年在新媒体时代坚定主流价值观。① 有学者阐释了网络思想政治教育的主要内容，应当包括网络政治教育、网络思想教育、网络道德教育、网络心理行为教育、网络法治教育、网络文化教育六个方面，构筑了大学生网络思想政治教育的内容体系。②

主体性培养方面。主体性的培养是逐步实现客体主体化的过程，网络环境中这一过程的实现尤其特殊。有学者强调实现网络思想政治教育客体主体化，是网络思想政治教育追求的最高境界。网络思想政治教育主体积极主动创造条件，启发网民自觉，引导和促进网民实现由教育客体向主体进行转化，实现客体的主体化。③ 有学者从论述网络思想政治教育主体性出发，指出网络思想政治教育的主体性是指作为网络思想政治教育的人在网络思想政治教育活动中所表现出来的自主性、能动性和创造性等本质特征，提出了主体性培养的重要方面，而教育对象的主体性包括选择自主性、参与主动性、自发创造性和目标自控性。④ 有学者阐发了在网络思想政治教育中培养大学生主体性的现实意义，希望能够帮助大学生养成自我学习的习惯、自我服务的理念和自我管理的意识，让大学生自觉地运用网络，发挥网络的优势和长处，促进自身更好的成长发展。⑤

网络素养培养方面。青年学生的网络素养是网络思想政治教育培养的重要内容。有学者认为网络素养是个人素质概念在互联网中的具体表现形式，

① 冯刚. 新媒体时代青少年思想政治教育的特点和规律 [J]. 中国教师，2018（7）：5-10.
② 闫雪琴，刘永栓. 大学生网络思想政治教育的路径优化探析 [J]. 国家教育行政学院学报，2020（12）：90-95.
③ 骆郁廷. 论网络思想政治教育的主体与客体 [J]. 马克思主义与现实，2016（2）：1-7.
④ 徐建军. 大学生网络思想政治教育理论和方法 [M]. 北京：人民出版社，2010：134-139.
⑤ 郑恒，秦在东. 网络思想政治教育中发挥大学生主体性略论 [J]. 学校党建与思想教育，2017（8）：46-47.

并分析了网络素养的构成，包括网络应用知识、网络规范知识等知识层面的素养，网络信息筛选能力、网络信息获取能力等能力层面的素养，网络道德规范、网络法律法规等道德法律层面的素养，网络安全意识、健康网络心理等心理层面的素养。① 有学者认为大学生网络素养是指大学生正确、积极地利用网络资源的能力，系统构建了大学生网络素养的核心内容，高度的网络安全意识是核心，较强的网络技术水平是基础，严格的守法自律习惯是关键，高尚的网络道德情操是根本，引领大家共同参与网络建设的能力是保障。② 有学者通过实证研究探讨了网络技能素养的现实状况，重应用，会娱乐购物，但网络基本技能缺失较严重，时间管理能力普遍较强，能够利用网络进行社交，自我约束能力较强，网络效能感总体偏低，并提出了提升青少年网络技能素养的对策建议，强调坚持把网络技能素养作为青少年的必备基本能力来培养，做好顶层设计，倡导构建政府和社会各界关注参与的战略格局，加强学校教育，将网络技能素养作为普及性义务教育基础课程，动员家庭参与，牢牢把握住青少年上网第一场所的亲自引导。③

四、网络时代高校思想政治教育对象培养的路径优化研究

网络时代高校思想政治教育对象培养的优化是研究的根本目的。目前，学界多从加强和改进高校网络思想政治教育出发，提出了一系列关于优化教育对象培养的路径举措。

网络时代高校思想政治教育对象培养优化的路径主要集中在网络机制完善、队伍建设、平台搭建、内容拓展等方面。有学者系统论述了高校网络育人的内容方法，既要丰富网络内容建设，为青年学生提供精神滋养，又要拓展网络平台阵地，营造风清气正的网络空间氛围，既要优化网络成果评价，

---

① 李梦莹. 大学生网络素养及其提升路径研究［J］. 江苏高教，2019（12）：134-137.
② 叶定剑. 当代大学生网络素养核心构成及教育路径探究［J］. 思想教育研究，2017（1）：97-100.
③ 田丰，王璐. 中国青少年网络技能素养状况研究［J］. 中国青年社会科学，2020（6）：74-84.

让理论成果有效转化，又要培养网络教师队伍，增强高校网络育人力量。① 有
学者在把握大学生网络思想政治教育面临的困难挑战基础上，提出了有针对
性的优化路径，通过构建话语主体、把控话语讨论内容、创新网络思想政治
教育载体来提升网络思想政治教育话语权，通过完善全方位教育体系、拓展
平台渠道、创新评价激励机制来创新网络思政教育管理机制，通过增强主体
平等意识、加强素质能力建设、强化主客体协同来建设高素质网络思政教育
工作队伍，通过优化话语环境、完善规章制度、健全预警机制来优化网络思
政教育环境。② 有学者专门论述了高校网络思想政治教育的有效路径，提出高
校网络思想政治教育内容要坚持积极、健康、向上的标准要求，要在理念思
路、形式方法、考核评价上进行创新，要在教育视野上保持开放，要在教育
资源上体现共享，要在教育机制上保持协调。③ 有学者在把握网络思想政治教
育实效性不足的现实表现和内在因素的基础上，提出了提升实效性的路径，
强调通过建设校园网络主页、开发师生互动平台、凝聚教师协同力量来完善
网络思想政治教育平台建设，通过加快更新、增加趣味、倡导多样来丰富网
络思想政治教育实际内容，通过营造网络平台文化氛围、关注学生心理动态、
实施启发引导式教育来营造网络思想政治教育健康氛围。④ 有学者从网络时代
大学生思想政治教育的挑战出发，提出了相应的应对策略，强调既要建立多
维度的信息互动渠道，又要完善线上线下联动的问题解决机制，既要提高网
络思想政治教育话语的吸引力，又要增强网络思想政治教育队伍的战斗力。⑤
有学者分析了网络传媒对大学生思想政治教育的负面影响，从内容角度提出
了相应的对策，强调学校要进一步加强对大学生的德育教育，引导大学生树

①　冯刚．大学生思想政治教育工作概论［M］．北京：北京师范大学出版社，2020：145-
　　147.
②　闫雪琴，刘永栓．大学生网络思想政治教育的路径优化探析［J］．国家教育行政学院学
　　报，2020（12）：90-95.
③　许成坤．论高校网络思想政治教育的路径选择［J］．思想政治教育研究，2017（5）：
　　140-143.
④　神彦飞，金绍荣．提升大学生网络思想政治教育实效性的困境与路径［J］．思想理论教
　　育导刊，2015（7）：127-131.
⑤　兰明尚，郭丛斌．网络时代大学生思想政治教育的挑战与对策［J］．中国高等教育，
　　2019（23）：35-36.

立社会主义核心价值观，通过完善的网络管理提高和加强大学生的媒介素养，利用网络传媒增强大学生的主体性发挥。① 有学者结合新媒体时代的特点和优势提出加强青少年思想政治教育的实现路径，强调用"以学生发展为中心"的理念激发青少年成长发展的内生动力，用网络平台思维创新教育方式，用互联网迭代思维增强工作活力，用互联网大数据思维助力青少年个性化发展。②

通过以上四个方面的综述我们可以看出，学界高度重视网络对青年学生的影响，并从特点、经验、挑战、对策等方面开展研究，对研究把握网络时代高校思想政治教育对象奠定了坚实基础。但就系统开展网络时代高校思想政治教育对象本身的研究来说，我们需要进一步明确其概念内涵，探寻理论根源和思路方法，系统把握实际特征和现实状况，针对教育对象提出更有针对性的路径对策，这为本研究留下了可为之处。

第三节　研究思路与研究方法

网络时代高校思想政治教育对象研究是一个理论与实践结合的综合命题。本书坚持系统全面的原则要求，整体设计研究框架、综合运用多种研究方法，力图展现网络时代高校思想政治教育对象的新样貌。

一、研究思路

本书以什么是网络时代高校思想政治教育对象、网络时代下高校思想政治教育对象的基本现状、如何改善网络时代高校思想政治教育对象培养为基本线索，重点阐释网络时代高校思想政治教育对象的特定内涵和本质特征，探索梳理网络时代高校思想政治教育对象研究的理论依据和学理支撑，分析

① 谢向波. 网络传媒对大学生思想政治教育的负面影响及对策［J］. 学校党建与思想教育，2017（1）：70-71.
② 冯刚. 新媒体时代青少年思想政治教育的特点和规律［J］. 中国教师，2018（7）：5-10.

把握网络时代下高校思想政治教育对象呈现的特殊之处，研究考察高校思想政治教育对象的现实状况，探索提出网络时代高校思想政治教育对象培养的提升路径，为思想政治教育的理论创新和实践发展提供新视野。具体来说，本书沿着"概念界定—理论支撑—特征把握—现状考察—改进提升"的基本思路开展网络时代高校思想政治教育对象研究。

明确概念是立论的基础。第一章"网络时代高校思想政治教育对象的概念界定"在通过内涵阐释、地位把握和比较辨析明确高校思想政治教育对象的一般概念，在环境、话语等方面把握网络时代高校思想政治教育发展变化的基础上，着眼网络环境影响、网络技术运用和网络思维掌握等多维角度探讨、明确网络时代高校思想政治教育对象的概念内涵。

找寻理论支撑是指导研究开展的重要依据。第二章"网络时代高校思想政治教育对象的理论基础"聚焦网络时代高校思想政治教育对象展开理论回溯，系统梳理了马克思主义经典著作、中国共产党创新理论和其他学科中的相关思想观点，为深入开展网络时代高校思想政治教育对象研究提供了理论依据和思路指导。

把握特征是认识事物的重要方法。第三章"网络时代高校思想政治教育对象呈现的新特征"明确认识把握教育对象特征应遵循的整体性、动态性、开放性、技术性原则，分析概括了网络时代高校思想政治教育对象呈现的网络生活参与的虚拟和现实相结合、知识内容获取的便捷和深度相冲突，圈层文化更迭的速度和叠加相杂糅等现实表征，探究梳理网络时代青年学生表现的共享性彰显、主体性强化、流变性突出等新特征，从而认识把握网络时代高校思想政治教育对象的新的发展变化。

现状考察是调查了解研究对象实际的重要方式。第四章"网络时代高校思想政治教育对象的现状考察"探讨了网络时代高校思想政治教育面临的主流价值遭遇冲击、网络道德模糊失范、网络技术异化错位、教育对象分辨是非能力薄弱等，分析了影响教育对象变化的时代变迁、政策导向和社会关系等客观因素和主体需求增多、认知能力弱化、情感态度多变等主观因素，在此基础上明晰网络时代高校思想政治教育对象的现实状况。

改进提升是研究开展的根本目的。第五章"网络时代高校思想政治教育对象培养的重点路径"基于对网络时代青年学生特征现状的认识把握，探索并提出网络时代青年学生培养的提升路径，切实遵循高校网络育人规律，持续健全高校网络思想政治教育机制，配齐建强高校网络思想政治教育队伍，搭建高校网络思想政治教育平台，系统推进网络时代高校思想政治教育对象培养的有效开展。

创新发展是持续研究的实践依托。第六章"网络时代高校思想政治教育对象培养的创新发展"结合网络时代对高校思想政治教育对象提出的新要求，从加强大学生网络素养教育、培养具有国际视野的时代新人，推进大中小学思想道德一体化建设、运用文化激励强化高校师德建设、推动高校课程思政建设科学发展等方面，推动高校思想政治教育对象创新发展。

总的来说，本书聚焦高校思想政治教育对象在网络时代背景下的发展变化，着眼对网络时代高校思想政治教育对象概念内涵、阶段特征、现状考察等内容的系统探究，把握当代青年学生的实际状况，推动新时代高校思想政治教育对象培养的高质量发展。本书坚持从交叉学科视域把握当前研究的现状和困境出发，坚持以马克思主义为指导，在立足本学科的理论和方法的基础上，借鉴运用多学科的理论方法，来拓展思路、深化研究，力图相对全面而准确地展现网络时代高校思想政治教育对象全貌。

二、研究方法

本书在坚持马克思主义理论和方法指导的基础上，主要采取以下几种方法对网络时代高校思想政治教育对象开展认识研究。

1. 系统分析法

本书运用整体思维和系统思维对网络时代高校思想政治教育对象开展研究，立足现实的人、整体的人、发展的人和层次丰富的人的认知定位，系统探究在日常学习生活背景下青年学生的发展变化，准确把握网络时代高校思想政治教育对象的实际状况和阶段性的新特征。

2. 文献综合研究法

本书从学界关于网络时代高校思想政治教育对象的相关研究文献出发，通过运用抽象概括、归纳演绎和具体分析等方法，整合思想政治教育学科和其他学科的基础理论，梳理已有的研究成果，进而找到本研究的生长点。

3. 比较研究法

本书坚持以马克思主义为指导，在此基础上借鉴教育学、心理学、社会学等学科的理论和方法，分析探讨网络时代高校思想政治教育对象的发展变化和阶段特征等问题，坚持多学科交叉视野，运用对比研究的方法，探讨不同学科对其的不同理解，来形成较为全面的思考和见解。

第四节　创新点

从立意上来讲，本书立足网络时代高校思想政治教育对象的发展变化，坚持以开放性、动态性与科学性原则科学把握高校思想政治教育对象的新内涵和新特征，科学分析了当前时代影响高校思想政治教育对象的主、客观因素，并针对性指出了网络时代高校思想政治教育对象培养的重点路径，具有一定的研究新意。

就具体内容而言，本书从整体性出发，对网络时代高校思想政治教育对象的内涵进行了界定，并着眼探究网络时代高校思想政治教育对象的发展变化，指出了青年学生共享意识凸显、主体性增强和流变性突出的新特征。本书结合青年学生参与现实生活和网络虚拟实践的现实表征，从宏观、中观、微观等不同角度，分析了影响青年学生成长发展的主、客观因素。在高校思想政治教育对象的培育路径上，本书重点强调了在当前网络时代应该着力的路径选择。

就研究方法而言，本书从交叉学科的视角出发，积极借鉴教育学、社会学、传播学、心理学、信息技术科学等不同学科的基础理论知识，来深化相关的研究内容，力求能够以更广阔的学科视野，科学把握高校思想政治教育对象，为推动高校思想政治教育创新发展呈现自己的学术认知。

第一章

网络时代高校思想政治教育对象的概念界定

长期以来，学界围绕高校思想政治教育对象这一问题展开了广泛讨论，形成了相关的共识。时代的发展、社会的进步，尤其是网络信息技术的发展，赋予了高校思想政治教育对象新的内涵，拓展了其外延。互联网在很大程度上改变了人的生产方式和生活方式，深刻影响了人的思维方式、价值观念和行为习惯，对我们认识和把握高校思想政治教育对象提出了新要求。网络时代，高校思想政治教育对象有什么新变化？其内涵有什么延展？该如何界定？我们厘清和回答这些问题，对网络时代下充分发挥互联网优势、贯彻思想政治教育与信息技术高度融合的要求、切实提升高校思想政治教育实效具有重要意义。

第一节　高校思想政治教育对象的内涵

网络时代高校思想政治教育对象仍然具备高校思想政治教育对象的一般属性和特征。我们明晰高校思想政治教育对象的本质内涵，并把握其在网络时代背景下新的发展变化，对理解网络时代高校思想政治教育对象的概念内涵具有重要作用。

一、高校思想政治教育对象的概念

一般意义上说，对象是行动或思考时作为目标的事物。思想政治教育作为实践活动，有其特定的对象。目前，学界关于思想政治教育对象的代表性观点主要有陈万柏、张耀灿认为的思想政治教育对象是指"在思想政治教育活动中教育者施加可控性教育影响的对象"①。仓道来认为，"思想政治教育的对象有广义与狭义之分，广义的对象是指人，狭义的对象是思想政治教育的接受者、被教育者。"② 陆庆壬认为思想政治教育对象是人民群众。③ 冯刚认为，"思想政治教育对象是现实的人、具体的人。对于有血有肉的个体而言，他们都会有成长成才、全面发展的合理诉求，直接关乎思想政治教育的有效开展和实际效果。"④ 郑永廷认为，思想政治教育对象是指在思想政治教育活动中作为教育者活动对象的人。⑤ 孙其昂认为思想政治教育对象是人的思想。⑥ 无论思想政治教育对象是人，还是人的思想，思想政治教育在根本上都要通过人来实现。一方面，事物是要素的集合体，各要素在事物发展过程中所处的地位和所发挥的作用各有不同。思想政治教育是由思想政治教育的目标、任务、内容、方法、对象、队伍、管理、载体等各要素组成的，最基本的要素是教育者、教育对象、介体、环体。从思想政治教育的构成要素来看，介体和环体要发生作用，是通过人来施加影响的，在思想政治教育过程中要与人进行互动，实践效果也要通过人来体现。另一方面，并不是所有人都可以作为思想政治教育的对象，思想政治教育对象的选择和确立是有标准和依据的。思想政治教育对象，是指"认识到自己作为思想政治教育对象并成为思想政治教育接收者的人"。⑦ 因此，我们不应该割裂人与人的思想、品德、价值观念等之间的联系，要坚持全面的观点整体把握思想政治教育对象。

马克思曾说："对象如何对他来说成为他的对象，这取决于对象的性质以及与之相适应的本质力量的性质。"⑧ "我的对象只能是我的本质力量之一的

① 陈万柏，张耀灿．思想政治教育学原理：第三版［M］．北京：高等教育出版社，2015：158.

② 仓道来．思想政治教育学［M］．北京：北京大学出版社．2004：179.

③ 陆庆壬．思想政治教育原理［M］．北京：高等教育出版社，1991：160.

④ 冯刚．增强高校思想政治教育持续发展的内生动力［J］．中国高等教育，2017（13/14）：26.

⑤ 郑永廷主编．思想政治教育学原理［M］．北京：高等教育出版社，2016：211.

⑥ 孙其昂．思想政治教育学基本原理［M］．南京：河海大学出版社，2004：98.

⑦ 孙其昂．思想政治教育学基本原理［M］．南京：河海大学出版社，2004：106.

⑧ 马克思恩格斯全集：第42卷［M］．北京：人民出版社，1979：125.

确证……因为对我说来任何一个对象的意义（它只是对那个与它相适应的感觉说来才有意义）都以我的感觉所能感知的程度为限。"① 思想政治教育对象与高校思想政治教育对象之间是一般与个别的关系，高校思想政治教育对象是思想政治教育对象的具体表现。高校属于教育领域的前沿阵地，思想政治教育是高等教育的重要组成部分，其根本任务是立德树人，要培养的是德智体美劳全面发展的时代新人。狭义上，高校的思想政治教育对象特指青年学生。一方面，青年学生是高校思想政治教育的出发点和落脚点，是高校思想政治教育活动的主要参与者，是高校思想政治教育内容的主要接受者，反馈高校思想政治教育的育人质量，体现着高校思想政治教育的育人效果。另一方面，高校的根本任务是立德树人，高校思想政治教育对象是思想政治教育根本目标得以实现的载体，其思想政治觉悟、道德素质水平和认知水平直接关系着高校思想政治教育效果的好坏。我们系统把握和全面认识高校思想政治教育对象，了解高校思想政治教育对象的成长环境、个体经历、思想实际和需求期待，满足其现实需要，找到高校思想政治教育和教育对象之间的联结点，从而充分调动高校思想政治教育对象接受教育内容的积极性和主动性，是正确制定教育目标、内容和方法的依据，是提高思政教针对性和科学性的重要条件，其能够切实增强高校思想政治教育的效果和管理的效能。总的来说，高校思想政治教育对象是以青年大学生为主要群体的，是高校思想政治教育活动中接受教育、获取知识、反馈成效的核心要素。

二、高校思想政治教育对象的地位

高校思想政治教育对象的地位是指青年学生在高校思想政治教育活动中所处的位置。首先，青年学生是高校思想政治教育的出发点和落脚点。思想政治教育是一项系统的实践活动，我们必须准确把握和全面认识思想政治教育对象，才能保证思想政治教育实践活动的有效性。从出发点来看，不同青年学生的个体特征、价值选择和利益需求不同，因此在做思想政治教育的整体设计之时，要从具体内容出发去契合教育对象的发展需要和思想实际；就

---

① 马克思. 1844 年经济学—哲学手稿 [M]. 北京：人民出版社，1979：79.

落脚点而言，高校思想政治教育的根本目标是立德树人，思想政治教育的成效最终要通过青年学生的所思所想和行为举止来表现出来。换言之，高校思想政治教育始终坚持从学生出发，引领青年学生健康成长，实现德智体美劳全面发展。

其次，青年学生是高校思想政治教育效果的反馈者。高校思想政治教育是由主体、客体、介体和环体等要素构成的系统体系。一方面，任何事物都是由要素构成的。从其构成要素来看，思想政治教育对象是思想政治教育的构成要素之一。高校思想政治教育效果的实现，依赖教育者、教育对象、教育内容、教育环境、教育方法等。高校只有准确认识实践对象，正确把握教育对象，才能找到适合不同类型、不同特点教育对象的教育方法和原则，才能增强思想政治教育的针对性和实效性。另一方面，教育对象是教育效果的体现者。教育效果直接体现在教育对象的思想和行为之中。没有教育对象，思想政治教育活动也就无从谈起。思想政治教育实效通过教育对象对高校思想政治教育内容的认可程度、接受程度和践行程度来进行体现。

最后，青年学生是高校思想政治教育目标的体现者。高校的目标是立德树人，这一目标的确立，直接关系学校所要培养人才的素质与规格。其一，目标设计不能仅仅从教育者的视角考虑，而要把思想政治教育对象的成长发展放在更加重要的位置，满足他们的发展期待，从而提升思想政治教育对象的内在驱动力。其二，目标的实现是一项系统工程，不只是高校教师的职责，也需要高校管理部门和管理人员协同合作，更需要青年学生的参与配合。高校要做好学校各部门的分工和协作，共同承担育人的任务，实现高校的党政干部、教师、管理人员、学生同心协力，凝聚促进学生成长发展的集体合力，共同致力于育人目标和教育实效的实现。其三，思想政治教育要坚持问题导向和目标导向，从话语体系、组织形式、管理方式和宣传途径等方面贴近不同教育对象的思想实际，用现代化的教育教学理念、方法、内容等来强化持续贯通的育人效果，优化思想政治教育的实施开展环境，保证立德树人目标的实现。在针对不同教育对象进行教育目标设定的时候，高校要坚持共性和个性相结合，不能"一刀切"，同时也要注重现实性与超越性相结合。目标的设定既要源于实际，又要高于现实，使思想政治教育对象"蹦一蹦，够得着"。思想政治教育不是一蹴而就的,只有通过长期有效的全过程、全方位育人,青年学生才能有长足的发展。因此,我们必须要全面认识、系统把握教育对象。

三、高校思想政治教育对象与高校思想政治工作对象的概念辨析

我们需要注意的是,思想政治教育对象与思想政治工作的对象不同,尽管两者根本上都是做人的工作,但不能把思想政治教育对象与思想政治工作对象混为一谈。就时空场域而言,思想政治教育倾向结合特殊的时代背景,着重把学校作为主要场域,思想政治教育的对象更倾向指向学生群体。思想政治工作的主体范围广,涉及企业、军队、社区等不同主体。① 二者的内容具有重叠性,就其本质和功能而言,具有相对一致性,但不是完全等同的概念。② 总体来看,高校思想政治教育作为高等教育的重要组成部分,更注重强调育人功能和人才培养,强调理论教育积淀和行为养成之间的循序渐进;高校思政工作通常用于强调党政工作,凸显实践导向和实务性。1984 年 11 月,中共中央宣传部、教育部颁布的《关于加强高等学校思想政治工作队伍建设的意见》中指出,高等学校思想政治工作的对象,主要是具有较高文化水平和专业知识的师生,思想政治工作需要结合教学、科研工作进行,对专职从事思想政治工作的人员在政治素质和知识水平方面应有严格的要求。③ 因此,高校思想政治工作参与人员具有广泛性和复杂性。这其中既包括党政干部、共青团干部、思想政治理论课教师和哲学社会科学课教师、辅导员、班主任和心理咨询教师等原有的思政系统内的教师,还包括高校内专业课教师、管理教辅人员、后勤服务人员等。育人者必先接受教育,应当具备相应的政治素质和知识水平,这就需要包括教学、科研、活动等在内的思想政治工作的培养发展。换言之,高校思想政治工作对象除了青年学生之外,还包括高校教师职工和管理服务人员,比如,高校分管学生工作的校领导、党委工作部

① 冯刚,曾永平.“思想政治工作”与“思想政治教育”概念辨析 [J]. 思想教育研究,2018 (1):42-46.
② 石书臣. 思想政治教育概念的学科梳理和探讨 [J]. 思想教育研究,2008 (8):12-16.
③ 教育部思想政治工作司组编. 加强和改进大学生思想政治教育重要文献选编 (1978—2014) [M]. 北京:知识产权出版社,2015:36.

门干部、共青团干部、辅导员、班主任、心理健康教育教师、网络文化建设管理干部等人员。

这是因为，其一，育人者的教师是高校思想政治工作的对象。教师是"立教之本、兴教之源"①，是"教育发展的第一资源"，要使教师成为"先进思想文化的传播者、党执政的坚定支持者、学生健康成长的指导者"②，要把高校教师思想政治教育工作置于建设社会主义教育强国的总体战略之中。高校教师掌握着专业领域的先进知识和专业技能，是国家的高素质知识型人才，其整体素质对高等教育质量提升和转型发展起着至关重要的作用。邓小平也曾指出，"一个学校能不能为社会主义建设培养合格的人才，培养德智体全面发展、有社会主义觉悟的有文化的劳动者，关键在教师"③。高校教师队伍素质能力的提升，能够有效推动高等教育事业的科学发展。高校教师是办好人民满意的高等教育事业的关键力量，他们的思想政治水平、道德文化素质、价值观念对学生的健康成长具有重要的引领示范和带动作用。因此，我们必须高度重视高校教师的思想政治工作。一方面，要注重了解高校教师在面临教学科研任务和家庭生活负担以及职称评定等层面的思想变化和情绪波动，解决高校教师的后顾之忧；另一方面，要加快形成高校教师教学和科研能力提升的长效机制，完善教师培训体系和成长路径。比如，对于刚入职的青年教师，高校要科学有效地引导青年教师适应工作岗位和教学要求，青年教师同时要明确自身的发展目标和科研方向。对于教师队伍里的骨干教师，高校要着力挖掘和培养其为学科带头人，力争进入国家级人才项目，比如入选国家青年杰出基金、青年拔尖人才支持计划等。高校要根据教师在教学和科研的表现能力、专业技能、个人兴趣专长以及学科发展需要来确定教师队伍培养的核心力量。同时，这也要求高校教师要持续提升教书育人的能力，着重从政治把握能力、专业知识能力、师德建设能力、培养人才能力等方面着手。高校要把常规性教育和重要时间节点教育相结合，把阶段性培训和总体性发展要求相结合，综合提升高校教师的整体能力。因此，加强和改进高校教师

---

① 习近平向全国广大教师致慰问信［N］.人民日报，2013-09-10（1）.
② 关于全面深化新时代教师队伍建设改革的意见［N］.人民日报，2018-02-01（1）.
③ 邓小平.邓小平文选：第二卷［M］.北京：人民出版社，1994：108.

思想政治工作，对全面贯彻党和国家的教育方针，围绕立德树人的根本任务，确保高校坚持社会主义办学方向，为党育人，为国育才，培养德智体美全面发展的社会主义建设者和接班人，使高校教师在教书育人过程中实现教学相长，具有重大而深远的理论价值和实践意义。

其二，负责高校管理和服务的工作者也是高校思想政治工作的对象。习近平总书记在全国高校思想政治工作会议上的讲话中强调，"要坚持把立德树人作为中心环节，把思想政治工作贯穿教育教学全过程，实现全程育人、全方位育人。"① 中共中央国务院印发的《关于加强和改进新形势下高校思想政治工作的意见》进一步明确了全员全过程全方位育人要求，强调："把思想价值引领贯穿教育教学全过程和各环节，形成教书育人、科研育人、实践育人、管理育人、服务育人、文化育人、组织育人长效机制。"② 这就点明了高校管理和服务工作者的育人职责，我们将其与高校教师一同视为育人的重要力量，也对其政治素养和知识水平提出了现实要求，展现了对其开展思想政治教育的必要性。因此，我们要根据高校教师职工的不同分工和职责，对高校教师、高校管理人员、高校服务人员进行不同内容的思想政治教育。同时，高校思想政治工作对象之所以呈现精细化发展，缘于社会生产力的不断革新、国家政策的高度重视与大力支持以及学科有序发展的强力保障等。生产力的不断发展、生产方式的革新、生产技术和水平的提升，会使社会分工越来越精细化。技术的细化发展与多层次联动，为技术的提升注入了新鲜血液。得益于此，高校思想政治工作也正在朝着日益精细化、智能化的方向发展。我们要根据高校思想政治工作系统性、科学性、实践性等特征，对教师队伍、管理人员和服务人员持续进行思想政治教育，提升他们立足本职的技能和本领，才能更好地发挥高校思想政治工作者的育人合力。

---

① 习近平在全国高校思想政治工作会议上强调 把思想政治工作贯穿教育教学全过程开创我国高等教育事业发展新局面 [N]. 人民日报，2016-12-09 (1).
② 关于加强和改进新形势下高校思想政治工作的意见 [N]. 人民日报，2017-02-28 (2).

第二节 网络时代高校思想政治教育

"网络展现出色彩斑斓的思想图景和舆论生态，时而阳光灿烂，时而电闪雷鸣，让人心生'最好'与'最坏'交杂的'狄更斯之叹'。"① 网络所呈现的斑斓图景和舆论生态，使高校思想政治教育面临的机遇和挑战并重。一方面，网络时代高校思想政治教育的基本要素、现实背景、话语体系、内容建设、载体形式、评估机制等都发生了相应的变化，纷繁复杂的环境、多元价值观的存在以及各种思想观点铺天盖地地涌入高校思想政治教育场域之中，给高校思想政治教育带来了极大的挑战。另一方面，网络时代高校思想政治教育信息传播的渠道和路径、信息收集和处理的方式以及思想政治教育元素和资源的挖掘与呈现等方面，都发生了翻天覆地的变化，对青年学生的思维方式、学习方式和社交方式等都产生了巨大的影响，也给高校思想政治教育带来了难得的机遇。

一、网络时代高校思想政治教育的发展变化

网络时代高校思想政治教育的发展变化，不仅体现在互联网带给高校思想政治教育的环境、话语方式的变化，还体现在高校思想政治教育应对互联网机遇和挑战中所做出的调整和改变。

其一，网络时代高校思想政治教育的环境发生了变化。就宏观环境而言，国际与国内的政治、经济、文化等环境的变化，以及国际交往过程中发生的经济生活条件、现实政治状况、具体文化活动、社会思潮、传播媒介的变化等，都会对高校思想政治教育产生影响。就中观环境而言，不同地区、不同发展程度的区域，网络信息技术的发展对高校思想政治教育创设的环境不同，影响程度和方式也不同。就微观环境而言，家庭、学校、社会组织和社区环境等，也会对高校思想政治教育活动有直接的影响。

---

① 把握好互联网这个最大"变量" [N]. 人民日报，2013-09-04 (5).

当今世界正处于百年未有之大变局之中，国际力量对比深刻调整。在中国与世界各国的互动过程中，国际政治、世界经济、大国关系、地缘格局、中国外交、制度优势、科技革命等领域面临着激烈的竞争和巨大的挑战。这一系列发展变化，对青年学生正确认识世界发展大势、正确认识中国特色和国际比较、正确认识时代责任和历史使命、正确认识远大抱负和脚踏实影响重大。因此，如何引导学生树立安全意识，防范和应对风险，如何主动顺应和把握网络时代经济发展的优势，用数字化信息技术打造有利于高校思想政治教育对象的美好学习场景和生活体验，也成为高校思想政治教育必须面对的时代课题。

其二，网络时代高校思想政治教育的内容发生了变化。网络信息技术的发展，使信息搜集与呈现方式以及传播渠道更加多元化，也使高校思想政治教育的教育内容随之变化。技术的发展程度、算法技术的精进、大数据资源的丰富、AI 技术、AR 技术和人工智能的发展，拓展了高校思想政治教育的内容。依托于 5G 技术和全息投影技术，学生在感知教育内容的过程中，可以更好地调动感官知觉，沉浸于高新技术营造的沉浸式体验场景中，通过 AR、VR、数字视觉艺术等的综合呈现，在更新鲜、直接、强烈的互动体验中生发出更深刻的认知、更大程度的情感共鸣和更强烈的心理认同。高校思想政治教育内容变得越来越有内涵、有深度、有科技感和未来感，更能吸引学生的注意。在网络空间的虚拟实践过程中，传感技术、通信技术和计算机技术的迭代发展，使技术适用的领域从生存场景到发展场景不断拓展，技术功能从信息互换、人际交往到万物互联的跃升[1]，为内容生产提供了更丰富的素材、更广阔的路径和更强劲的动力，使网络信息技术赋能高校思想政治教育内容的创新发展。

广大青年学生通过门户网站、微信、微博、手机浏览器、抖音、快手、西瓜视频以及各种 app 来获取信息、进行社会交往和自我呈现、表达个人意志等，这些信息来源海量快捷、选择多样、成本低廉，当然也存在良莠不齐的现象。首先，网络信息传播过程中出现的各种不良现象，比如，网络诈骗、

---

① 王方，王楠. 网络时代高校思想政治教育对象的特征与启示［J］. 高校辅导员学刊，2021（8）：29.

网络谣言、骚扰信息或者一些暴力低俗的信息等的传播，以及其他威胁个体的信息安全、侵犯个体的隐私等现象。其次，传感技术、大规模数据存储和通信技术的运用，使我们的社会正朝向精细化和智能化方向发展，但也面临着风险共担的全球性问题以及由此衍生的关于道德伦理、法律规则、社会秩序与管理等层面的问题，使高校思想政治教育面临的挑战更艰巨。最后，高校思想政治教育对象在网络空间进行数字化生存，并通过个体心理、思想、行为的呈现，进行自我的网络画像。个人信息若在网络上过度呈现，会使个体处于"无隐私"的状态，会带来一系列问题，关于网络风险的预判以及网络舆情和各种网络平台的监管，就显得迫在眉睫。如果网络监管滞后于社会的发展，那就可能出现秩序失调的状况，这就要求高校不仅要加大网络监管和审查力度，针对系统漏洞和技术薄弱处更新技术保护手段，加强数据库的安全维护。高校要提升数据信息保护的技术水平，健全数据使用的监管机制，创设预警机制，将网络中的不良内容扼杀于摇篮之中，还要更加注意教育内容与时代发展的呼应，要在教育内容中注入能够积极应对网络谣言、澄清社会舆论误区、有丰富多彩的表达工具和表达方式，有效规避舆论发酵的风险等一系列内容。因此，高校思想政治教育要大力弘扬社会主义核心价值观，营造风清气正的社会舆论氛围和网络空间。高校要与时俱进更新相关的知识内容，使高校思想政治教育内容与知识传授、价值观塑造和能力提升融为一体。比如，教师在教学过程中注重提高青年学生信息筛选识别的能力，引导学生主动抵制虚假信息和有害信息，强化青年学生的隐私保护意识和信息安全意识，运用法律规范来维护自身权益，青年学生在遇到信息泄露、侵犯隐私以及网络诈骗等问题时，要果断拿起法律武器来捍卫自己的正当利益。

其三，网络时代高校思想政治教育的话语方式发生了重大转变。网络语言以及网络话语体系的构建，比如符号化语言、数字化语言、图片化语言、各种表情包、字母化语言等，新词新意不断涌现，不拘一格。口语化、日常化、通俗化的表达方式，呈现个性化、互动性的特征。尤其是网络游戏、网络文学、网络音乐、网络社交等的流行，使高校思想政治教育对象能够在更加开放、多元、自在的环境下进行自在表达、自由创作，高校学生可以探寻多样的生命体验。

近年来，青年学生群体中流行"丧"文化、"佛系"文化、"网红"文化以及对流量明星的追捧等，一些利欲熏心的平台和博主，会哗众取宠或者传播错误价值观，通过博眼球、求关注的方式来实现流量变现和价值增值。这种消极、颓废、贪慕享乐的价值观，会弱化青年学生的理想信念和价值追求，不利于青少年的健康成长。这就要求高校思想政治教育通过不断强化品牌塑造，打造贴近青年实际的官方账号和网络平台，构建网络传播矩阵，通过有效的网络监管和完善的机制建设，以优化的内容、丰富的形式和精心的设计来实现对学生的思想引领和价值引导。一方面，我们要不断进行话语变革，将高校思想政治教育内容由学术语言向生活语言转化，并将二者不断融合。在进行教育教学过程中，我们注重挖掘思想政治教育资源，丰富思想政治教育载体和形式，比如运用多媒体等网络技术将以往难以在课堂上呈现、无法通过语言表达的教学素材引入课堂，将理论知识和案例素材相结合，使青年学生对文化知识的感知更为生动深刻。另一方面，我们要动态把握青年学生话语特点与规律，贴近青年学生的实际生活，适度运用网络语言，充分借鉴网络文化，来贴近高校思想政治教育对象的实际。比如，我们结合网络语言和网络文化的特点，系统构建高校思想政治教育话语体系、教材体系和教学体系，让大学生更加明晰高校思想政治教育的理论形态和实践样态，了解其发展脉络、主要内容、地位作用、价值意义、现实状况以及提升路径，促进高校思想政治教育公众形象的塑造和传播，让青年学生在思想政治理论课和日常思想政治教育中更好地接受教育内容的浸润，在潜移默化中强化学校教育和自我教育的效果。

二、网络时代高校思想政治教育理论和实践的创新发展

面对互联网背景下广大青年学生和高校思想政治教育的发展变化，我们着眼新时代人才培养要求和教育实际，网络时代高校思想政治教育聚焦新特征、新问题和新任务，实现了理论和实践的创新发展。

其一，网络时代高校思想政治教育更加注重对教育对象的科学把握。当前，人们获取信息的方式从语言、文字转向图像、视频，学习场域、表达方式和社交方式都发生了很大变化。美国学者丹尼尔·贝尔（Daniel Bell）指出，"如今，'主流话语'是视觉。音响和画面（特别是后者）构成了美学，指导着观众"，"当代文化已渐渐成为视觉文化而不是印刷文化"①。高校思想政治教育对象通过即时互动、沉浸体验和各种移动电子产品的运用，随时随地进行可视化学习、分享。截至 2023 年 6 月，我国网络视频（含短视频）和网络直播的用户规模分别为 10.44 亿和 7.65 亿。其中，短视频用户规模为 10.26 亿人，占网民整体的 95.2%。② 网络视频（含短视频）已成为仅次于即时通信的第二大互联网应用类型。"短视频播放时长的'短'"，内容呈现的'精'及传播速度的'快'，让'内容干货'和'知识密度'不断抓住用户注意力，使大学生在伴随式体验中收获满足感。"③ 这既要求我们注重把握青年学生精干、简练、时效性强的信息需求和偏向多感官体验的接受习惯，科学调整高校思想政治教育的内容设计和呈现方式来提升教育实效，又要关注网络带给学生的不良影响，有针对性地开展教育。首先，各种各样的资讯在打开学生认知新世界大门的同时，也会过多消耗他们的时间精力。有关时尚、美妆、美食、运动、影音、旅行、居家、读书、数码等分门别类的分享信息，会挤占他们的生活学习时间，打乱他们的正常节奏。青年学生依赖视听刺激，过度沉溺在虚拟空间，用即时满足感来替代精神生活的富足和充实，只会浪费宝贵精力和学习时间，罔顾学业，从而加大自我放纵之后的空虚感。高校思想政治教育应根据青年学生自控能力不强的实际，引导学生处理好线上和线下、学习和娱乐等多对关系，提高自我管理的意识和能力，避免网络沉迷。其次，这样碎片化的学习，容易滋生"拿来主义"的思想和思维惰性，缺乏对知识逻辑的深入分析和系统认知，容易引发"知其然不知其所以然"的问题，不利于学生的长远发展。高校思想政治教育针对青年学生碎片化的网络学习习惯，应着力培养学生的探究意识和钻研精神，让学生在知识拓展的持续获得中克服网络学习弊端。最后，高校思想政治教育对象的学习、生活和社交都依托于网络信息技术，"购物点鼠标，支付刷手机，扫码乘公交，网上

---

① 丹尼尔·贝尔. 资本主义文化矛盾［M］. 严蓓雯，译. 北京：人民出版社，2010：112.
② 中国互联网络信息中心. 第 52 次中国互联网络发展状况统计报告［R/OL］. 中国互联网络信息中心网站，2023-08-28.
③ 胡泳. 新词探讨：回音室效应［J］. 新闻与传播研究，2015（6）：109-115.

选美食"成为新的生活方式，但网络空间的假新闻、暴力与各种新型犯罪，以及数据安全、隐私保护、算法价值观等技术与伦理方面的问题，都会对成长发展过程中的青年学生带来方方面面的影响。高校思想政治教育应着力培养青年学生的信息识别筛选能力，让学生积极获取有用信息，过滤无关信息，抵制有害信息，让网络成为青年学生学习生活的有效助力。

其二，网络时代高校思想政治教育要跳出"信息茧房"的局限。"网络世界扩大和丰富了人们的精神交往，同时，交往的双方采取了不直接在场的交往方式，即'虚拟交往'。在虚拟环境里，不存在时空限制和利害冲突，人感觉无比自由自在、无拘无束。然而，问题也随之出现了，过度地投入虚拟空间里，寻求虚拟交往，会使人对现实社会中面对面的直接接触越来越缺乏兴趣，真实的人际关系越来越疏远，真实的情感越来越淡薄，人们的道德伦理问题越来越多，这是新时期人们社会关系发展的危险信号。"① 以微信、抖音为代表的社交软件使人们的沟通交流更加便捷，虚拟交往以其即时性、丰富性等优势更加适应现代人尤其是青年学生的社交需要，虚拟交往逐渐成为社交方式的主流。然而无论是微信创造的"熟人社交"还是短视频创造的"场景社交"，青年学生都在进行着社会角色定位和圈子分类，他们渴望被理解、被接受和被认同。因此，他们会依据个人的兴趣和偏好，去参与相关的话题讨论，进行人际互动，形成兴趣爱好趋同的聚合社群。各大平台利用大数据技术对互联网用户进行精准定位，用算法推荐和定向推送匹配用户的喜好，但"由于关注对象的选择，一个社交媒体用户的时间线上可能充斥着想法类似的帖子，这种高度同质化的信息流构成'过滤气泡'，从而把相异的观点有效地排斥在外"②，形成具有遮蔽性和排他性的信息茧房。"信息茧房"的过滤作用，会使高校思想政治教育群体中形成圈层文化，使观念相近和价值观趋同的学生受集体思想、集体行为的影响，会阻断青年学生认知拓展和对未知领域的探索。弗里德里希·奥古斯特·冯·哈耶克（Friedrich August Von

---

① 杨鲜兰，陈明吾. 和谐社会视域下的社会交往分析 [J]. 湖北大学学报（哲学社会科学版），2011（3）：59.

② 王肖. 大学生短视频热现象的原因分析、潜在风险及应对策略 [J]. 思想理论教育，2021（1）：96.

Hayek）说："一种文明之所以停滞不前，并不是因为进一步发展的各种可能性已被完全试尽，而是因为人们根据其现有的知识成功地控制了其所有的行动及其当下的境势，以至于完全扼杀了促使新知识出现的机会。"① "当个人被禁锢在兴趣偏好的自我构建中时，好比作茧自缚，不知不觉中便会失去总体性的视野。"② 因此，网络时代高校思想政治教育一方面要着力培养学生的创新思维，引导学生主动跨越思想边界，激发探索兴趣和精神，在"出圈"中发现更多可能性。另一方面要强化内容供给，坚持以课程教学内容为主，与网络热点相结合，跟多平台互动衔接，在"破壁"中拓展学生的认知视野，跳出"信息茧房"的局限。

其三，网络时代高校思想政治教育更加注重与家庭、社会、政府协同发挥作用。近年来，网络通过经济等手段，移动电子设备、应用软件等媒介融入人们工作生活之中，各领域的联系愈发密切，同时带来的问题也更加复杂，需要各领域协同加以解决。"受教育者也得脱离现实场域和关系的束缚，以网民的身份共同活动于万维网的时空当中，以平等的姿态进行信息的交流传递。"③ 随着互联网深度融入人们的工作和生活之中，青年学生在很大程度上摆脱时空的界限，拉近了学习、工作和生活等各领域之间的距离，彼此之间的联系也愈发密切，带来好处和便利的同时，其中酝酿的挑战和问题不是靠单方面能够简单处理的。这就提出网络时代高校思想政治教育需要协同各方力量发挥作用的现实要求。我们应该看到，在网络思想政治教育的发展过程中，教育者日渐摆脱了现实空间的束缚，以泛在的方式在现实网络空间活动中施加教育影响。网络在密切受教育者学习生活各领域联系的同时，也为教育者之间的协同联动提出了现实条件和客观要求。由此，网络时代高校思想政治教育更加注重与家庭、社会、政府协同发挥作用。在抓好基于网络优势的高校思想政治理论课主渠道和日常思想政治教育主阵地的同时，我们应突

① 哈耶克. 自由秩序原理 [M]. 邓正来，译. 北京：生活·读书·新知三联书店，1997：39.

② 骆郁廷，李勇图. 抖出正能量：抖音在大学生思想政治教育中的运用 [J]. 思想理论教育，2019 (3)：87.

③ 吴满意，宁文英，王欣玥，等. 网络思想政治教育生态系统研究 [M]. 北京：人民出版社，2019：108.

出家庭、社会和政府在网络时代开展教育、施加影响、合力育人的功能价值。家庭往往是青少年上网的第一场所，对学生上网习惯的养成、网络信息筛选能力的培养等具有重要意义。因此，家庭承担着教育引导的重要责任，在家庭这一特殊场域、借助亲子关系的特殊纽带，我们着力培养青年学生的网络安全意识、网络信息筛选能力和健康上网习惯等网络素养，在家庭参与中打好网络时代高校思想政治教育对象的素质基础。社会是青年学生参与其中并受之影响的重要环境，而在线上转移中表现为网络空间。社会表达在网络空间中形成的舆论导向，容易误导青年学生从而产生思想困惑、价值迷失等问题。

高校思想政治教育要解决好这些问题，必须抓住引发问题的源头，在与网络空间治理的协同联动中，树立正确导向，引导青年学生端正思想、坚定信念。政府是协同各方力量做好网络时代高校思想政治教育的顶层设计者。在网络空间治理中，政府发挥着重要作用，从网络空间治理、内容建设、正面宣传等方面，为青年学生营造一个良好的网络空间。习近平总书记在网络安全和信息化工作座谈会上的讲话中强调："我们要本着对社会负责、对人民负责的态度，依法加强网络空间治理，加强网络内容建设，做强网上正面宣传，培育积极健康、向上向善的网络文化，用社会主义核心价值观和人类优秀文明成果滋养人心、滋养社会，做到正能量充沛、主旋律高昂，为广大网民特别是青少年营造一个风清气正的网络空间。"[①] 同时，政府通过制度建设、机制设计、政策制定、平台搭建等方式将家庭、学校、社会等各方力量统一凝聚起来，共同致力于网络时代背景下高校思想政治教育突出问题的解决，从而保证青年学生在互联网开放环境下避免错误思想影响、健康成长发展。

第三节　网络时代高校思想政治教育对象

阿尔温·托夫勒（Alvin Toffler）指出："谁掌握了信息、控制了网络，谁

---

① 习近平．习近平谈治国理政：第二卷［M］．北京：外文出版社，2017：337．

就将拥有整个世界。"① 高校是信息化程度最高的场所之一。随着网络信息技术的迅猛发展,互联网作为信息传播的载体,越来越成为高校师生获取知识和搜集信息不可或缺的渠道,并对高校思想政治教育对象的学习、生活、思维方式、思想观念等产生广泛而深刻的影响。网络不仅是对现实的精确再现,而且揭示了现实所没有显示出的各种可能性。首先,网络信息技术的发展和普及,拓宽了高校思想政治教育的渠道,丰富了高校思想政治教育的方法和素材。其次,通过网络,人们可以快速掌握高校思想政治教育对象的思想变化和关注焦点,有利于更准确地动态性掌握高校思想政治教育对象的发展状况。最后,网络具有开放性、及时性、共享性、交互性等特点,能够使高校思想政治教育对象更细致深入地了解基础理论、专业信息、学科动态、发展前沿、未来趋势以及个人感兴趣的知识信息和其他内容,有利于开拓教育对象的理论视野,提升教育对象的学术思维,促进教育对象的全方位发展。因此,客观认识网络作为高校思想政治教育的"第一变量",我们要深入剖析高校思想政治教育对象的新内涵,能够用新视角、新理念和新方法去提升高校思想政治教育实效。

一、受网络影响深刻的受教育者

网络时代,高校思想政治教育对象是处于网络信息技术高速发展环境中受影响最为深刻的受教育者。网络作为人类生存和发展的新的方式,正全面而深入地影响中国社会,已经成为青年学生学习生活不可或缺的内容。人们通过电脑、手机等设备,来实现人类与技术的融合,在网络上进行自我的多元化呈现。第 52 次中国互联网络发展状况统计报告显示,截至 2023 年 6 月,我国网民规模达 10.79 亿,互联网普及率达 76.4%,其中手机网民规模达 10.76 亿,网民使用手机上网的比例达 99.7%。除此之外,通过电视、台式电脑、笔记本电脑、平板电脑上网的网民也各占相当的比例。就网络的整体使用情况而言,我国农村网民规模为 3.01 亿,城镇网民规模为 7.78 亿,分别占网民整体的 27.9% 和 72.1%。就网民年龄而言,20~29 岁、30~39 岁网民

---

① 阿尔温·托夫勒:权力的转移 [M]. 迎春,等译. 北京:中信出版社,2006:32-33.

分别占 14.5% 和 20.3%。① 个体运用网络信息技术进行包括即时通信、搜索引擎、网络新闻、网络支付、网络购物、网上外卖、旅行预订、网约车、在线教育、网络音乐、网络文学、网络游戏、网络视频、网络直播、互联网理财等活动。由此可见，网络已经融入高校思想政治教育对象的生活、学习、工作等方方面面。网络的智能化、数字化与科学化发展和及时性、开放性、共享性与开放性的特征，为高校思想政治教育对象的成长发展提供了很多便利条件。

马克思说："在我们这个时代，每一种事物好像都包含有自己的反面。我们看到机器具有减少人类劳动和使劳动更有效的神奇力量，然而却引起了饥饿和过度的疲劳。"② 因此，网络信息技术作为一把双刃剑，也会给高校思想政治教育对象的成长发展带来一些不利影响。首先，网络是一个虚拟空间，在这个看不见的场域之内，充斥着良莠不齐的各类信息，需要高校思想政治教育对象去仔细甄别，在他们时间精力有限、应对能力不足和甄别能力缺失的情况下，会给他们带来困惑和困扰。其次，网络空间，个体的人格特征、价值观念以及所遵循的法律规范，会受到其他因素的干扰而让人不知所措。他们在现实社会中已形成的行为习惯和思维方式，会被网络中的各种声音裹挟，从而使个体陷入是非难辨的境地。最后，个体在社会面临着不同价值观念、道德评判标准的影响，个体成长发展的方向确立面临多重挑战，青年学生会出现自我怀疑、认同危机等问题。总的来说，当前高校思想政治教育对象成长于网络信息技术高速发展的环境中，既享受网络带来的便利来拓展思维、开阔视野，进一步发展自身的本质力量，也面临着信息干扰、价值观冲击、精力虚耗等现实问题，这为高校思想政治教育既提供了新的可能也带来了巨大挑战。网络时代高校思想政治教育对象就是处于网络信息技术高速发展环境中并深受其影响，在高校思想政治教育活动中表现出新的实际需求和发展状况的受教育者。

---

① 中国互联网络信息中心. 第 52 次中国互联网络发展状况统计报告 [R/OL]. 中国互联网络信息中心网站，2023-08-28.
② 马克思恩格斯选集：第 1 卷 [M]. 北京：人民出版社，1995：775.

二、掌握网络信息技术的受教育者

网络时代，高校思想政治教育对象是掌握网络信息技术并在教育活动中体现更多主动意愿的受教育者。"在一个无限选择的时代，统治一切的不是内容，而是寻找内容的方式。"① 网络时代网络信息技术的创新发展，大数据、物联网、人工智能等高新技术产业的发展，给予网络教育更多的平台、空间和可能。就网络信息技术的掌握和应用情况而言，相比高校思想政治教育者，青年学生往往更容易适应和接受，在信息广度、知识获取等方面体现着主动探索的意愿。无论是手机、电脑等作为工具的使用，还是关于信息技术和专业知识等网络技能的发掘，高校思想政治教育对象始终紧跟互联网发展的步伐。

青年学生学习数据可视化入门课程，利用 Word 高效编写论文文档，学习 Python 数据获取和分析方法，掌握数据统计分析软件 SPSS 入门知识，利用中外文电子期刊数据库检索文献，利用 Endnote、Note Express 管理参考文献，渴望有关于文献搜索、中外文核心期刊投稿等方面的指导，通过掌握图书馆资源地图与文献检索策略，充分挖掘 Excel 在学习科研中的应用，积极进行 PPT 设计制作，利用 WOS 系列数据库发现学科热点，利用 Scopus 系列数据库发现学科热点，数据素养与统计数据获取，掌握 Photoshop 使用入门及案例，学习视频剪辑入门等知识，以及对微信、微博、知乎、短视频应用软件、网络直播等平台的熟悉和运用，对信息检索、数据挖掘等专业知识相关的网络信息技术的深度学习，这些都是网络环境背景下成长起来的青年学生逐渐学习和掌握的网络技能。而对于教育者特别是学习掌握网络信息技术有困难的教育者，他们在网络时代背景下的思想政治教育活动在一定程度上丧失了关于知识和信息的主导地位。这就要求教育者主动探索和学习网络信息技术，要运用网络信息技术开展教育，在新形势下的思想政治教育活动中重新占据主动。高校思想政治教育者探索应用在线学习、翻转课堂、微课、慕课等新的教学形式，主动占据高校思想政治教育的新阵地，引导青年学生参与即时、

---

① 克里斯·安德森. 长尾理论［M］. 北京：中信出版社，2006：90.

互动的学习过程，拥有全新的学习体验、互动空间和在线学习资源，突破传统教育形式的限制，随时随地进行思想的交流互动，实现将思想政治教育传统优势与网络信息技术的高度融合。

科学技术是第一生产力。马克思指出："随着新生产力的获得，人们改变自己的生产方式，随着生产方式即谋生的方式的改变，人们也就会改变自己的一切社会关系。"① 因此，从根本上说，网络信息技术带给教育对象的变化要深层把握教育对象在思想政治教育活动中的地位变化。有学者指出："传统意义上狭义与广义的思想政治教育受教育者间的区别在现实网络社会的背景下已逐渐被消弭，网络思想政治教育的受教育者的存在范围已经不再局限于校内或是校外、组织严谨的课堂中或是社会信息传递的任意环节内，而已经超越了诸如血缘、地缘、业缘关系以及年龄、性别等条件的限制，是普遍存在于现实网络空间并广泛地进行着现实与网络互动实践的主体。"② 网络在很大程度上提升了教育对象的主体性，特别是在思想政治教育活动中教育对象占据更多主动地位，这是网络时代背景下高校思想政治教育对象把握的关键点。

三、具备网络信息素养的受教育者

网络时代，高校思想政治教育对象是在成长过程中不断提升网络信息素养和网络思维能力的受教育者。高校思想政治教育对象是信息的接收者、传播者和提供者，又是内容的创造者。他们思想进步，思维敏捷，好奇心强，是时代的引领者和网络的先行军。他们生逢盛世，肩负重任，有理论知识、有远大理想、有昂扬斗志，朝气蓬勃、元气满满、意气风发，经过锤炼，可堪大任。他们普遍积极热情、接受新鲜事物快、信息技术素养相对较高。作为网络的"原住民"，青年学生处于信息、热点和潮流接收的最前沿，能够较快适应互联网发展的新要求，在成长过程中不断提升自身的网络信息素养，树立网络思维。网络信息素养是青年学生在数字时代掌握生存和发展技能的

---

① 马克思恩格斯文集：第 1 卷 [M]. 北京：人民出版社，2009：602.
② 吴满意，宁文英，王欣玥，等. 网络思想政治教育生态系统研究 [M]. 北京：人民出版社，2019：108.

必需品，能够有效地激发青年学生合理用网的内驱力，促使青年学生自主廓清现实社会和虚拟世界的边界，创造性地运用网络信息技术、数据、资源等，自觉维护网络空间的良好生态环境，以健全的数字人格来实现德智体美劳全面发展。

教育的目的在于培养人。在网络信息技术教育深刻变革的当下，网络虚拟空间和现实世界的立体交融，如何更好地迎接信息化社会的挑战，实现青年学生的数字化生存，网络信息素养教育就显得至关重要。网络信息技术的发展，赋予了个体核心素养新的内涵。网络素养是网络时代健全社会人格的重要组成部分，它既是时代发展对青年学生提出的新要求，也是个体成长发展的新需求。美国媒介素养研究中心1992年给媒介素养的定义是：人们面对各种媒介信息时所具有的选择能力、理解能力、质疑能力、评估能力、创造和生产能力以及思辨的反应能力。① 网络信息素养是一个动态发展的过程。随着网络信息技术的革新、时代变化进程和学科的不断发展，网络信息素养的内涵、特征、内容等也会随之丰富起来。总体来看，大学生网络信息素养内涵包括以下几个方面：一是网络认知能力，指的是大学生对网络信息技术理论知识的掌握，比如网络的发展历史、结构类型、资源分布、运用规则与技巧、相关法律法规以及道德要求等；二是网络思维能力，思维能力是思维本质力量的展现，表现为感知能力、记忆能力、表达能力、逻辑加工能力、控制调节能力等，大学生网络思维能力主要包括网络信息解读批判意识、更新迭代思维、网络道德与法律意识、网络安全意识（意识形态安全、个人信息安全、网络技术安全意识等），利用网络进行自主学习、自我管理、自我教育、自我提升、自我发展，并培养终身学习的意识、相互协作的意识、创新意识、网络情感调适意识、使命感与担当意识、国际视野与全球意识等；三是实践创新能力，在遵守网络空间的法律与道德规范的前提下，具备快速高效的搜集信息和知识获取能力、选择和分析能力、信息辨别能力、理解和运用能力、实践转化能力、创新创造能力，并能根据已有知识储备对接收到的新信息进行逻辑剖析，规范运用网络信息技术进行多维度创新创造的实践能

---

① THOMAN E. Skills and Strategies for Media Education [J]. Educational Leadership, 1999 (2)：50-54.

力，使青年学生驾驭知识的能力与掌握的知识内容相匹配，使网络信息技术能够真正为人所用，为人服务，从而增强学生解决问题的能力。

这是因为，一方面，互联网成为当代青年学生获取知识的重要手段，学生再不用单一依靠老师和课堂来汲取知识的滋养。网络的即时性、开放性和交互性的特征，提升了高校思想政治教育对象学习的效率，拓展了高校思想政治教育对象对问题研究的深度。青年学生在运用网络学习和探索中积累网络信息素养。另一方面，信息知识获取的便利性，使青年学生缺乏确立钻研、调查研究的过程，很容易变成缺乏独立判断能力的信息"搬运工"，削弱了高校思想政治教育对象独立判断的能力。这就要求，网络时代成长起来的高校思想政治教育对象，要拥有独立的选择判断和甄别能力，有效整合和处理碎片化的网络信息，使其具有系统性、逻辑性和连贯性，有效避开信息干扰，进行信息优化处理等。青年学生在这些问题的自我认识和解决运用中提升网络信息素养。学生依靠自身提升网络信息素养非常有限，需要高校思想政治教育在其中发挥应有作用。网络上信息泥沙俱下，片面化的信息干扰学生们的认知，尤其对于处于世界观、人生观、价值观还在塑造期的青年学生而言，容易被网络上的谣言或者别有用心的言论误导，出现过激或者偏颇的认知。如果不好好加以引导，这些网络信息对青年学生的健康成长非常不利。同时，西方国家意图抢夺意识形态阵地，输出他们的价值观，渗透他们的文化理念，使青年学生面临选择的迷茫错乱。面对教育引导的迫切需要和青年学生的现实需求，高校思想政治教育要坚持以网络信息素养培养为关键点，有计划、有组织、有重点地培养青年学生的网络信息获取、识别和筛选等素养。

我们尤其需要注意，网络带给青年学生的思维方式的转变。网络通过交互方式、传播手段等，在一定程度上影响了青年学生认识分析问题的思路和方法。在这一过程中，青年学生受网络思维的影响呈现新的思想特点和行为逻辑，这是网络时代高校思想政治教育对象变化的突出表现。面对这一新变化和新要求，学者聚焦网络思维开展了深入研究，指出要遵循用户思维，着眼教育对象的现实需要，满足青年学生成长发展的需求期待；遵循平台思维，发挥互联网多方参与、多方共赢的特点，增强思想政治教育的包容性；遵循跨界思维，坚持大胆创新、敢于跨界、促进合作，增强思想政治教育协同育人合力；遵循迭代思维，坚持拥抱技术、顺应技术发展，增强思想政治教育的创新性和创造力；遵循大数据思维，有效运用数据搜集信息、反映问题，增强思想政治教育的生动性和智能化。① 这是对青年学生网络思维的有益探索，为进一步深入研究提供了借鉴。总的来说，网络时代高校思想政治教育对象在长期的网络使用参与中逐渐积累形成网络信息素养和网络思维，深刻影响其思维方式和行为逻辑，区别以往教育对象的突出特点。

综上所述，笔者认为网络时代高校思想政治教育对象是长期在网络环境中成长发展的，他们逐渐积累形成网络信息素养和网络思维，并能掌握运用网络信息技术，从而在高校思想政治教育活动中占据更多的地位。基于对高校思想政治教育对象一般概念的认识梳理，我们全面把握网络时代下高校思想政治教育的发展变化，从而深刻探析网络时代高校思想政治教育对象的特殊内涵，充分了解青年学生的思维方式和行为逻辑，从而更有针对性地开展思想政治教育，主动占领网络思想政治教育阵地，积极搭建网络教育服务平台，切实提升高校思想政治教育的质量。

---

① 冯刚. 互联网思维与思想政治教育创新发展 [J]. 学校党建与思想教育，2018（2）：4-8.

第二章

网络时代高校思想政治教育对象研究的理论基础

"谁掌握了互联网，谁就把握住了时代主动权；谁轻视互联网，谁就会被时代所抛弃。"① 青年大学生作为网络原住民和主力军，深受信息技术发展的双重影响。进入网络时代，高校思想政治教育更需要进一步关注教育对象，既需要从马克思主义经典作家和中国共产党人对思想政治教育对象的认识中寻找理论根基和历史积淀，也需要从教育学、传播学、社会学、管理学和大数据、信息技术等相关学科领域中借鉴理论与方法，聚焦到网络时代思想政治教育的对象把握上，从而更好地顺应时代发展需求，推动网络时代高校思想政治教育对象的研究深化，进一步增强思想政治教育的针对性和有效性。

第一节 马克思主义经典著作中的相关论述

马克思主义诞生至今已经有 170 余年的历史，而人类进入网络时代也不过短短几十年。二者看似毫无关系，但是马克思主义经典著作中关于思想政治教育的相关论述在网络时代依然散发着真理的光辉，具有极其重要的启迪意义。虽然马克思主义经典著作中并没有明确提到思想政治教育对象一词，但是其相关论述中涉及对人的教育方式以及人的本质和发展的阐释和表述，这都对网络时代高校思想政治教育对象的研究提供了重要的研究视角和思路。

---

① 中共中央党史和文献研究院. 习近平关于网络强国论述摘编 [M]. 北京：中央文献出版社，2021：41.

一、对工人阶级进行灌输的理论

网络信息技术的快速发展，极大地改变了人们的思维方式、生产方式和生活方式。近年来网络的普及率不断加快，在大量的网民群体中，青年大学生是其重要组成部分之一。网络的多元性、多变性和复杂性给思想政治教育带来了一定的挑战，我们需要明确的是，网络时代高校思想政治教育仍旧需要发挥灌输的作用，只不过在网络时代灌输方式方法上更加多样，体现出一系列新特点，我们强调采用不同的角度、更加隐性的形式，以教育对象喜闻乐见的方式来进行灌输。

马克思主义灌输论有特殊的时代背景和阶级需求，起于马克思主义经典作家关于革命理论与工人运动实践关系的探索之中。马克思、恩格斯在《〈黑格尔法哲学批判〉导言》中提到："理论一经掌握群众，也会变成物质力量。理论只要说服人，就能掌握群众；而理论只要彻底，就能说服人。"① 这里指出用彻底的理论说服人，实质上就蕴含"灌输"思想。针对当时资本主义弊端暴露、经济危机频发、革命形势严峻的情况，马克思、恩格斯在《共产党宣言》中强调："共产党人一分钟也不忽略教育工人尽可能明确地意识到资产阶级和无产阶级敌对的对立。"② 在这里，马克思、恩格斯将思想教育和工人运动紧密结合，通过教育工人实现思想灌输。列宁继承并发展了马克思、恩格斯的灌输思想，在《怎么办？》这部经典著作中系统提出了"灌输论"，它是统治阶级对工人群众进行思想建设的基础性理论。列宁针对党内和工人运动内部出现的工联主义和改良主义的错误思想，批判了主张工人阶级自发进行经济斗争的经济派，指出进行灌输的必要性。灌输是统治阶级的意识形态在工人头脑中从无到有的过程，工人不可能自发产生科学社会主义思想。如果不坚持进行社会主义思想灌输，宣传阵地就会被资产阶级思想占据。其次，列宁阐述了灌输的主要内容，指出要用先进的政治思想教育群众，并与工人运动相结合，才能实现灌输效果。"没有革命的理论，就不会有革命的运

---

① 马克思恩格斯文集：第1卷［M］. 北京：人民出版社，2009：11.
② 马克思恩格斯文集：第4卷［M］. 北京：人民出版社，2009：4.

动"①，"只有以先进理论为指南的党，才能实现先进战士的作用"②。接着，列宁结合当时俄国发展实际，指出灌输的主体是革命知识分子，因为一般工人群众是不具备先进思想的，要推动工人运动的纵深发展，就必须由先进的知识分子进行革命思想的宣传。"社会主义学说则是从有产阶级的、有教养的人即知识分子创造的哲学理论、历史理论和经济理论中发展起来的。俄国的情况也是一样，社会民主党的理论学说也是完全不依赖于工人运动的自发增长而产生的，它的产生是革命的社会主义知识分子的思想发展的自然和必然的结果。"③ 最后，列宁指出灌输要坚持实事求是，根据客观实际和社会发展规律，要把社会发展的现实情况和日益明确的社会主义意识传播到工人群众当中，要揭露迫使他们生活穷困潦倒的根本原因，启发他们自觉产生无产阶级意识。

我们需要注意的是，这里所说的灌输从来不是教条主义的说教，也不是强迫性的填鸭式教育，更不是假大空、无实效的口号，而是蕴含规律性、自觉性和实效性的科学方法和实践过程，那些认为灌输无效、过时的观点，都是对灌输论本身的曲解。在网络时代，思想政治教育对象的研究尤其需要注意这一点。我们只有坚持灌输性和启发性相统一的教育方法，将思想政治教育润物细无声地融入教育对象的学习生活实践之中，才能让当代青年学生在对比观照社会实际中水到渠成地得到答案。

二、人的本质的学说

网络时代，人的主体性得到进一步延伸，由现实空间发展到虚拟空间，人的社会本质表现为现实生活中的社会关系和网络空间中的社会关系的统一。马克思曾经提出关于人的本质是社会关系总和的论断，这一提法对网络时代高校思想政治教育对象的研究价值巨大。教育对象首先是作为一个人存在的，社会的发展和时代的变迁会使人的社会关系产生一定的变化，但人的本质仍是其社会关系的总和这点是不变的。我们研究网络时代高校思想政治教育对

---

① 列宁选集：第1卷 [M]．北京：人民出版社，2012：311.
② 列宁选集：第1卷 [M]．北京：人民出版社，2012：312.
③ 列宁全集：第6卷 [M]．北京：人民出版社，2013：29.

象就要掌握网络时代产生发展的新变化，还要把握人的本质不变的情况，坚持变和不变的统一。虽然马克思的思想没有直接关于网络时代的内容，但其精髓在当前时代的发展过程中依然闪耀着真理的光芒，高校思想政治教育者秉持着真理性原则和价值性原则，全面认识教育对象，推动高校思想政治教育实践的创新向纵深发展，为马克思主义的理论发展注入新的时代内涵。因此，我们需要系统回顾马克思主义关于人的本质的思想的发展历程和主要内容，为网络时代高校思想政治教育对象的研究提供深厚的历史积淀。

在马克思关于人的本质思想的形成过程中，有人对黑格尔和费尔巴哈哲学思想进行批判、继承与反思，经历了从"人是人的最高本质"到人的类本质是自由自觉的活动再到从历史唯物主义的立场来理解人的本质。读博期间的马克思是青年黑格尔派，因此，他关于人的本质的理解，是从唯心主义的观点出发的。他认为"人仅仅表现为自我意识"①。马克思指出，黑格尔"忘记了'特殊的人格'的本质不是它的胡子、它的血液、它的抽象的肉体，而是它的社会特质"②。随后，马克思在《〈黑格尔法哲学批判〉导言》中提出了"人是人的最高本质"的观点。③ 马克思认为人与动物的根本区别在于劳动，人的劳动是自由自觉的活动，具有自主性、能动性和创造性，诚如马克思所言："可以根据意识、宗教或随便别的什么来区别人和动物。一当人开始生产自己的生活资料，即迈出由他们的肉体组织所决定的这一步的时候，人本身就开始把自己和动物区别开来。"④ 马克思关于人的本质理论从萌芽到成熟经历了一个逐步发展的过程。总结起来，其主要包括以下几点：

其一，人的类特性在于人能够进行自由自觉的活动，这是人与动物的根本区别。马克思在《1844 年经济学哲学手稿》中指出，"人的类特征恰恰就是自由的自觉的活动。"⑤ 这里强调了人的活动具有自主性、自觉性，与动物在肉体需要支配下进行的生产不同，人可以充分发挥主观能动性。"劳动过程结束时得到的结果，在这个过程开始时就已经在劳动者的表象中存在着，即

---

① 马克思恩格斯全集：第 42 卷 ［M］. 北京：人民出版社，1982：165.
② 马克思恩格斯全集：第 3 卷 ［M］. 北京：人民出版社，1995：29.
③ 马克思恩格斯选集：第 1 卷 ［M］. 北京：人民出版社，2012：10.
④ 马克思恩格斯选集：第 1 卷 ［M］. 北京：人民出版社，2012：147.
⑤ 马克思恩格斯选集：第 1 卷 ［M］. 北京：人民出版社，2012：55-56.

已经观念地存在着。"① 因此，高校思想政治教育者和教育对象在进行思想政治教育实践的过程中，二者都具有自由自觉和自主选择性，非填鸭式漫灌，也非机械性地知识宣读。高校思想政治理论课正是在教育者和教育对象的双向互动中，有启发、有反馈、有情感流露，进而变得鲜活、立体、有温度起来。其二，要从社会环境中研究现实的人，马克思指出，"既然人的性格是由环境造成的，那就必须使环境成为合乎人性的环境。既然人天生就是社会的生物，那他就只有在社会中才能发展自己的天性。"② "环境正是由人来改变的。"③ 在这里，我们可以看到马克思所强调的环境对于个体成长发展的重要作用。这也启示我们，要认识学生成长发展环境对他们思想品格塑造的重要影响，要为教育对象的学习生活创造良好的校园文化氛围，要创设特色突出的课堂环境，要保障学生的学习生活环境。高校要和家庭、社会、政府协同发挥作用，为青年学生提供风清气正的网络环境。我们要让青年学生在与环境的互动中，在创设美好环境的进程中，增强实践体验和获得感。其三，人是在群体之中、在现实生活中、在与他人的关系构建中从事具有社会性的劳动。个人不是在真空里进行生活的，"不是处在某种虚幻的离群索居和固定不变状态的人，而是处在现实的、可以通过经验观察到的、在一定条件下进行的发展过程中的人"④。人的生存发展，需要"以群的联合力量和集体行动来弥补个体自卫能力的不足"⑤。人的本质，正是在实践中，在丰富多样的社会关系中得以充分展现。社会关系的拓展、人脉资源的积淀，可以让人的本质得以更全面客观的展现，也为个体的发展带来无限可能，为个体的自由全面发展提供了条件。同时，我们对人的发展变化的认识要植根于具体的历史的现实条件之中，以当时当地的具体条件为转移。"人对自然以及个人之间历史形成的关系，都遇到前一代传给后一代的大量生产力、资金和环境，尽管一方面这些生产力、资金和环境被新的一代所改变，但另一方面，它们也预先

---

① 马克思恩格斯选集：第 1 卷 [M]. 北京：人民出版社，2012：170.
② 马克思恩格斯全集：第 2 卷 [M]. 北京：人民出版社，1957：166.
③ 马克思恩格斯选集：第 1 卷 [M]. 北京：人民出版社，2012：138.
④ 马克思恩格斯选集：第 1 卷 [M]. 北京：人民出版社，2012：153.
⑤ 马克思恩格斯选集：第 4 卷 [M]. 北京：人民出版社，2012：42.

规定新的一代本身的生活条件，使它得到一定的发展和具有特殊的性质。"①因此，在不同历史发展阶段，思想政治教育学科发展的情况不同，高校思想政治教育的基础理论内涵不大相同，高校思想政治教育实践涌现层出不穷的新情况、新形势、新问题、新挑战和新机遇。网络时代只有继续坚持以马克思主义人的本质学说为指导，结合具体的时代发展变化的背景，结合网络时代教育对象发展变化的新环境，才有可能科学地分析教育对象的思想特点和变化规律。

三、人的全面发展的理论

马克思在《资本论》中具体阐述了人的发展的三个阶段，其一，在"人的依赖关系"阶段，人的生存要依赖群体的存在，因此，个体依附于群体而存在，比如原始社会的公社、部落，封建社会中的封建制度等。其二，在"物的依赖关系"阶段，人的社会关系得以丰富和发展，但资本主义社会使劳动变成奴役人的异己力量。劳动者除了出卖自己的劳动力，别无所依，生产出来的劳动产品却不属于自己所有。同时，社会分工的细化，使个人的某方面技能得以提升，却无法实现人的全面发展。其三，在"人自由而全面的发展"阶段，人完全成为自己的主人，"人们周围的、至今统治着人们的生活条件，现在受人们的支配和控制，人们第一次成为自然界的自觉的和真正的主人，因为他们已经成为自身的社会结合的主人了"。② 在这个阶段，人不再受外在客观条件制约，人与人之间也不再受利益纠纷阻隔。每个人都可以充分挖掘自身的特长和优势，与社会发展实现质的一致，真正实现全面发展。

人要实现自由而全面的发展，需要个人能力和品德的全面提升、个人劳动能力的自由发展、个人社会关系的丰富发展以及个人与社会关系的协调。人要摆脱"人的依赖"和"物的依赖"的生存发展阶段，成为社会发展的主体，实现人的解放。人的全面发展是一个长期的历史过程。一方面，生产力是人的实践活动的产物，是社会发展的最终决定力量，但生产力的发展不是人们自由选择的结果，而是受种种客观条件所限制的。人在进行物质生产的

---

① 马克思恩格斯选集：第1卷 [M]. 北京：人民出版社，2012：172.
② 马克思恩格斯选集：第3卷 [M]. 北京：人民出版社，2012：671.

同时，也在进行着精神生产。人的精神境界的丰富和发展受制于物质生产实践的基础。另一方面，人类为了生存，必须不断生产自己的物质生活资料。人在生产生活过程中，不断改造着物质世界和精神世界，也在不断改造着人与自然、与社会、与人自身的关系。只有生产力和生产关系相适应，人类才能实现更好的发展。我们要不断促进生产力的发展，从而完善生产关系的变革。我们要借助科学技术缩短劳动时间，给予个体更多的自由时间，实现物质世界的丰富，精神境界的提升，从而促进人自由而全面的发展。

高校思想政治教育的根本任务是立德树人，培养的是德智体美劳全面发展的人。网络时代，高校思想政治教育对象面临的环境更加复杂，信息更加多样，价值观更加多元。习近平总书记指出："当今世界，信息技术革命日新月异，对国际政治、经济、文化、社会、军事等领域发展产生了深刻影响。信息化和经济全球化相互促进，互联网已经融入社会生活方方面面，深刻改变了人们的生产和生活方式。"① 这也使高校思想政治教育面临新形势、新任务、新挑战和新要求。我们要想促进高校思想政治教育对象的全面发展，就需要从教育目标、教育内容、教育方法、教育环境、教育载体等各个要素出发，发挥各个环节、各个要素的育人合力，综合提升高校思想政治教育效能。

第二节　中国共产党理论创新中的相关论述

随着历史和实践的发展，党的理论创新不断丰富，理论内容持续深化。理论创新用于指导育人实践，育人实践过程中的经验总结又为理论的发展提供丰厚的滋养。思想政治教育在革命、建设和改革的进程中一直发挥生命线的作用，党和国家高度重视对青年人的教育和引领工作。因此，网络时代高校思想政治教育仍离不开党的理论指导，这是根本遵循。我们要结合网络时代，研究教育对象的新变化和新特征，不断从党的理论创新中汲取养分，以党的最新理论指导网络时代高校思想政治教育对象的成长发展。

---

① 习近平．习近平谈治国理政：第一卷［M］．北京：外文出版社，2018：197．

一、对思想政治教育对象认识的深化发展

"每一个时代的理论思维,包括我们这个时代的理论思维,都是一种历史的产物,它在不同的时代具有完全不同的形式,同时具有完全不同的内容。"① 高校思想政治教育的一个重要特征就是勇于顺应时代潮流,把握时代特征,解决时代问题,这是思想政治教育保持生机和活力的重要体现。党和国家领导人对思想政治教育对象认识的深化发展是在不同的历史时期和社会发展阶段形成的,彼此相互联系,同时又与时俱进增添了更具时代感的元素和内涵,系统回答了"培养什么人""为谁培养人"和"如何培养人"这一根本问题。一代又一代领导集体,从时代的发展要求和社会主义事业的发展需要出发,给出了兼具智慧与创造性的答案。从"又红又专"到培养有理想、有道德、有文化、有纪律的"四有新人",再到培养担当民族大任的时代新人,逐步丰富了高校人才培养的具体要求,彰显了高等教育的发展方向,体现了培养社会主义事业建设者和接班人的总体要求。

(一)积极发挥青年在社会主义革命和建设中的作用

毛泽东同志历来重视青年和青年教育。其一,毛泽东充分肯定了青年在革命和建设当中的巨大作用。毛泽东同志深刻认识到青年学子与国家以及民族的命运密切关联。早在 1915 年 5 月,袁世凯接受"二十一条"修正案的卖国行径传到湖南一师,一师学生编印《明耻篇》,毛泽东仔细阅读后,批注道:"五月七日,民国奇耻。何以报仇?在我学子!"② 此时的毛泽东已经深刻认识到青年学子在救亡图存中的重要作用,把青年和国家以及民族的命运紧紧联系在一起,并在致湘生的信中指出:"来日之中国,艰难百倍于昔,非有奇杰不足言救济。"③ 他指出,青年群众、青年学子在革命中勇敢坚决,发挥着先锋带头的作用,要给予青年学生足够的重视和充分的信任。其二,毛

---

① 马克思恩格斯文集:第 9 卷 [M]. 北京:人民出版社,2009:436.
② 中共中央文献研究室. 毛泽东年谱 1893—1949:上 [M]. 北京:中央文献出版社,2013:17.
③ 中共中央文献研究室. 毛泽东年谱 1893—1949:上 [M]. 北京:中央文献出版社,2013:18.

泽东同志尤其重视青年学生的学习成长。他从学习任务、身体锻炼、思想认识、政治方向、实践奋斗、社会责任与担当等多个方面，多角度、全方位为我们描摹了那个年代模范青年的时代画像。他指出："青年共同的普遍的经常的任务是学习，学习马列主义基本理论、文化、科学、技术。还要注意体育，一定要把青年一代的身体搞好。"① 他引导青年要树立正确的政治方向，因为青年学生如果没有正确的政治观念，就等于没有灵魂，在大是大非面前无法做出明智的选择。毛泽东鼓励青年要勇敢承担社会责任，积极投入到革命战争当中，将救国家、民族于危难视为己任，通过实践来实现理想。毛泽东同志对青年说："每个青年都要担负这个责任。……把全国的青年团结起来，把全国的人民组织起来，一定要把日本帝国主义打到。"② 他鼓励青年要通过实践和不懈奋斗来实现理想。"什么是模范青年？就是要有永久奋斗这一条。"③其三，毛泽东同志指出了青年群体的特殊性，在《古田会议决议》中，他指出"军队中青年利益与成年利益不能划分""党员中青年部分因其有比成年不同的情绪。"④ 青年积极向上，充满力量，热爱学习，鲜少被保守思想禁锢，善于打破规则，为社会发展注入新鲜血液和新活力。毛泽东同志指出，"世界是你们的，也是我们的，但是归根结底是你们的。你们青年人朝气蓬勃，正是兴旺时期，好像早晨八、九点钟的太阳。希望寄托在你们身上"。⑤ 其四，毛泽东同志指出了青年培养的目标。新中国成立初期，毛泽东同志结合青年团的工作和青年的特点，提出青年应当身体好、学习好、工作好，培养"三好青年"⑥。毛泽东同志更加重视青年学生德育、智育、体育的共同发展，强调教育与生产劳动相结合的重要原则，着力培养的是"有社会主义觉悟有文化的劳动者"⑦，从而成为"有革命理想、讲革命道德、守革命纪律，有文化

---

① 中共中央文献研究室. 毛泽东年谱 1949—1976：第 1 卷［M］. 北京：中央文献出版社，2013：589.
② 毛泽东选集：第二卷［M］. 北京：人民出版社，1991：569.
③ 毛泽东文集：第二卷［M］. 北京：人民出版社，1993：190.
④ 毛泽东文集：第一卷［M］. 北京：人民出版社，1993：92-93，99.
⑤ 毛泽东邓小平江泽民论青少年和青少年工作［M］. 北京：中央文献出版社，2000：121.
⑥ 毛泽东著作选读：下册［M］. 北京：人民出版社，1986：699-700.
⑦ 中共中央国务院关于教育工作的指示［J］. 北京师范大学学报（办学经验总结专号），1958（S1）：1-5.

的又红又专的人才。"① 新中国成立初期，随着党的工作重心由农村转向城市，国家面临要恢复和发展经济、文化事业，实现由新民主主义社会向社会主义社会过渡等一系列艰巨任务。这一时期，党重视培养国家建设人才和无产阶级革命事业的接班人，向广大知识分子灌输马克思列宁主义，并在高校建立思想政治工作机构和工作制度，为高校思想政治教育的发展提供组织保证。党通过举办演讲会、报告会、座谈会、图片资料展览会等多种形式，结合广大知识分子参加各项政治运动的实践体验，深入进行爱国主义和国际主义教育，解决思想领域存在的问题。比如对党的方针政策缺乏了解，受个人主义、唯心主义、自由主义思想影响较深，对建立的新社会和马克思主义思想存在怀疑等，这些促使他们从内心深处拥护共产党的领导，为人民服务、为工农兵服务。

（二）发挥青年在社会主义建设和改革中的先锋作用

党的十一届三中全会以后，中国进入改革开放的新时期，一大批新鲜事物迅速涌入国内，面对复杂的国际局势和国内的新变化，中国共产党如何引领青年、教育青年显得尤为重要。

第一，邓小平同志在借鉴和吸收毛泽东青年观的基础上，为党的青年教育增添了新的内容。首先，邓小平同志指出了对青年进行思想政治教育的重要性。"十年来我们的最大失误是在教育方面，对青年的政治思想教育抓得不够，教育发展不够。"② 从失败教训中汲取智慧和经验，让我们更加认识到对青年学生进行思想政治教育的迫切性和重要性，我们要把青年学生的思想政治建设放在首位。其次，邓小平同志指出了要用中国的历史教育青年。在对发展进程中的经验进行总结的过程中，邓小平同志指出在思想、文化领域进行思想政治教育的重要作用，要不断地同社会不良风气包括特权思想作斗争，"青年人不了解这些历史，我们要用历史教育青年，教育人民"③。一方面，要坚持正确的政治方向。学校要时刻把坚定正确的政治方向放在首位，但要

---

① 冯刚. 改革开放40年高校思想政治教育编年史（1978—2018）[M]. 北京：北京师范大学出版社，2019：48.

② 邓小平. 邓小平文选：第三卷 [M]. 北京：人民出版社，1993：287.

③ 邓小平. 邓小平文选：第三卷 [M]. 北京：人民出版社，1993：206.

正确处理思想政治教育与其他专业课程之间课时安排的问题，还要引导学生树立正确的观念，不能把思想政治教育与其他学科之间的学习放在对立的位置，要明晰二者之间并非相互替代的关系。同时，学校还要激发学生学习马列知识的自觉性。邓小平同志强调，"毫无疑问，学校应该永远把坚定正确的政治方向放在第一位。但这并不是说要把大量的课时用于思想政治教育。学生把坚定正确的政治方向放在第一位，这不仅不排斥学习科学文化，相反，政治觉悟越是高，为革命学习科学文化就应该越加自觉，越加刻苦。"① 另一方面，要重视文学艺术作品在青年中的影响。邓小平同志高瞻远瞩地指出了西方思想、价值观文化输出给我国青年学生带来的不容忽视的影响，宣扬个人主义、人道主义、消费主义等思想，对青年学生产生的潜移默化的影响不容小觑。"有些人大肆鼓吹西方的所谓'现代派'思潮，公开宣扬文学艺术的最高目的就是'表现自我'，或者宣传抽象的人性论、人道主义，认为所谓社会主义条件下人的异化应当成为创作的主题，个别的作品还宣传色情。这类作品虽然也不多，但是它们在一部分青年中产生的影响却不容忽视。"② 再次，邓小平同志强调要尊重知识，尊重人才。邓小平同志在不同场合多次强调要重视知识分子和人才，"我们要实现现代化，关键是科学技术要能上去。发展科学技术，不抓教育不行。靠空讲不能实现现代化，必须有知识，有人才。没有知识，没有人才，怎么上得去？"③ 其一，在教育推行的过程中，我们要重视不同教育发展阶段的有序衔接，"高等院校学生源于中学，中学学生源于小学，因此要重视小学教育"④。其二，邓小平同志给出了人才培养的标准，衡量人才的标准要看他们是否实现了德育、智育、体育等各方面的发展，强调青年学生要对党和祖国无限忠诚，他们要通过勤奋学习、艰苦奋斗来实现人生的发展。"我们要大力在青少年中提倡勤奋学习、遵守纪律、热爱劳动、助人为乐、艰苦奋斗、英勇对敌的革命风尚，把青少年培养成为忠于社会主义祖国、忠于无产阶级革命事业、忠于马克思列宁主义毛泽东思想的优

---

① 邓小平. 邓小平文选：第二卷 [M]. 北京：人民出版社，1993：104.

② 邓小平. 邓小平文选：第三卷 [M]. 北京：人民出版社，1993：43.

③ 邓小平. 邓小平文选：第二卷 [M]. 北京：人民出版社，1993：40.

④ 邓小平. 邓小平文选：第二卷 [M]. 北京：人民出版社，1993：54.

秀人才"。① 其三，邓小平同志指出了人才培养的方法，指出要将教育与生产劳动相结合。要在改革发展的现实环境中，更好地贯彻教育与生产劳动相结合的方针，更好地引导学生将学习融入具体的社会实践过程中。

第二，党的十三届四中全会以后，江泽民同志当选为中共中央委员会总书记。在立足于风起云涌的国际背景和历经发展变革的国内环境的基础上，江泽民既看到了改革开放时期思想政治工作的极端重要性，也意识到了错误思想观念给人们带来的消极影响。江泽民同志明确指出："越是改革开放，越要加强思想政治工作。"② 首先，他指出青年学生的群体特征和重要地位，他们"是社会上最富朝气、最富有创造性、最富有生命力的群体"③，在国家发展、民族未来的进程中都发挥着至关重要的作用。其次，江泽民同志强调要深入研究青年的思想特点和成长规律。"要认真研究在改革开放条件下成长起来新一代青年的特点，把握新的历史条件下做好青年工作的规律。要尊重青年的思想和性格特点，尊重青年个性的健康发挥，促进青年思想和身心的健康发展。"④ 最后，江泽民同志强调要实现社会、学校和家庭的合力来强化育人效果。"加强和改进教育工作，不只是学校和教育部门的事，家庭、社会各个方面都要一起来关心和支持。只有加强综合管理，多管齐下，形成一种有利于青少年学生身心健康发展的社会环境，年轻一代才能茁壮成长起来。"⑤ 要"联合社会、学校、家庭多方面对青年进行全面教育，强化育人合力和育人效果，切实加强对学生的纪律教育、法制教育"⑥。

第三，进入 21 世纪，尤其是党的十六大以来，高校思想政治教育工作涌现了许多新情况和新问题，也会有与时代发展不相适应的难题和薄弱环节。首先，胡锦涛同志在育人目标上提出了"四个新一代"的具体内容。他强调

---

① 邓小平. 邓小平文选：第二卷 [M]. 北京：人民出版社，1993：106.
② 江泽民. 江泽民文选：第一卷 [M]. 北京：人民出版社，2006：139.
③ 毛泽东邓小平江泽民论青少年和青少年工作 [M]. 北京：中央文献出版社，2000：235.
④ 江泽民在纪念中国共产主义青年团成立八十周年大会上的讲话 [N]. 人民日报海外版，
2002-05-16（1）.
⑤ 毛泽东邓小平江泽民论青少年和青少年工作 [M]. 北京：中央文献出版社，2000：329.
⑥ 江泽民. 江泽民文选：第一卷 [M]. 北京：人民出版社，2006：370.

要把"青年看作是推动历史发展和社会前进的重要力量"①。青年学生要"努力成为理想远大、信念坚定的新一代，品德高尚、意志顽强的新一代，视野开阔、知识丰富的新一代，开拓进取、艰苦创业的新一代"②。"四个新一代"体现了党的育人目标的一脉相承性，这不仅是对毛泽东同志的"三好"目标、邓小平同志的"四有新人"目标以及江泽民同志的"四个统一"目标的继承和发扬，还是立足于新时期、新国情、新格局、新问题对青年人提出的新要求。其次，胡锦涛非常重视青年教育和创新精神培育，尤其注重科技教育。他强调，要将青年的科技教育事业作为重中之重，着力培养青年科技人才。他特别强调"中国青年一定要发奋学习、勇于创新"③。青年学生要敢于超越，勇于创新，这样才能在我国现代化建设和科技发展重点领域中承担重任，取得突破性进展。最后，胡锦涛指出了要注重德育建设。"育人为本，德育为先"④，我们要为青年学生的成长发展创造美好的环境，使其在丰厚文化底蕴和优秀文化滋养中氤氲成长。他同时提出并强调了社会主义荣辱观和社会主义核心价值体系教育，树立行为准则和价值取向。总的来说，我们要在新的社会发展时期，"进一步加强和改进大学生思想政治教育工作，既要认真坚持我们党在长期实践中积累起来的宝贵经验和被实践证明是正确的行之有效的重要原则，又要解放思想、实事求是、与时俱进，根据时代发展的要求，不断在观念、内容、方法和体制机制等方面改进创新，不断总结和创造新经验"⑤。

（三）引导青年担负起实现中华民族伟大复兴的重任

十八大以来，中国特色社会主义进入新时代，习近平总书记高度重视高校思想政治教育工作和青年工作，并发表了系列讲话，形成了具有鲜明时代特征的新思想和新论断，为高校思想政治教育工作的开展提供了新的指导和遵循。

---

① 胡锦涛. 胡锦涛文选：第一卷 [M]. 北京：人民出版社，2016：327.
② 胡锦涛. 致中国青年群英会的信 [N]. 人民日报，2007-05-05 (1).
③ 十四大以来重要文献选编 [M]. 北京：人民出版社，1997：381.
④ 胡锦涛. 论构建社会主义和谐社会 [M]. 北京：中央文献出版社，2013：193.
⑤ 十六大以来重要文献选编（中）[M]. 北京：中央文献出版社，2006：640.

首先，习近平总书记提出了关于时代新人的重要论断。每个时代都有教育必须回应的主题，时代新人是在社会主义教育目标不断传承和发展中提出的。2017 年 10 月，党的十九大报告首次明确提出了要"培养担当民族复兴大任的时代新人"①。这是新时代关于人才培养的最新论断。时代新人既是教育发展的受益者，又是所处时代的推动者。培育适应时代发展的社会主义新人既是社会主义教育持续探索的方向，也是社会主义教育目标在传承中创新发展的结果，是对党的教育方针一脉相承的重要体现。教育方针和目标的变化也对高校思想政治教育提出了新的要求，高校思想政治教育工作是立德树人的中心环节，这就要求我们进一步加强和改进高校思想政治教育，不断提升亲和力和感染性，能够真正为党育人，为国育才。

其次，习近平总书记指出了进行思想政治教育的重要方法。在规律遵循方面，他强调要"做好高校思想政治工作，要因事而化、因时而进、因势而新。要遵循思想政治工作规律，遵循教书育人规律，遵循学生成长规律，不断提高工作能力和水平"②。三大规律是做好思想政治教育工作的重要遵循，进入网络时代，更需要关注教育对象的成长发展变化，了解教育对象在网络空间和实际学习生活实践的表现，正确看待教育对象在不同时空境遇中发生的具体变化。只有如此，我们才能找出具有针对性、可行性的措施和办法，精准施策，对症下药。在具体操作上，他对思政课建设提出了"八个相统一"的要求，对思政课教师提出了"六个要"的要求，对教育对象提出了"八个下功夫"……在方式方法上，他强调要运用"要运用新媒体新技术使工作活起来，推动思想政治工作传统优势同信息技术高度融合，增强时代感和吸引力"③。我们增强高校思想政治教育的时代感和吸引力，要借助网络这个载体和工具，创新理念、方式和方法，了解教育对象在网络空间知识获得的便捷性和深度了解之间的矛盾、网络信息的复杂化与教育对象分辨力弱之间的矛盾……只有如此，思想政治教育才能更加具有针对性。

---

① 习近平. 决胜全面建成小康社会　夺取新时代中国特色社会主义伟大胜利——在中国共产党第十九次全国代表大会上的报告［M］. 北京：人民出版社，2017：42.

② 习近平. 在全国高校思想政治工作会议上强调：把思想政治工作贯穿教育教学全过程　开创我国高等教育事业发展新局面［N］. 人民日报，2016-12-07.

③ 习近平. 习近平谈治国理政：第二卷［M］. 北京：外文出版社，2017：378.

最后，习近平总书记强调了对青年学生进行思想政治教育的内容。一是注重理想信念教育。理想信念是青年学生无坚不摧的奋斗动力，是"精神上的'钙'"。"理想信念就是共产党人精神上的'钙'，没有理想信念，理想信念不坚定，精神上就会'缺钙'，就会得'软骨病'"。① 二是培育社会主义核心价值观。"青年的价值取向决定了未来整个社会的价值取向，而青年又处在价值观形成和确立的时期，抓好这一时期的价值观养成十分重要。"② 网络的辐射力使各种多元价值和社会思潮以更强有力的方式传播，冲击了传统意义上的官方信息传播的单向性和权威性，也改变了人们接受信息的方式和渠道，使教育对象浸润在多元价值观的影响之中。因此，社会主义核心价值观的培育任务更加艰巨，形势更加迫切。三是要学习党史、国史。学史明理、学史增信、学史崇德、学史力行。"历史是最好的教科书。学习党史、国史，是坚持和发展中国特色社会主义、把党和国家各项事业继续推向前进的必修课"③。网络时代，我们学习党史、国史就需要发挥传统媒体和网络的作用，坚持线上和线下相结合，成立党史学习教育官网，着力打造随时、随地学习的移动平台，真正使党史学习教育活起来、火起来。

二、网络思想政治教育的演进发展

数字技术和网络技术在我国快速兴起发展和广泛应用，深刻改变了人们的生活方式、生产方式和思维方式。青年大学生接受能力强，喜欢新鲜事物，一直走在网络的最前沿。青年大学生一直是思想政治教育关注的重点对象，网络的兴起也使思想政治教育催生出网络思政这一新兴分支。

网络的隐匿性和交互性大大提高了开展思想政治教育的难度，因此党和国家逐步推动思想政治教育挺进网络阵地，加强思想引领。早在1999年，中共中央下发的《关于加强和改进思想政治工作的若干意见》文件里，就特别指出要加大网络宣传力度。作为国内有关网络思政的第一份指导性文件，教育部于2000年颁发的《关于加强高等学校思想政治教育进网络工作的若干意

① 习近平. 习近平谈治国理政：第一卷［M］. 北京：外文出版社，2014：414.
② 习近平. 习近平谈治国理政：第一卷［M］. 北京：外文出版社，2014：414.
③ 中共中央党史研究室. 历史是最好的教科书［M］. 北京：中央党史出版社，2014：36.

见》中指出，针对新情况、新要求、新形势，要"提高对思想政治教育进网络重要性和紧迫性的认识，对思想政治教育进网络和利用网络为思想政治教育服务尽快作出具体规划和统一部署，提上学校重要议事日程。"① 同年，江泽民同志在中央思想政治工作会议上也强调："互联网已经成为思想政治工作一个新的重要阵地。国内外敌对势力正竭力利用它同我们党和政府争夺群众、争夺青年。我们要研究其特点，采取有力措施应对这种挑战。要主动出击，增强我们在网上的正面宣传和影响力。"② 2004年中共中央、国务院印发《关于进一步加强和改进大学生思想政治教育的意见》，为网络时代高校思想政治教育和教育对象的培养提供了高屋建瓴的指导，从网络载体拓展、网络平台建设、网络校园管理、网络队伍建设等方面，拓展了高校思想政治教育的渠道和空间，有利于牢牢掌握网络思想政治教育的主动权。同年，教育部、共青团中央制定印发了《关于进一步加强高等学校校园网络管理工作的意见》，顺应了"绿色校园网络"建设的现实需求，回应了网络空间呈现的新问题和难题。比如，敌对势力借助网站、论坛、聊天工具、虚拟社区等形式，进行意识形态的渗透，对热点焦点问题和敏感话题进行蓄意造谣，对青年学生进行不满情绪的煽动，对党的路线方针政策进行别有用心的攻击，通过传播色情、暴力信息，进行宗教迷信和违法犯罪等活动，来扰乱和破坏正常运行的社会秩序，给青年学生的健康成长带来长期的负面影响。这些现象都需要高校思想政治教育工作的人员积极有效地进行应对和及时有力地进行破解。③

　　进入新时代以来，网络信息技术智能化发展促使网络化教育迸发出许多新模式。2013年，教育部、国家互联网信息办公室下发《关于进一步加强高等学校网络建设和管理工作的意见》，提出要加强高校网络文化供给与服务、构筑高校网络思想文化阵地、加强高校网络信息安全管理、提高高校网络舆论引导能力、统筹推进队伍建设、推进激励评价机制改革、大力开展师生网络素养教育等具体要求。2015年1月，中共中央办公厅、国务院办公厅印发

① 教育部思想政治工作司. 加强和改进大学生思想政治教育重要文献选编（1978—2014）［M］. 北京：知识产权出版社，2015：213.

② 江泽民. 江泽民文选：第三卷［M］. 北京：人民出版社，2006：94.

③ 教育部思想政治工作司. 加强和改进大学生思想政治教育重要文献选编（1978—2014）［M］. 北京：知识产权出版社，2015：278-280.

《关于进一步加强和改进新形势下高校宣传思想工作的意见》，指出："要加强网络舆论引导，充分运用新型传播手段创新高校宣传思想工作，掌握网络舆论引导，充分运用新型传播手段创新高校宣传思想工作，掌握网络舆论主动权；壮大主流思想舆论，切实加强高校意识形态引导管理，做大做强正面宣传；要创新网络思想政治教育，开展高校校园网络文化建设专项试点工作。"① 2015 年国务院公开发布了《关于积极推进"互联网+"行动的指导意见》，强调："鼓励学校利用数字教育资源及教育服务平台，逐步探索网络化教育新模式。"② 2016 年，在网络安全和信息化工作座谈会上，习近平总书记强调："我们要本着对社会负责、对人民负责的态度，依法加强网络空间治理，加强网络内容建设，做强网上正面宣传，培育积极健康、向上向善的网络文化，用社会主义核心价值观和人类优秀文明成果滋养人心、滋养社会，做到正能量充沛、主旋律高昂，为广大网民特别是青少年营造一个风清气正的网络空间。"③ 2017 年，《关于加强和改进新形势下高校思想政治工作的意见》指出："要加强对校园各类思想文化阵地的规范管理，加强校园网络安全管理，营造风清气正的网络环境。"④ 2019 年，中共中央、国务院印发的《中国教育现代化 2035》中，指出要使高校校园建设朝智能化方向发展，使教育与管理、服务相融合，要"建立数字教育资源共建共享机制，完善利益分配机制、知识产权保护制度和新型教育服务监管制度。推进教育治理方式变革，加快形成现代化的教育管理与监测体系，推进管理精准化和决策科学化"⑤。一系列政策文件的出台为网络时代高校思想政治教育的建设提供了新的契机，同时也为教育对象的管理注入了新鲜的血液和动力，我们更加关注用户思维，以教育对象在网络世界的需求和特征为出发点，深入研究教育对象在虚拟空间的交往交流方式，从而达到一定的实际效果。

---

① 中共中央办公厅，国务院办公厅．关于进一步加强和改进新形势下高校宣传思想工作的意见〔2015〕〔A/OL〕．中华人民共和国中央人民政府网站，2015-01-15．

② 十八大以来重要文献选编：中〔M〕．北京：中央文献出版社，2016：600．

③ 中共中央文献研究室．习近平关于青少年和共青团工作论述摘编〔M〕．北京：中央文献出版社，2017：36．

④ 中共中央，国务院．关于加强和改进新形势下高校思想政治工作的意见【2017】〔A/OL〕．中华人民共和国中央人民政府网站，2017-02-27．

⑤ 中国教育现代化 2035〔N〕．人民日报，2019-02-24（1）．

三、关于新时代网络意识形态安全的论述

高校是意识形态斗争的前沿阵地，面对社会转型挑战、市场经济挑战、社会思潮挑战、网络虚拟社会的挑战等，高校要提高青年学生的意识形态选择能力，引导青年学生树立坚定的共产主义远大理想和中国特色社会主义的共同理想，提高应对各种社会思潮和明辨是非的能力。党的十八大以来，习近平总书记围绕高校意识形态安全工作和网络意识形态安全进行了深入的论述，为高校网络意识形态安全建设提供了根本遵循。

其一，网络意识形态安全极端重要。习近平总书记说："意识形态工作是党的一项极端重要的工作。"① 我们要坚持马克思主义在高校意识形态领域的指导地位，"牢牢把握高校意识形态工作领导权。"② 网络意识形态安全建设具有全局性和战略性意义。"过不了互联网这一关，就过不了长期执政这一关。"③ 当今世界，网络已经与人类社会的生存发展融为一体。网络信息技术的革新，对国际政治、经济、社会、军事、外交、文化等领域影响深远。世界格局的演变，给网络意识形态工作打开了发展的空间，也使纷繁复杂的问题不断涌现。面对网络时代带来的新问题、新挑战，"我们必须科学认识网络传播规律，提高用网治网水平，使互联网这个最大变量变成事业发展的最大增量。"④ 当前"意识形态风险将是今后一段时期我们可能遇到的重大风险之一"⑤，面对"有些人企图让互联网成为当代中国最大的变量"⑥ 的挑战，我们党要坚持不懈传播马克思主义科学理论，抓好马克思主义理论教育，科学防范意识形态风险。

其二，做好网络意识形态工作要强化方法的创新。网络既是高校思想政

① 习近平. 胸怀大局把握大势着眼大事　努力把宣传思想工作做得更好 [N]. 人民日报，2013-08-21（1）.
② 习近平就高校党建工作作出重要指示 [N]. 人民日报，2014-12-30（1）.
③ 中共中央党史和文献研究院. 论党的宣传思想工作 [M]. 北京：中央文献出版社，2020：183.
④ 习近平. 在全国宣传思想工作会议上强调　举旗帜聚民心育新兴文化展形象　更好完成新形势下宣传思想工作使命任务 [N]. 人民日报，2018-08-23（1）.
⑤ 习近平总书记重要讲话文章选编 [M]. 北京：中央文献出版社，2016：275.
⑥ 习近平关于社会主义文化建设论述摘编 [M]. 北京：中央文献出版社，2017：42.

治教育的载体，又是社会主流意识形态得以广泛传播并被青年学生认同所不可或缺的中介形式，体现了社会主流意识形态的要求，改变了传统的思想政治教育工作方法。同时，网络又给青年学生的成长成才提供了具有两面性的发展环境，影响着学生的思想和行为，使学生的思想情绪和行为习惯在潜移默化中发生改变。我国目前已经是网络大国，网络是新时代大学生面临的第一环境和最大变量，尤其新生代的青年学生是随着网络的发展而成长起来的"原住民"。处于成长发展时期的青年学生情绪容易波动，思想和行为易受网络文化、网络现象、网络信息碎片化、网络谣言的消极影响。同时，网络空间多元文化的交流、交融、交锋以及西方意识形态的侵袭，给高校思想政治教育对象思想观念、道德理念和价值判断带来了一定的冲击和影响，致使他们在网络中出现异常性和差异性。面对新情况，我们要采用新办法，通过信息技术的创新发展、新旧媒体的不断融合、宣传手段和内容的创新等来打开工作的新局面。一方面，学校除了通过思想政治理论课教育教学这个主渠道和主阵地之外，还可以通过已经翻译和出版的经典著作、举办读书会、研讨会，结合海报、标语、红色歌曲、广播、话剧、影视剧节目以及网络、网页平台和各类 app 等媒介和载体，对英雄人物、时代楷模和先锋精神进行广泛宣传；另一方面，学校可通过有主题、有规模的一系列文化活动，让学生在实践体验和活动参与中加深对思想政治教育内容的认同，还可以通过思政课程建设，大力挖掘高校思想政治教育资源，让学生在方方面面感受思想政治教育的魅力与吸引力。

其三，要特别重视高校网络意识形态工作。网络信息技术的飞速发展，重构青年学生的物质生活方式和精神生活状态，影响着他们的思想观念、行为选择、认知方式、心理状态、价值判断等，这给高校意识形态工作带了发展机遇，也使之面临新挑战。在网络环境下，青年学生可以共享人类文明的发展成果和全球各地的即时信息，每个用户主体都可以平等参与网络世界的互动进程。高校是培养社会主义事业的合格建设者和可靠接班人的人才集聚地，网络是意识形态斗争的主战场。习近平总书记指出互联网"这个阵地我们不去占领，人家就会去占领；这部分人我们不去团结，人家就会去拉拢。"① "一个政权的瓦解往往是从思想领域开始的，政治动荡、政权更迭可能在一夜之间发生，但思想演化是个长期过程。思想防线被攻破了，其他防线就很难守住。我们必须把意识形态工作的领导权、管理权、话语权牢牢掌握在手中，任何时候都不能旁落，否则就要犯无可挽回的历史性错误。"② 因此，面对西方资本主义国家"亡我之心"不死的现实情况，高校要坚持马克思主义在意识形态领域的指导地位，以社会主义意识形态为主要内容，在与西方意识形态和各种社会思潮的阵地抢夺中，掌握主导权、管理权和话语权，为青年学生的成长发展营造风清气正的网络环境。

第三节　相关学科的知识借鉴

我们从政治、经济、文化、社会、生态、哲学、法律、教育、技术等多角度审视，网络给人类带来的生存方式的变革，是网络时代高校思想政治教育相关研究中的薄弱点和学科生长点。人类的认识能力受社会发展和时代进步制约，我们仅凭既有的知识储备和固化的思维方式，难以全方位、全进程支撑高校思想政治教育的理论研究与具体实践。因此，我们在研究过程中需要具有交叉学科的视野，借助教育学、社会学、传播学、公共管理学、心理学、计算机与信息科学等多个学科领域的相关知识，促进高校思想政治教育对象的全面发展，保障高校思想政治教育育人效果。

一、教育学相关知识借鉴

教育学是研究教育现象、反映教育问题、揭示教育规律的科学，主要探讨学校教育的一般原理，从这个意义上讲，教育学与高校思想政治教育之间是一般与个别的关系。教育学中的教学理论、教育原则、教育方法、教育功

① 习近平. 习近平谈治国理政：第二卷 [M]. 北京：外文出版社，2017：325.
② 中共中央文献研究室. 习近平关于社会主义文化建设论述摘编 [M]. 北京：中央文献出版社，2017：21.

能等内容，对高校思想政治教育的发展具有指导和借鉴意义。因此，高校思想政治教育既要遵循教育学的一般规律，也要不断丰富发展本学科的理论，凸显自身学科特色。我们要找到思想政治教育与教育学之间的连接点，找出网络时代高校思想政治教育对象的特殊之处，坚持共性与个性相结合的原则，进行相关内容的旁征博引，而不能简单地进行概念平移和套用。

一方面，教育学中提出的教学原则，比如科学性与思想性的统一、教师主导作用与学生主动性相结合、系统性与循序渐进性相结合、统一要求与因材施教相结合等原则，对网络时代充分发挥高校思想政治教育对象的主体性和实现对其的思想引领和价值引导具有积极作用。另一方面，研究网络时代高校思想政治教育对象的思想道德建设和社会主义核心价值观培育等内容和方法，我们可以从教育学中德育相关的研究成果中汲取养分。教育学中关于德育、智育、体育、美育和劳动教育的思想，可以用于指导高校思想政治教育对象的全面发展。

二、传播学相关知识借鉴

人类信息传播经过口头传播、文字传播，现在已经进入了以电子传播为主的阶段。传播学是研究人类传播行为、传播过程、传播发展规律以及传播与人和社会关系的学科。传播学中的具体理论，比如"议程设置功能"理论、"沉默的螺旋"理论，可以增强高校思想政治教育者对网络传播规律和舆论演化的把握能力，强化教学内容建设，贴近学生思想和实际，从而增强高校思想政治教育的影响力。网络传播学开创了一种全新的、开放的、非线性的传播模式，打破了传统的线性传播模式，形成了一种散布性网络传播结构。

其一，传播学中的"议程设置功能"理论可以对网络时代高校思想政治教育对象研究提供理论借鉴。传播学中的"议程设置功能"理论，指的是大众传媒对外部世界的报道带有选择性，会受时空因素、媒介的办报宗旨、报道方针、传报人员的新闻价值观和倾向以及社会文化规范的影响。同时，大众传媒影响人们关于当前大事及其重要性的认识和判断，认知的效果有可能会对态度和行动产生联动作用。① 当前，传统媒体与新媒体的融合发展成为时代发展趋势，网络载体下的信息传播，其效率更高，手段更加多样，模式更加立体，信息来源更加丰富，信息内容更加多元，每个网络成员既可以是传播内容的生产者，又可以是相关内容的加工者和传播者。高校思想政治教育者要增强课堂内容的吸引力、影响力和说服力，可以借鉴"议程设置功能"理论。网络时代，教育对象获取信息和知识的途径更加多元，在面对教育内容的过程中拥有更多选择权。教育者既要立足立德树人的教育目标，又要注重教育对象的利益关切点，结合教育对象的成长发展规律和教书育人规律，通过议题的选择和把控，使教育内容真正进入教育对象的头脑和内心。我们要使课堂教学和日常思想政治教育以学生喜闻乐见的方式出现，但要避免在教学过程中走入形式大于内容的误区，不能隔靴搔痒，以蹭热点、博关注的方式来吸引学生的一时注意。因此，"议程设置功能"理论对我们进行高校网络舆论考察和有效引导具有极大的启发意义。

其二，传播学中的"沉默的螺旋"理论可以对网络时代高校思想政治教育对象研究提供理论借鉴。"沉默的螺旋"理论主要观点有以下三个方面：一是个人在表明自己意向和观点之时，往往会先观察和参考其他人的意见以及周围的整体环境。当他发觉自己属于群体意见中的"少数"时，他就会选择沉默或者附和他人。二是群体中一方的沉默会反过来壮大另一方的声势，然后群体中持有"少数"意见的人会越来越保持沉默，从而呈现出螺旋式传播的过程，并导致舆论的诞生。三是舆论的形成是大众传播、人际传播和人们对意见环境的认知心理三者相互作用的结果。② 在网络虚拟环境中，网络群体意见对个体的判断能力和行为取舍依然有很大影响，个体会受舆论环境影响和裹挟而产生从众心理，因此，教育者在面对教育对象的时候，要注重"沉默的螺旋"效应的影响。一方面，在课堂教学过程中，教育者面对课堂反馈、学生的听课效果以及学生的意见表达，要善于分析辨认，了解学生心中的真实想法，既要看到"多数"意见，也要善于倾听"少数"的声音；另一方面，无论是现实社会中的舆论问题经网络发酵产生的一系列影响，还是网络

---

① 郭庆光. 传播学教程 [M]. 北京：中国人民大学出版社，1995：198.
② 郭庆光. 传播学教程 [M]. 北京：中国人民大学出版社，1995：201.

舆论事件可能会对现实中的教育对象产生的作用，这些都需要高校思想政治教育者给予关注和重视，加以积极引导和科学应对。面对校园舆论事件或者网络舆情可能引发学生群体波动等情况，教育者要做好调查研究和预案，分析网络舆情产生的原因、把握网络传播规律，积极回应，从讲清事实、做好心理疏解和启发学生依据客观事实做好分析判断等方面，让学生不再轻易随波逐流、人云亦云。

三、社会学相关知识借鉴

社会学是具有综合性、经验性和应用性的社会科学。一方面，社会学研究帮助人们正确认识个人与社会、个人与他人、个人与自我的关系；另一方面，社会学研究帮助人们规范和完善社会行为，找到自身社会角色定位，提升社会成员参与社会生活的能力和水平。网络时代，高校思想政治教育面临着现实社会和网络虚拟社会两重环境，科学把握教育对象所处的网络群体环境和网络社会状况，进而对教育对象进行有效的引导和适度的规约，使教育对象在面对鱼龙混杂、众说纷纭的网络环境时能够更加坚定从容地进行甄别判断和行为取舍。我们可以借助社会学中关于个人社会化、社会群体相关的理论，运用调查研究的社会学方法，提升网络时代高校思想政治教育的针对性和实效性。

首先，人的社会化理论为网络时代高校思想政治教育对象研究提供理论借鉴。"社会化就是社会将一个自然人转化成为一个能够适应一定的社会文化，参与社会生活，履行一定社会行为的人的过程；也是一个自然人在一定的社会环境中通过与他人的接触与互动，逐渐地认识自我，并成为一个合格的社会成员的过程。"[①] 社会的发展和社会秩序的维护需要有社会成员共同认可的社会规范来加以规约，并以此来调节个人与自我、个人与他人、个人与世界之间的利益关系。在处理个人与社会的相互关系的过程中，无论个体是主动应对社会变化，还是被动适应社会发展，这个过程都是实现个人社会化的过程。网络时代人的社会化过程会呈现新特征，在这些新特征的影响下，

---

① 彭华民，杨心恒. 社会学概论［M］. 北京：高等教育出版社，2006：89.

教育对象的受教育过程也在发生改变，我们可以在对教育对象进行社会化分析过程中深化对其时代特征的理解，更好地实现对教育对象的政治引导、思想引领、道德教化和价值导向。因此，高校思想政治教育对象研究吸收借鉴社会学中的个人社会化理论，可以更好地理解网络时代教育对象的特点，从而帮助教育对象更好地遵守现实社会和网络虚拟社会中的相关行为规范，规约自身在网络世界中的言行举止，在实现自身成长成才需求的同时，更好地融入时代发展的进程之中。

其次，社会群体的相关理论为网络时代高校思想政治教育对象研究提供理论借鉴。社会群体是按共同的行为模式进行互动的一群人，社会群体中的行动目标、行为模式、活动疆界、角色关系等，通过群体成员之间的良性互动加以确认、整合和发展，并在利益共享的过程中提升群体的凝聚力和向心力。人的社会关系的延展离不开社会群体提供的信息、机会、平台和场所，社会秩序的维护和社会的稳定发展也离不开大大小小的社会群体的共同作用。因此，我们进行高校思想政治教育对象研究，要正确认识网络群体对教育对象的影响，通过分析网络群体中的群体凝聚力、群体冲突和群体沟通等影响群体发展的动力因素，可以有效调节教育对象在学习、生活和社会实践中遇到的困惑和问题，同时，也有助于教育者及时动态把握学生的思想发展实际和学生群体中的舆论发展动向，将舆情扼制在摇篮里。

最后，调查研究的科学方法可以为网络时代高校思想政治教育对象研究提供方法借鉴。通过普查、抽样调查和个案调查等方法的运用，我们可以更好地了解和认识网络时代的教育对象，这样才能找到教育内容与学生个体实际需求之间的结合点，激发学生的内在觉醒力和学习自主性，达到教书育人、立德树人的目的。比如，关于个案调查法的运用，一方面，它有助于教育者以"解剖麻雀"的思路，全面深入了解学生个体的成长发展经历、现实境遇和具体的社会关系，针对性地引导学生结合自身兴趣爱好、发展实际和能力水平来确立阶段性发展目标和长远发展方向，引领学生在科学的指导下更快成长成才。另一方面，对于学生群体中流行的网络语言、热门话题、潮流走向等，教育者要分析网络舆情，掌握思想动态，通过调查研究这一网络现象的来龙去脉和适用范围，能更准确地将其运用于教学过程中，从而拉近与学生的距离，增强课堂的趣味性和吸引力。

四、其他相关学科知识借鉴

我们用好学科交叉融合的催化剂，有利于打破学科专业之间的壁垒，提升网络时代高校思想政治教育对象研究的实效。因此，除了教育学、传播学、社会学的相关基础理论外，我们还可以借鉴心理学、政治学和信息技术科学等相关学科的知识。

其一，我们以心理学经典理论为基础，以实证研究为手段，研究互联网相关情景下，人的心理、行为及其规律。这一方法可以用于研究高校思想政治教育对象的成长发展历程，我们能够深刻准确地把握高校思想政治教育对象的发展变化和思想实际。尤其是当前，社会节奏加快，竞争压力增强，学生如何更好适应社会的发展要求，平衡生活、学习、社会实践过程中的压力，教育者如何更好地引导青年学生应对网络环境带来的冲击，培育其成为具有健康身心的时代新人，我们想要做到这些需要借助心理学中关于心理咨询、心理治疗、心理保健以及知情意行相结合的教育方法。

其二，网络信息技术的发展以及大数据的运用，可以了解高校思想政治教育对象的活动轨迹和内心需求，从而更精准呈现高校思想政治教育对象群体和个体的时代画像。因此，我们要积极借鉴网络信息技术相关学科的理论和方法，分析群体和个人的行为表现，持续提升青年学生的媒介素养和处理、加工、运用信息技术的能力。

其三，我们要借鉴公共管理学中关于公共信息资源管理、社会保障管理、人力资源管理等相关知识，以及公共管理的方法和技术。比如，网络时代高校思想政治教育对象在网络空间和现实社会进行实践活动和政治参与的过程中，面临着个体利益与公共利益的抉择。在这里，我们就需要明晰政治学中的公共利益相关理论。公共利益是指在"公共政策（Public Policy）"的名义下谈及社会利益，是指事关社会维持、社会活动和社会功能的请求，是以社会生活的名义提出、从文明社会的角度看待得更为宽泛的需求与要求。① 让-

---

① 罗斯科·庞德. 法理学: 第3卷 [M]. 廖德宇，译. 北京: 法律出版社，2008: 18，19, 204.

雅克·卢梭（Jean-Jacques Rousseau）认为："政府作为全体公民权利的委托行使者，除了公共利益以外，政府在行使公共权力的过程中不会追求任何个人或团体的利益。"① 公共利益的主要特征的内容主要：就其涉及的主体而言，其具有多元化、复杂性和流变性的特点。公共利益的主体多元并且复杂，而在时代的发展进程中，公共利益也随人们意识、理念的不同而变得不同。公共利益涉及社会公共生活领域的公民权益的方方面面，尤其在网络时代，网络空间作为公共领域，需要有规范的制度规约，需要政府的有效监管，需要网络主体的共同维护。对于青年学生而言，他们需要在坚守法律底线和道德原则的前提下，进行网络社交往来和各种虚拟实践。高校思想政治教育为了确保教育对象能够在公共领域进行合规合法的虚拟实践活动，需要提升青年学生的法治思维和法律意识，提升青年学生的网络道德意识和践行水平，加强对校园网络平台和学生网络社群的舆论监管，加大社会主义核心价值观的弘扬力度，使学生能够在保障自身合法权益的同时，注重公共利益的维护。同时，我们要从政治关系、政治思想、政治生活准则产生与发展的规律等角度来剖析网络时代高校思想政治教育对象思想行为背后的深刻动因。

---

① 卢梭. 社会契约论 [M]. 何兆武，译. 北京：商务印书馆，1980：82-83.

第三章

网络时代高校思想政治教育对象呈现的新特征

特征是一个事物所特有的，是这个事物区别于其他事物的显著标志。新特征是一个时间性的概念，是对处于成长发展中的高校思想政治教育对象的动态性把握。当前，网络已经成为人们社会生活的内容，颠覆着国家政治、经济、文化、社会、生态领域各行各业的发展模式，网络、大数据、AI 智能、云计算、物联网等技术与工业、农业、服务业等逐渐实现深度融合。网络是高校师生学习生活的"第一环境"，也是高校思想政治教育面临的"最大变量"。高校只有整体把握青年学生"网络原住民"的时代特征，科学运用相关原则，对高校思想政治教育对象的新特征进行全面认识，才能更好推动高校思想政治教育的创新发展。

第一节 把握网络时代高校思想政治教育对象
特征遵循的基本原则

原则是指说话或行事所依据的法则或标准，要为目标服务，是规律的反映。"原则不是研究的出发点，而是它的最终结果；这些原则不是被应用于自然界和人类历史，而是从它们中抽象出来的；不是自然界和人类去适应原则，而是原则只有在符合自然界和历史的情况下才是正确的。"① 系统把握高校思想政治教育对象的新特征，要遵循科学的原则，这既是高校思想政治教育发

---

① 马克思恩格斯文集：第 9 卷［M］. 北京：人民出版社，2009：38.

展规律的反映，也是教书育人规律和高校思想政治教育对象成长成才规律的反映，要在高校思想政治教育全过程中一以贯之。

一、整体性原则

思想政治教育是一项系统的实践过程，就思想政治教育内部而言，各要素之间相互联系、相互作用。思想政治教育与其他社会系统之间也是相互协同的关系。恩格斯说："当我们通过思维来考察自然界或人类历史或我们自己的精神活动的时候，首先呈现在我们眼前的，是一幅由种种联系和相互作用无穷无尽地交织起来的画面。"① 因此，要坚持整体性原则来考察高校思想政治教育对象的发展变化，以整体性视角科学把握高校思想政治教育对象特征。"所谓整体性研究，其实质是运用马克思主义的世界观、方法论去分析和研究经济社会发展中的各种现象，并得出科学的结论。"② 高校思想政治教育对象的成长发展，我们要从其成长发展的时代背景、个体环境、实践经历以及所受的家庭、学校教育等去考察。就其作为思想政治教育的要素之一来看，我们要以整体性思维整合思想政治教育资源，从思想政治教育的全员育人、全过程贯通和全方位协同的育人格局去把握青年学生的新特征。具体说来，高校思想政治教育是对青年学生进行知识传授、价值观塑造和能力培养于一体的实践养成过程。因此，在立德树人的过程中，高校要将学生置于具体的学习、生活、实践的场域之中。从教学体系而言，坚持课堂思想政治教育与日常思想政治教育相结合；从课程体系而言，坚持课堂思政和思政课堂相结合，这就要求高校教师提高思想认同，不能割裂各门课程、各个学科之间的内在联系，不能片面认为讲好专业课才是第一位，其他课程与思想政治教育无关；从学生受教育过程而言，坚持他育和自育相结合；从职能部门而言，要形成校党委统一领导、党政齐抓共管、教务部门牵头抓总、相关部门协同联动、院系贯彻落实的工作格局，从事学生思想政治理论课的马克思主义学院、从事学生管理工作和舆论宣传工作的相关部门，要与其他学院之间形成协作；从教师队伍而言，高校分管思想政治工作的校领导、党委工作的部门干部、

① 马克思恩格斯选集：第3卷［M］. 北京：人民出版社，2012：395.
② 顾钰民. 马克思主义理论学科建设［M］. 上海：复旦大学出版社，2009：15.

共青团干部、辅导员、心理健康教育教师、网络文化建设管理干部等人员，以及专职和兼职思想政治教育教师等，形成育人合力。

二、动态性原则

高校思想政治教育对象在不断成长发展的过程中，其思想和行为随着时代的发展而不断发生变化，呈现了新的时代特征。因此，我们要坚持动态性原则来把握其发展动向。动态性原则是根据社会发展变化、网络信息技术的迭变和高校思想政治教育对象的成长发展动态，围绕高校思想政治教育目标，不断调试高校思想政治教育的教学内容、教育方法、教育载体等，从而优化高校思想政治教育的育人实效所坚持的原则。它具体体现在以下几个方面：一是要紧跟时代步伐，顺应网络时代的新要求和新形势。个人是生活在具体环境中的，受环境发展变化影响。宏观层面，个人受社会环境的影响，中观层面，受家庭、学校、社会的影响，微观层面，受自身所处的具体环境的影响。因此，思想和行为具有变动性。同时，网络时代的发展会促使高校思想政治教育各要素发生相应的变化，也会对高校思想政治教育对象产生相应的影响并提出新的要求，因此，我们要进行动态性把握。二是要对高校思想政治教育对象的群体性特点和个性特征进行系统把握。高校思想政治教育对象的成长发展会受周围老师、同学、朋友等的影响，在与周围人的相处过程中，个体会受他人的思想观念、价值理念和道德观念以及行事作风的影响而发生变化。因此，我们要坚持动态性原则，敏锐捕捉各要素的发展变化，在把握群体普遍性特征的基础上，运用差异性思维，尊重个体的独立性，因材施教。三是高校思想政治教育对象浸润在网络空间之中，受网络环境、网络文化、网络语言等流行思想的影响，受社会思潮、社会热点、舆论焦点事件的影响，等等。从量变和质变的辩证关系来看，无论是潜移默化的影响，还是即时显现的影响，学生接受信息的影响由量的积累到质的突破，是一个长期的过程。因此，我们要用动态性、发展性眼光来看问题。首先，我们要搞清楚高校思想政治教育对象思想行为转变的来龙去脉，用历史生成的维度去看待高校思想政治教育对象当前的言行举止。同时，我们要持续性追踪学生的成长发展变化，在纵向比较中综合评判思想政治教育的效果。其次，我们要根据科学技术的迭变、社会发展变化和高校思想政治教育对象的具体状况来调整育人目标、教学方法、教学内容，并不断更新教学载体，来实现高校思想政治教育和教育对象发展状况之间的动态平衡。最后，我们要明晰高校思想政治教育对象本身就具有活跃的特性，就其生理特点而言，青年学生的体力精力都处于人生发展阶段中最旺盛的时期；就其心理特点而言，青年时期是人生由少年向成年的过渡阶段，是人的自然属性和社会属性在发展中逐渐成熟的阶段；就其群体特点而言，他们是灵动的、充满活力的、朝气蓬勃的，思想活跃，行为相对不够成熟，思想和行为变化频率较大，但随着自身阅历的增加、年龄的增长、知识水平和个人能力的提升，他们对新鲜事物和新形势新问题的把握，会呈现新内容和新特征，我们更需要用动态的眼光去看待。

三、开放性原则

开放性是高校思想政治教育创新发展的驱动力。在对教育对象的新特征进行科学把握的过程中，我们要坚持开放性原则。其一，要树立开放性思维。教育者在进行信息收集的过程中，要打开思路，拓宽渠道，要充分整合网内网外的信息和资源，在与学生的实际接触中，掌握鲜活的一手素材；从对已有研究成果的学习分析中，汲取智慧和精华；从对政策文件的把握，对社会热点事件、网络舆论焦点的关注，以及对流行文化的追踪中，洞察社会发展动向；从对新闻、文献、网站、移动客户端以及各类 app 的信息检索中，全方位了解信息呈现的形式，用联系、发展、全面的观点来分析问题，并不断进行经验总结。其二，要保持开放的心态。一方面，教育者对当前的潮流文化要有包容心态，对社会上涌现的新鲜事物要时刻关注，不断尝试，积极参与，而不是盲目排斥，这样才能和学生打成一片。另一方面，教育者要真正去调查研究人类中流行的新鲜事物，要搞清楚网络用语、谐音梗、表情包等的由来和用意，才能明白学生通过这些语言、文化所要传达的实际内容，在与学生接触的过程中将新兴名词用对地方，真正了解学生的所思所想。其三，要有开放性视野。在对学生进行认知和分析的过程中，教育者要多视角、全方位地认识高校思想政治教育对象的新特征。横向上，教育者要多维度分析高校思想政治教育对象在处理个体与自我、与他人、与社会的关系中的综合表现，看其是否具有独立的甄别判断能力，是否能够妥善处理个人与他人的关系，是否能够实现自我价值与社会价值的统一。纵向上，教育者要系统关注个体的成长发展经历，结合个体的过去经历和当前的成长来预判个体的未来，不能割裂不同成长阶段之间的内在联系。同时，教育者要借助多学科的思维分析高校思想政治教育对象的思想行为特征和发展变化。比如，教育者借鉴教育学的谈话法、讨论法、参观法、陶冶法、评价法等来强化教育者和教育对象之间的互动，这样可以加深对高校思想政治教育对象的了解；借助社会学的调查研究方法，掌握教育对象的社会关系，了解其任课老师、同学、室友、家人、朋友等对教育对象的评价，这样可以对教育对象及其发展变化特征有更全面客观的认识。

四、技术性原则

技术性原则的运用考察个体的技术水平、技术政策的把握能力、新产品的开发能力以及技术发展动向的熟悉程度等。信息技术由传感技术、通信技术与计算机技术三部分组成。其中，传感技术是人的感觉器官的延伸和拓展，通信技术承担着信息传递功能，计算机技术对信息进行加工处理。在信息产生、储存、传输、处理、运算、更新、替换与交换的各个环节和具体过程中，信息技术产品推陈出新的速度极快。技术功能从信息交换、人际交往到万物互联的拓展；技术适用领域不断跃迁扩散，从人的生存场景到发展场景的辐射聚合；技术的发展注重工具性与价值性的兼容，从而推动技术向善的发展，使人类在运用技术的过程中有更多自主选择的空间。比如，人们当前对网络信息技术运用中的老年弱势群体的关注。技术的细化发展与多层次联动，为技术的提升注入了新鲜血液。因此，教育者掌握科学的网络信息技术，能够对教育对象有更深入系统的认识，对其呈现的特征有更科学的把握，极大地提升高校思想政治教育的效率和效果。

一方面，在进行思想政治教育过程中，教育者要不断关注技术前沿发展，从深度、广度上拓展技术的借鉴和运用，以跨学科思维来融合技术在学生学习、生活与社会实践中的发展，从政治、经济、文化、社会、生态、哲学、法律、教育等多角度予以审视。在将最新的技术运用于教学科研的实际过程中，教育者提升工作生活实践体验和效率，更科学有效地把握学生思想发展变化动向。比如大数据技术的运用，教育者对学生在公共平台的思想状态呈现、日常生活轨迹以及具体学习情况都可以进行系统地掌握；网络信息技术的运用，有助于教育者采用教育对象喜闻乐见的教学方式、增添与时俱进的教学内容，借助丰富多样的教学载体，教育者从而更大程度上得到学生的认同。另一方面，由于教育者和教育对象在思想政治教育实践中所承担的角色不同，他们的成长经历、兴趣爱好和人生阅历不同，所以他们对新技术的关注点和关注领域以及时间精力的分配不同，因此，教育者和教育客体之间对技术掌握和运用的水平就会出现落差。教育者要想系统认识教育对象的发展变化特征，就需要用他们所熟知的技术、语言、方式方法，从他们深层次多方面的需求出发，找到不同领域相互之间的生长点和连接点，这样他们之间才能实现无障碍的沟通交流。

比如，关于微信的运用，我们要了解微信作为通信工具的发展和历史沿革，还要系统掌握它不断开发出的新工具、新技能。从 2011 年 1 月微信发布，距离现在已经有 10 多年了，它用户之多，功能之广，超乎设计者张晓龙最初的设想。从作为打电话发微信的简单通信工具，到有了朋友圈和公众号之后变成内容平台和社交媒体，再到小程序的推出以及更多服务场景的拓展，微信实现了向全民线上生活空间的功能转变，打通了人与人、人与内容、人与服务以及内容与服务之间的连接，实现了数字化的平台发展和服务应用。微信从用户的深层次需求出发，根据用户的习惯爱好、技术的发展情况去迭代，同时注重捕捉时代风向，从短视频热的风潮出发推出视频号；基于 AI 技术发展的需求，推出输入法；基于用户信息和隐私安全需求，适时修改微信朋友圈查看权限，满足用户的共性需求，洞察用户群体的需要等。微信视频号的推出，使它从相对私密性的社交领域跨越到公共信息领域，从关系链和算法的深度结合来增强影响力，并保持良好的发展，从而实现个体形象的塑造和品牌的打造。那么，对于教育者而言，如何合理运用朋友圈、公众号、小程序、视频号来塑造教育者的形象，如何跟进微信这个工具的技术发展要求，如何在具体运用中，实现与学生的有效互动，如何通过公开信息的呈现去关注学生，全面认识学生的性格特点和思想行为等，这些都是在运用工具的过程中需要考量的具体内容。

第二节 网络时代高校思想政治教育对象的现实表征

"问题就是时代的口号，是它表现自己精神状态的最实际的呼声。①网络时代，数字化的生活方式对高校思想政治教育对象产生了持久而深远的影响，高校思想政治教育对象的思想观念、价值理念和道德观念、知识获取的方式和途径、社会交往的行为方式等都发生了巨大的变化。正如尼古拉斯·尼葛洛庞帝（Nicholas Negroponte）在《数字化生存》中所说："计算不再只和计算机有关，它决定我们的生存。"

一、网络生活参与的虚拟和现实相结合

网络时代的发展反映了社会的变迁，揭开了人类数字化、信息化、智能化生活的序幕。中国于1994年正式接入国际互联网，网络的高速发展融入了当代青年的成长和生活，网络的渗透对青年学生的发展有着潜移默化的作用。因此，青年学生的成长发展受现实社会和网络虚拟社会的双重影响。

（一）高校思想政治教育对象虚拟化生存具有现实必然性

网络是"人们以计算机技术、信息技术和通信技术为基础，以实现便捷通信和资源共享为目的的虚拟世界，是人们新的生存方式和发展方式，是人体器官和功能的延伸，也是人的本质力量的对象化和发展。"②随着生产力水平的跃升和实践的发展，网络基础设施在持续进行产业的优化升级，与国家发展的其他产业深度融合，网络信息服务覆盖面更广、速度更快、费用更低，呈现精细化发展趋势，网络所能提供的服务和应用场景越来越多，万物互联、智慧城市、智能家居、云端办公等成为人们实实在在的生活。网络信息技术、大数据技术、超级计算、传感网、脑科学等新理论新技术的快速更新，尤其

---

① 习近平. 在哲学社会科学工作座谈会上的讲话 [M]. 北京：人民出版社，2016：20.
② 郑永廷，等. 思想政治教育学原理 [M]. 北京：高等教育出版社，2016：285.

是 5G 网络技术将运用于政治、经济、文化、社会、生态的方方面面，农业、工业、服务业等产业向现代智代智能方向转化升级，网络已经与人们的生存方式、生活方式、学习方式、交往方式、思维方式和行为方式融为一体。①

比尔·盖茨（Bill Gates）在《未来之路》中指出，"如果有一天你因为从网络上无法找到某种信息而对它愤恨不止时，你就会明白信息高速公路已成为你生活中的一部分。"② 一方面，网络信息技术的高质量发展和基础设施的普遍搭建，降低了人们进入网络世界的门槛。截至 2023 年 6 月，我国网民规模达 10.79 亿，互联网普及率达 76.4%。其中手机网民规模达 10.76 亿，网民使用手机上网的比例达 99.8%。除此之外，通过电视、台式电脑、笔记本电脑、平板电脑上网的网民也各占相当的比例。就网络的整体使用情况而言，我国农村网民规模为 3.01 亿，城镇网民规模为 7.77 亿，分别占网民整体的 27.9% 和 72.1%。就网民年龄而言，20~29 岁、30~39 岁网民分别占 14.5% 和 20.3%。③ 由此可见，网络变得越来越普及，与人们的生活工作学习密不可分，使有网、懂网、用网的人实现了在现实世界和虚拟世界的自在穿梭。高校思想政治教育对象是网民的主力军，他们走在时代前列，通过网络来进行跟个体生存发展有关的一切事务。另一方面，网络的开放性、及时性和流动性，以及思想政治教育资源的动态化、可视化发展趋势，其复制传播范围更大、影响更深、受众更广，深入研究网络时代高校思想政治教育的创新发展，对高校思想政治教育对象的成长成才意义巨大。同时，网络具有交互性，其参与主体具有平等性、个性化的特征，突破了时空的限制，因此更能激发学生的参与意愿，也更利于用隐性教育的方式对青年学生进行潜移默化的引导。因此，高校思想政治教育的场域由现实社会向虚拟场域拓展成为必然。

① 国务院. 关于印发新一代人工智能发展规划通知［A/OL］. 中华人民共和国中央人民政府网站，2017-07-20.
② 比尔·盖茨. 未来之路［M］. 辜正坤，等译. 北京：北京大学出版社，1996：341.
③ 中国互联网络信息中心. 第 52 次中国互联网络发展状况统计报告［R/OL］. 中国互联网络信息中心网站，2023-08-28.

（二）虚拟世界与现实生活的辩证关系

网络时代，高校思想政治教育对象的交往方式发生了重大转变，由原先的面对面或者书信交往交流，变成了远程、即时的虚拟交流互动。"人可以以符号、影像等信息方式展现出来，使符号所指的对象和影像所依托的实体即使并不在场也能使观察者对他们产生一种在场感，某种意义上就是一种虚拟在场。"① 人在网络虚拟空间通过数字化、符号化的生存方式所创造与构筑的世界，是对现实世界的衍生、拓展和延伸，源于现实的世界。现实世界是虚拟世界存在和发展的基础和前提。但必须清楚的是，虚拟世界不是对现实生活的简单复制，也不是对现实社会的逃避，这两者之间不是完全的等同关系，更不是绝对的对立关系，二者既相互影响又相对独立，既相互交织又相互作用，在一定条件下可以实现相互转化。

一方面，当前高校思想政治教育对象这在个过程中自主性更强，可以更自在表达自己，并在多种多样的平台以文字、图片、声音、视频等方式来呈现自己的所思所想和当下的状态，根据自己的实际需求和爱好选择来获取信息。另一方面，以在线课堂代替现场教学带来了一些现实问题：学生通过屏幕进行学习，无法与老师和同学进行面对面的直接互动，老师也无法根据学生的即时反馈适时调整课程内容，无法进行耳提面命的启发和引导。这样就会使一些学生无法真正融入教学情境之中，教学的实际效果也会受到相应的影响。因此，现实世界和网络虚拟世界的边界虽然正在逐步消融，但二者之间不是相互替代的关系。这也警示高校思想政治教育在进行课程内容建设和教学方法选择的过程中，不能以形式取代内容，不能以新媒体取代传统思政课堂。

（三）教育对象参与网络生活缺乏约束性

当今世界正经历百年未有之大变局，国际经济、科技、文化、安全、政治等格局都在发生调整，世界进入动荡变革期。面对世界范围内各种思想文化在网络虚拟空间的交融、碰撞和传播，青年学生的思想观念、道德观念和价值理念遭遇强烈的冲击。同时，网络的隐蔽性，又会放大他们的不良情绪，

---

① 肖峰．信息主义：从社会观到世界观［M］．北京：中国社会科学出版社，2010：482．

引发他们的极端行为，使高校思想政治教育对象在网络空间中的行为举止呈现随意性的特征。

一方面，网络空间具有"放大镜"功效，它能够事无巨细地解决现实存在的问题，也会放大一些负面因素的作用，经过网络发酵，产生不容忽视的舆情问题。同时，网络的开放性，给网络空间的治理和平台的监管带来了一定的难度，也会使高校思想政治教育对象在网络空间中呈现的思想和行为具有反常性。高校思想政治教育对象在某些时刻的表现可能只代表特定情境和情绪氛围感染下的产物，不具有常规性特征。这就需要教育者去真正认识学生，了解学生，帮助学生认识"人的存在"，让学生真正领会生活的价值，投入具有重要意义的生存中去，并实现"自我创造"和"自我超越"。① 另一方面，在网络世界，有些教育对象认知辨别能力不足，加上思维定式，会使他们产生"被教育"的思维。有些教育对象还存在不能根据自身实际需要对教育内容进行自主选择，还停留在传统的被动依赖式学习状态之中，也有部分教育对象过度重视自我需求，但辨别能力和自控能力不强，因此混淆了自由和法律的边界，出现极端利己主义的思想。比如，一些青年学生在网络空间中过度放纵自我，以"键盘侠"的身份去传播未经证实的言论等。

因此，高校思想政治教育对象在参与网络生活的虚拟与现实交织过程中，要提升在网络空间的生存能力，比如对网络信息的分析甄别能力，对网络谣言的辨别真伪能力，面对纷繁复杂的网络环境能够保持清醒和自律、激浊扬清的能力，面对攀比和网络暴力能够镇定应对的能力，以及面对"键盘侠"能冷静克制的心理素质等。

二、知识内容获取的便捷和深度相冲突

网络时代，可供高校思想政治教育对象进行选择的知识内容和形式丰富多样，但其学习和思考的精力与时间有限。同时，其获取知识的便利性增强，会导致思维惰性，无法多角度、全方位去分析问题，知其然而不知其所以然。如何在网络时代提升教育对象信息筛选能力，深化其思维能力的养成，是高

---

① 何齐宗．现代外国教育理论流派述评［M］．南昌：江西高校出版社，2006：27-47．

校思想政治教育对象需要关注的问题，也是高校思想政治教育需要予以解决的问题。

其一，互联网具有海量存储能力，覆盖面极其广泛，除了即时快速传输信息之外，互联网还能持续存储过往的各种信息，因此，体量巨大。其信息内容多样，信息形态多元，信息数量呈几何级数递增；信息呈现的方式，除了传统上的文字、图片的平面、静态呈现之外，与音频、视频的结合更是多种多样，并衍生出许多新的内容呈现形式和 app 等，不断向立体化、动态化转变；信息传播载体深度融合，形成矩阵，突破时间、地点和空间的限制；网速由 2G 到 4G 的普及再到 5G 的跃迁，下载速度由原来的 15~20K/s 发展到 1.5M/s~10M/s 再到 1G/s。因此，人们获取知识和信息的速度越来越快，形式越来越多样，也越来越便捷。比如，微信公众号的内容由开始的文字、图片和视频相结合的形式，到现在可以同时与语音录播、购物、直播、美妆、滴滴出行、美团外卖、喜马拉雅等直接链接。好多平台除了单独的 app 之外，还有独立运营的小程序，节省手机空间，满足各类人群的多样需求。各大平台内部和平台之间，也会自动实现各种形式的组合链接。同时，编辑软件、拍摄器材、剪辑工具、辅助工具等不断更新，网络用户创作热度的增强，网站平台对原创内容的重视和鼓励等，都会使网络内容更加丰富多元，也会使高校思想政治教育对象获取知识信息更加便捷。

其二，高校思想政治教育对象，既是信息的传播者，也是内容的创造者。高校思想政治教育对象享受着网络信息技术和科技发展带来的快捷和便利的同时，自身的创造性也会被弱化或者消解。首先，在开放多元的网络环境下，知识更新周期短，信息数量巨大。高校思想政治教育对象在接触网络信息资源过程中，多是以碎片化的方式一知半解地去认识事物，对思想政治教育内容和信息缺乏深度思考和研究，一味去求新求快，而不是深入细致地去精读，这在很大程度上会直接影响高校思想政治教育对象的创造性。能否在信息海洋中检索到有用的、适合自身发展的信息，并对信息价值做出相对准确的甄别判断，提升自身抵制信息干扰的能力，是网络时代对高校思想政治教育对象提出的新要求。其次，高校思想政治教育对象由于还处于成长发展的塑造期，对自我的认知还不够全面清晰，对提升自身全面发展的路径规划还不够科学，因此，在获取思想政治教育资源的时候，动力不足，方向不明确，也就无法就某些问题做出深入系统的研究和分析。最后，网络时代，信息海量而繁杂、丰富而多样，高校思想政治教育对象在探索自我发展的过程中，容易被其他内容所吸引，进而分散自己的精力和持续浪费学习的时间。同时，在自身自制力、自律性和辨别力不足的情况下，教育对象自主获取、自我管理、自主学习的能力和愿望也会受到影响。因此，高校思想政治教育对象进行深入学习和系统研究的探索能力会受到影响。

三、圈层文化更迭的速度和叠加相杂糅

"圈层"指人们信息的接受、文娱产品的选择以及社交，在某一相对固定的群体范围内进行。网站、小程序以及涵盖衣、食、住、行、音乐、购物等各类 app 会根据互联网用户的教育环境、成长阅历、兴趣爱好等多方面的大数据，精准推送不同种类的信息和消费产品。教育对象在共同的文化认同中，形成具有相似价值观念、思维方式和行为准则的圈层，拥有相对固定的社交群。圈层文化以其内隐的稳定性和规范性，持久而深刻地影响着圈层内成员。

青年学生通过常规工作学习数据和日常生活数据来刻画和构建属于他们这个群体的自我画像。这也要求高校要优化资源配置、细化管理服务，创新网络思维方式，把握网络运行规律，综合分析高校思想政治教育对象接受教育内容的规律，提升教育对象用网管理网的能力和锐意创新的意识。同时，高校要做好网络内容的建设与资源开发，进行有效的网络舆论引导，驾驭信息化发展的趋势，在数字化、智能化和信息化的新时代创造有利于高校思想政治教育对象成长发展的环境和条件。一方面，教育者可以对教育对象的学习轨迹、学习能力、个人偏好、个性需求等各个领域进行量化分析。教育者通过采用大数据的数据采集和智能化分析，动态追踪学生的学习情况，系统掌握学生的成长发展。在实际的思想政治教育过程中，高校思想政治教育对象多以群体形式出现，但个体的成长环境、生活经历、认知水平、思想实际和道德素质发展等都各不相同。在进行思想政治教育的过程中，教育者要关照教育对象的群体发展趋势和个体发展特征，注重高校思想政治教育的循序渐进。另一方面，教育者要辩证看待高校思想政治教育对象个体和群体之间

的关系。个体对群体的发展可以起到引领作用，比如"意见领袖"。与此同时，群体对个体的发展也有示范和影响作用。

我们知道，大数据可以提供高校思想政治教育对象的思想变化素材和活动轨迹，通过信息的有效搜集和数据的大量挖掘，充分发挥数据的记录、储存和解释能力，可以智能便捷地对思想政治教育对象进行全方位的分析。因此，高校运用网络信息技术，可以对高校思想政治教育对象进行越来越细化的分类。同时，技术与人之间的关联性与交互性越来越强，数据能够为高校思想政治教育对象的成长发展趋势提供判断依据，对思想政治教育对象进行"立体化"描绘，主动作为，精准施教，但与此同时，这些也存在着一些问题。一是在大数据算法精准定向推送和个人偏好的影响下，青年学生会不断浏览和接触同质化的信息源，从而出现内卷化的现象，比如先入为主的观念或者固化思维的偏见，囿于认知习惯和思维惰性，部分学生用开放包容的心态与周围的同学相处，从而弱化了自己的交往能力，无形中缩减了人际交往的范围。二是信息的泛滥和无休止的同质化内容的推送所营造出的信息环境，正在或多或少地影响着青年学生的认知构建。繁杂的信息与内容推送会占用青年学生大量的学习时间，分散他们的精力，弱化他们的时间掌控能力和学习上的自制力，使青年学生缺乏信息甄别和判断能力，在信息接受过程中无形中处于被动地位。因此，高校思想政治教育要增强对精准推送的局限性的防范意识，要不断拓展教育对象的认知视野，提升他们的分析和思辨能力。学校官方媒体平台要融入各大平台，有效运用大数据技术的优势，以正能量和权威性来引导青年学生价值观的树立。比如，高校用"新媒体+算法推送"的方式来传播主流价值观，让青年学生在鱼龙混杂的各种信息平台上听到真声音，用短小精悍的权威内容来弱化"碎片化"浏览带给青年学生的不良影响，在潜移默化中引领青年学生对主流价值观的认同。同时，高校要打通教育者和教育对象交流沟通的渠道，搭建信息和思想共享的平台，合理设置议程定期对社会热点事件进行评析，培养青年学生形成独立理性思考的习惯。

第三节　网络时代高校思想政治教育对象的特征呈现

网络时代，高校思想政治教育不是网络和思想政治教育的简单叠加，而是既要体现高等教育和思想政治教育的要求，又要突出网络特色。教育者要积极利用青年学生"拔节孕穗"的关键时期，找准网络时代高校思想政治教育对象呈现的新需求，将高校思想政治教育的实际供给与教育对象的新特征进行有效对接，推动高校思想政治教育向纵深方向发展。

一、共享性进一步彰显

不同的研究领域对共享的定义各不相同。"共享"最初用于经济领域，Bruce C 指出在信息领域通过合作会形成一种新的做事方式，产生新的集体意识并因此寻求新的知识。① 美国经济学家萨缪尔森（Paul A. Samuelson）认为共享产品的益处惠及全球，通过政府的作用将私人物品进行分配分享，有利于改善资源配置的形式。② Kyle Chard 等学者通过社交市场作为规范共享的手段，使用社会和经济协议来促进贸易，可以大范围和大规模实现共享。③ 在社会学领域，斐迪南·滕尼斯（Ferdinand Tönnies）把共享当作一种生活方式和价值观念，认为，在"真正共同体"中，人们在物质财产和精神财产方面是相互占有和彼此享受的，经历了"群享"到"独占"的过程。④ 在政治学领域，约翰·罗尔斯（John Bordley Rawls）认为，人们在维护自身利益的同时，会表现出对他人利益的关心，这是由于人们担心自身陷入社会底层，因此要在政治、经济等方面要保证平等。在伦理学领域，德尼·古莱（Penis Goulet）

① BRUCE C. Information literacy research：dimensions of the the emerging collective consciousness［J］. Australian Academic &Research Libraries，2000，31（2）：100.

② SAMUELSON P A. Economic［M］. Harvard University Press，1948：109.

③ CHARD K，BUBENDORFED K，CATON S，et al. Social cloud computing：A vision for socially motivated resource sharing［J］. IEEE Transactions on Services Computing，2012，5（4）：551.

④ 斐迪南·滕尼斯著. 共同体与社会［M］. 林荣远，译. 北京：商务印书馆，1999：76-96.

认为个体自身的发展要建立在与他人建立联系、互相共享成果的基础上，这样更容易获得幸福感。莫兰认为，个体的社会归属感需要在社会交往中与他人进行交流分享才能够获得，这使人能够明确自己存在的意义，最终实现社会的善治。

词典中关于共享的解释为"接受主体对于应为他人所有或所得的事物进行部分或全部的接受、享用或享有"。共享意识，是将资源或者信息的知情权或使用权与他人共同享用或者享有的意识。共享与孔子提出的"天下大同"思想、马克思设想的"共产主义社会"密切相关，是社会交往的终极呈现，是习近平总书记提出的"人类命运共同体"的题中之义。共享意识是社会发展到一定程度的产物，既是网络时代发展和社会现代化发展的必然要求，也是树立国际视野和构建人类命运共同体的要求，有利于资源有效配置和价值最大化的实现。得益于网络信息技术的大力发展，高校思想政治教育对象呈现的共享意识更加凸显，有其必要性和可能性。

（一）网络时代的发展为共享意识的培育提供了技术支撑

就网络时代的技术发展而言，其主要呈现以下几个方面的特点。一方面，网络信息服务呈现精细化发展趋势。我国网络基础设施持续进行产业的优化升级，与国家发展的其他产业深度融合，网络信息服务覆盖面更广、速度更快、费用更低，呈现精细化发展趋势。另一方面，网络所能提供的服务和应用场景越来越多。万物互联、智慧城市、智能家居、云端办公等成为人们实实在在的生活，网络信息技术尤其是 5G 网络技术将运用于政治、经济、文化、社会、生态的方方面面，农业、工业、服务业等产业向现代智能方向转化升级，网络已经与人们的生产方式、生活方式和思维方式融为一体。

就网络技术的运用而言，网络信息资源的深度整合，使网络的发展与国家的未来走向和育人目标紧密结合，是网络时代高校思想政治教育创新发展面临的新形势、新任务。大数据驱动知识学习、跨媒体协同处理、人机协同增强智能、群体集成智能、自主智能系统等技术的升级，有效推动经济、社会文化、生态各领域从数字化、网络化向智能化加速转化。① 这既要求高校思想政治教育要适应网络信息技术发展的新变化和新形势，也要求高校思想政治教育对象要提升适应网络信息技术的能力和信息媒介素养，合理利用网络信息技术来为自己的成长发展提供更多的知识、机会和平台。一方面，高校思想政治教育的育人方式、途径、载体、环境、形态都发生了巨大变化，要使传统思想政治教育焕发新活力，呈现新面貌，就需要网络信息技术与思想政治教育深度融合。育人思维的转换、育人话语的转换、育人方式的更新、育人角色的分工与协作，使之体现在全员、全过程、全方位育人的各个环节。另一方面，网络信息技术的不断升级，万物互联是必然的发展趋势，网络本身具有即时性、开放性、交互性等特点，使高校思想政治教育对象得以共享网络信息技术、共享高校思想政治教育资源、共享高校提供的育人平台、师资、课程等。与此同时，高校思想政治教育对象认识世界和改造世界的方式更加多元化。因此，比起单兵作战，网络时代更需要跨界联合，国际视野、交叉学科视野、跨界思维等都是高校思想政治教育对象实现长远发展的必备要素。

习近平总书记强调："要运用新媒体新技术使工作活起来，推动思想政治工作传统优势同信息技术高度融合，增强时代感和吸引力。"② 网络打破时空的限制和阻隔，拓宽了人们社会关系的边界，同时，它重塑了社会互动关系。人们在网络虚拟环境下，可以更自由、平等、及时地进行交流、互动和共享。因此，网络时代的发展为共享意识的培育提供了技术支撑。其一，网络时代，网络信息技术与各行各业深度融合，催生了很多新业态。各行各业的发展从思维战略、组织架构到具体实践都需要不断适应社会的发展才能有更长远的发展，对于教育领域亦是如此。其二，网络时代，是不断激发行业发展的驱动力。无论是物质动力还是精神动力，都需要同步更新，这样才能激发社会发展的内生动力，才能实现产业结构的重塑升级和行业的跨界重组，才能更

① 国务院．关于印发新一代人工智能发展规划的通知［A/OL］．中华人民共和国中央人民政府网站，2017-07-20.

② 习近平在全国高校思想政治工作会议上强调：把思想政治工作贯穿教育教学全过程 开创我国高等教育事业发展新局面［N］．人民日报，2016-12-09（1）.

好驱动社会发展的新模式，符合创新发展理念和国家创新驱动发展战略的时代要求，才能更好地促进教育对象在思想交流交融和交锋中共享时代发展的先进成果。其三，网络时代，有利于教育对象树立更加开放共享的理念。网络信息技术的发展、数字经济的繁荣，以及对大数据的依托，促使行业在发展过程中更加注重个体的需求和实际体验，并极大激发个体的创造潜力，在创新、协调、开放、共享的社会场景和平台中，行业创造更多有利于人才流动的条件，实现个体最大程度的发展和跃升。

（二）社会生活实践为高校思想政治教育对象共享意识的培育提供了丰厚滋养

马克思、恩格斯说："各民族的原始封闭状态由于日益完善的生产方式、交往以及因交往而自然形成的不同民族之间的分工消灭得越是彻底，历史也就越是成为世界历史。"[①] 共享是人在一定的实践活动和社会关系中通过交流互动而形成的思想行为方式。无数事实表明，社会生活实践为高校思想政治教育对象共享意识的培育提供了丰厚滋养。

其一，社会分工的出现、社会化大生产的发展、交通运输条件的进步，使世界各国和各地区之间的交往成为可能。随着社会交往的普遍和延伸，领域和空间更加拓展，全球化成为社会发展的必然趋势，共享方式也变得更加多元。习近平总书记指出："这个世界，各国相互联系、相互依存的程度空前加深，人类生活在同一个地球村里，生活在历史和现实交汇的同一个时空里，越来越成为你中有我，我中有你的命运共同体。"[②] 中国在与世界各国交往的过程中，在政治、经济、文化等领域进行着交流交融交锋，这也不断影响着生活在其中的人。高校思想政治教育对象作为与时俱进的新一代，其学习、生活、社会实践的都在与世界接轨的实践过程中发生着改变。其二，共享行业与共享经济模式的推陈出新，共享单车、共享电动车、共享充电宝、共享汽车等不断涌现。马克思主义认为，经济基础决定上层建筑。共享意识是在共享经济基础上发展形成的，能够实现资源配置的优化，促进社会经济发展的良好运行。一方面，共享意识的增强，更新和重塑了人们的价值观念和生

---

① 马克思恩格斯选集：第1卷［M］. 北京：人民出版社，2012：168.
② 习近平. 习近平谈治国理政［M］. 北京：外文出版社，2014：272.

活方式。网络的开放性、交互性与共享性，使高校思想政治教育在主体协同、过程交互、资源共享、方式借鉴、成果互惠等方面辐射更广、影响更深。另一方面，高校思想政治教育的育人成效和影响力在技术的支撑下得以广泛扩展，高校思想政治教育的各要素也更容易打破各自为战的局限，实现共时性和历时性相结合的资源、平台共享有助于缓解教育资源不均衡的问题，使高校思想政治教育的育人效果得以优化。高校思想政治教育对象在参与思想政治教育活动的过程中，在交流思想、沟通认知、实时互动、分工协作、及时反馈的课堂参与和社会实践过程中，迸发共享意识，深化共享认知，并强化共享行为。

（三）高校思想政治教育对象的年龄特点使他们乐于分享

当前，共享意识已经深入人心，成为当下年轻人新的生活方式。高校思想政治教育对象在实践中感知共享带来的价值和体验，将共享精神和生活实际相关联，更是强化了青年学生之间的社交关系联结和活跃度。一方面，高校思想政治教育对象处于成长发展的关键时期，他们勇敢尝试新鲜事物，更乐于分享自己收获的认知，而网络时代提供的技术、平台、环境、工具为青年学生实现共享创造了充分的发展空间和便利条件。朋辈之间由于所经历的时代、成长环境、年龄和对社会潮流的追踪相近，更容易交流分享并产生共鸣。共享是群体行为，需要置身于社会环境和社会关系之中才能得以实现。因此，我们要充分发挥家庭、学校、社会、政府等的育人合力，使高校思想政治教育对象的共享意识转化为实实在在的共享行为，运用于政治、经济、文化、社会、生态领域的建设之中。

另一方面，共享意识反映了高校思想政治教育对象对社会公平的追求，以及对互惠利益的维护，可以使不同层次、不同年龄、不同性格、不同家庭成长经历、不同成长发展环境的高校思想政治教育对象得以共同享有高校思想政治教育的资源、内容、平台、工具、过程、空间和环境等。同时，个人利益和社会集体利益通过共享实现有效衔接和相互转化，实现利益共享、价值共识和互利共赢，有利于构建高校思想政治教育对象自由全面发展和社会整体进步的教育新形态。恩格斯说："使所有人共同享受大家创造出的福利，使社会全体成员的才能得到全面的发展。"① 教育对象由共享意识的萌芽到共享行为的转化，实现资源的循环利用，减少不必要的浪费，从而优化社会资源的配置，个体在实践过程中还可以收获物质层面或者精神层面的满足，这种多方共赢的模式可以有效激发高校思想政治教育对象的实践能力和创新能力。

二、主体性进一步强化

网络时代高校思想政治教育对象的主体性与人的主体性是个别与一般、个性与共性的关系。每个教育对象都是独立的个体，有独立的人格，教育对象对教育内容的接受程度是依据主体意愿和理解接受能力来定的，是有条件的。在高校进行思想政治教育的过程中，教育内容若符合教育对象的成长发展需要，教育对象是会主动认同并接受的。"任何理性教育，形象的感染，都是外部的客体，都只有通过主体的心理过程才能起到这样或那样的作用。如果没有主体内心的心理过程的发生，任何教育都等于零。"② 高校思想政治教育对象主体性的增强，表现在其自主性更突出，自我教育的驱动力、创造性更强等方面，自我教育的意愿更强烈，也更容易与教育者进行平等互动。当然，教育对象主体性的强化也会带来一些相应的问题，需要高校思想政治教育对其进行思想引领、价值引导和道德塑造。

（一）个性的充分展现

高校思想政治教育对象的主体性是在一定的对象性关系和对象性活动中表现出来的。个性发展是人的全面发展和社会发展理念中极其重要的部分。一方面，个体的个性迸发可以提升社会的创造活力，激发社会的创新能力，促进社会生产力的革新。另一方面，越来越开放、包容、文明的社会氛围，可以充分激发个体个性的发展和不断完善，个体在认识社会、适应社会的同时，也在不断地促进着社会的发展。个体作为具有意识能动性的人，具有人的本质属性，同时又兼具个体的独特性。不同的人在生理、心理等层面具有

① 马克思恩格斯全集：第 1 卷 [M]. 北京：人民出版社，1995：243.
② 王礼湛. 思想政治教育学 [M]. 杭州：浙江大学出版社，1989：264.

差异性。比如，大部分青年学生都朝气蓬勃，锐意进取，勇于表达自己，敢想敢干，不迷信权威，不落俗套，大胆创新，也有部分学生呈现出"宅""丧""佛系"的特点。但总体而言，青年学生渴求自我价值和社会价值的实现，在网络提供的广阔天地中充分展现自己的精神风貌。

同时，高校思想政治教育尤其要重视网络时代出现的新问题。一方面，教育技术带来了时空压缩和无人技术，在促进思想政治教育创新发展的同时带来了一些非理性影响。线上课程虽然不受教学时间地点的限制，但通过屏幕来实现的教学过程，只能保证知识的传递、政治观念的灌输和价值观的传达，却难以实现高校思想政治教育者与教育对象之间深层次的情感互动反馈和有温度的精神交流。启发式教育若缺乏面对面交流的有力抓手，将无法在更大程度上激发青年学生的主体性和个性。另一方面，网络具有"放大镜"和"催化剂"的作用，高校思想政治教育对象所呈现出来的某些思想和行为，有些是即时性或者极端性的，需要教育者练就一双"火眼金睛"，引导学生在遵守法律底线和道德要求的基础上，充分发扬个性，展现青春风貌。

（二）能动性的充分发挥

教育的本质是人类的自我再生产和再创造，是将个人发展和社会发展统一起来培养人的一种社会活动。思想政治教育作为高等教育领域的重要实践活动，启迪人的心智、发挥人的潜能、关怀人的成长，培养和造就德智体美劳全面发展的人是其根本目标。网络时代尤其需要能够独立提出问题、分析问题、解决问题的时代新人，因此，对教育对象思维的独立性要求更高。思想活跃的青年学生更加注重公共事务的参与度，更加关注自身发展的权益维护。网络的便捷性和平等性，也使青年学生能够更自主地展现个性，主动参与国家建设的进程，做新时代中国特色社会主义事业的接班人。

"自主指人们作为活动主体而主动地发起一定活动并积极排除干扰将其推向前进，实现自己的一定目的，达到主体预想的效果。"① 青年学生的成长发展的期待与内在需要，驱动着他们自主调节自己的思想和行为。他们自觉主动参与高校思想政治教育实践活动，有意识塑造自身形象，转换思维方式，

---

① 杜一. 试论主体系统的结构性和层次性 [J]. 中共山西省委党校学报，1990（1）：27.

去实现个体的社会化和自我发展，在社会主义现代化进程中更好地发挥积极性、主动性与创造性。恩格斯指出："在社会历史领域内进行活动的，是具有意识的、经过思虑或凭激情行动的、追求某种目的的人。"① 一方面，教育对象在接受高校思想政治教育内容的过程中，可以根据自身思想、发展和认知实际以及现实需求，选择性接受教育内容，并依据自身的理解对教育内容进行加工创造。另一方面，教育对象在接受思想政治教育的同时，也在不断审视自己的思想品德修养，根据主观发展意愿和成长期待，实现蜕变式发展。教育对象对自己认识的越全面，主体性就越强，自我调控能力、自我创造能力也就会随之增强。《新时代的中国青年》白皮书中指出："新时代中国青年以更加自信的态度、更加主动的精神，适应社会、融入社会，参与社会发展进程，展现出积极的社会参与意识和能力，成为正能量的倡导者和践行者。"② 同时，网络时代高校思想政治教育资源丰富，技术手段先进，教育方法多样，平台机会多元，也更有利于高校思想政治教育对象主体性的发挥。

（三）追求与教育者之间的平等互动

网络时代，高校思想政治教育的形态、方式、内容、介体和环体都发生了巨大变化，网络的虚拟性、开放性，使高校思想政治教育对象也呈现出虚拟性和流变性的特征，因此教育者和教育对象建构的是一种动态平衡的良性关系。其一，网络的去中心化、隐蔽性、开放性和互动性特点，实现了教育者和教育对象之间地位的平等，身份、年龄、性别等不再是藩篱。如果教育者仍以传统的教育思维来面对网络时代的教育对象，他们无法真正做到与学生平等相处，容易被受教育者排斥，也势必会偏离既定教育目标。其二，教育者和教育对象在进行交流互动的过程中，可以实现身份的互换，即主体客体化和客体主体化，二者之间的角色定位是一种动态构建的过程。高校思想政治教育对象本身具有能动创造性和自主自觉性，在接受思想政治教育的过程中具有自主选择权。如果高校思想政治教育内容无法吸引教育对象，无法使教育活动具有延续性，那么高校思想政治教育对象可以自主选择随时脱离

---

① 马克思恩格斯选集：第4卷 [M]. 北京：人民出版社，1995：247.
② 新时代的中国青年 [N]. 人民日报，2022-04-22（10）.

教育实践活动。其三，网络的便捷性和平等性，使学生在接受教育内容的过程中突破了时空界限，也使高校思想政治教育育人场域从传统的现实社会发展成为现实社会和网络社会交织进行。只有实现线上线下的有效贯通，教育者才能更全面认识教育对象群体特征和个体特性，才能做好思政课堂和日常思想政治教育的各个育人环节。

作为网络"原住民"的教育对象，他们对平等互动的追求，既得益于网络信息技术发展这一客观条件的支撑，也源于主观上他们对自我实现和自我发展的渴求。一方面，平等的互动和及时的反馈有益于育人效果的优化。教育对象主动参与教育过程，主动反映思想实际，主动表达发展需要，主动反馈教育效果，主动审视自身在参与教育活动中的表现并总结经验，才能更有助于教育者更好了解和把握其特点和发展需求，提升教育教学实践活动中的科学性、针对性和有效性。同时，教育对象与教育者之间的良性互动，是一种历时性和共时性共存的交往互动，需要教育者与教育对象之间通过多方面、长时间、多层次的交流，才能不断总结青年学生的特点和发展规律。教育者通过对教育内容、方法、场域和环境的优化，来保证高校思想政治教育的有序性和连贯性，促进高校思想政治教育的创新发展。另一方面，平等互动的教育氛围有助于更好地驱动教育对象的成长成才。高校思想政治的教育对象对事物有强烈的好奇心和探索欲，善于发现和思考问题，求新求变能力强，对新思想、新现象和时尚潮流趋势掌握及时。他们个性鲜明，有初生牛犊不怕虎的势头，敢于质疑权威声音和传统习惯。青年学生只有自觉意识到自己肩负的历史重任和被赋予的时代使命，才能更好地为中国特色社会主义事业而奋进拼搏。只有促使教育对象自身主体能力得到最大限度的发挥，实现全面发展，他们才能更好地在建设中国特色社会主义事业中发挥作用。

三、流变性进一步突出

网络具有时空的广延性和系统的开放性，使教育对象所受的影响更深，范围更广。"信息流量和流速的爆炸性增长，在增加了个人的认知能力的同时，也增加了不同认知之间的互动，动摇了某些本来就不稳固的认同。"① 因此，教育者科学把握网络时代高校思想政治教育对象呈现的流变性，有效预见高校思想政治教育对象的发展变化趋势，能够增强高校思想政治教育的针对性，使之更好地为教育对象的成长发展服务，从而增强高校思想政治教育的育人实效。

（一）网络的虚拟性致使高校思想政治教育对象的流变性增强

网络的虚拟性，社会发展变化的多样性以及虚拟世界与现实社会的融合性，使教育对象的思想和行为呈现更多复杂多变的特征。横向来看，每个学生都是独立的个体，其发展带有时代的烙印。学生阶段是一个人身心发展最迅速的时期，个体具有发展的无限可能。因此，在其世界观、人生观、价值观形成的关键时期，个体的可塑性极强。这就需要教育者站在学生人生发展的角度去对学生的发展变化进行整体把握。纵向来看，不同社会发展时期，由于生产力发展水平和生产关系的变化，政治、经济、文化、社会和生态领域的发展程度不同，因此，思想政治教育的育人要求和目标也会随之变化，思想政治教育对象的群体性和个体性也呈现不同的具有时代烙印的特征。

全球化背景下，社会的流动性、网络的虚拟性以及利益的复杂性，给高校思想政治教育带来了很多不确定性。网络信息技术的发展对行业发展、就业结构和职业构成的改变，对社会法律与伦理道德的冲击，对个体隐私的侵犯等问题，以及由此引发的局部甚至全球性的安全风险挑战，都需要加强高校思想政治教育的前瞻性和科学性，最大限度降低网络信息技术运用过程中伴随而来的各种风险，确保网络信息技术在高校思想政治教育领域中安全、可靠、可控。这也要求高校思想政治教育者要充分重视和积极运用网络信息技术，根据网络信息技术的特点，推动高校思想政治教育进网络。教育者通过教育、技术、行政、法律等手段，提升高校思想政治教育对象的政治敏锐性和政治鉴别力，提升高校思想政治教育实效。

（二）信息茧房现象对高校思想政治教育对象认知能力的弱化

"信息茧房" 这一概念由哈佛大学凯斯·桑坦斯（Cass R. Sunstein）于

---

① 杨雪冬，等. 风险社会与秩序重建［M］. 北京：社会科学文献出版社，2006：249.

2008 年在《信息乌托邦》中首次提出："网络虽然能够带来更多的咨询选择和更便捷的信息搜索，但公众只注意自己选择的信息和使自己愉悦的通信领域，久而久之，会将自身桎梏于像蚕茧一样的'信息茧房'之中。"① 高校思想政治教育对象受思维能力、兴趣爱好等的影响，加之网络平台在进行相关信息推送的过程中，通过大数据和算法的推送，在迎合青年学生喜好和浏览习惯的基础上，推送同质化的内容，从而形成青年学生信息关注的闭环，窄化信息接收的范围，从而对高校思想政治教育对象的成长发展产生影响。

其一，青年学生受困于内容供给与自身实际需求的矛盾中。一方面，网络信息的丰富与繁杂，网络信息技术的更新与迭代以及网络本身超强的存储功能，使教育对象置身于信息海洋中，不胜其扰；另一方面，大数据算法根据教育对象日常关注的内容、个体喜好，精准测算和个性化推送同质化的内容，会使青年学生的思维受限，无法以丰富的学科视野和广阔的思维认知对问题进行分析判断。其二，网络信息技术的升级，使得各种 app 萦绕在学生周围，网络视频、网络购物、即时通信、网络音乐、网络游戏、网络文学、网络直播等，消耗着学生的精力，占据着学生的时间。在大数据和算法技术的推进下，同质化、碎片化内容的推送，使部分学生出现思维懒惰，忽视系统思维的构建，对信息的态度是吸收、接受、坐享其成，而非主动探究事实真相，对别人的观点照单全收，缺乏运用思维去分析问题的能力。积极分析舆情事件，做出对重点内容的引导，引发学生对相关事件的客观分析和全面认识，这是进行舆论引导的关键环节。同时，青年学生本身处于思想观念、价值理念和道德观念的形成塑造期，人生阅历尚浅，对问题的认识不够深刻，研究不够深入。因此，"信息茧房"现象对青年学生的成长发展影响巨大。

（三）监管的相对滞后加大了高校思想政治教育对象的流变性风险

网络时代，人们的表达方式更加多元，网络空间中的符号表现形式更加丰富多样。除了文字、图像、声音、视频之外，表情包的出现，让人们的沟通互动更杂糅了许多具有时代性的内容，也由此催生了更多的网络文化形态，以自拍、代拍、直播、弹幕、网游、cosplay 等方式存在，这些形形色色、方

---

① 凯斯·桑斯坦. 信息乌托邦［M］. 毕竟悦，译. 北京：法律出版社，2008：8.

方面面的网络文化内容，无时无刻不在浸润影响着高校思想政治教育对象的思想和行为，给处于成长发展塑造期的青年学生带来新鲜感的同时，也会引发不确定的思想流变。高校思想政治教育的监管是层次分明、重点突出的，不可能面面俱到，也就无法实时跟进高校思想政治教育的精神世界和具体行为，由此便会有高校思想政治教育监管相对滞后的情况出现，从而导致教育对象流变性的增强。

从年龄来看，当前高校思想政治教育对象的年龄跨度为"85后"到"00后"之间，以"95后"为主，他们成长于物质丰富、知识信息爆发的时代，受国家计划生育政策的影响，多为独生子女。因此，他们的主体意识更强烈，教育者的权威性更容易被消解，更期待与教育者进行平等对话，而不是单一的"你说我听"的交流模式。这些时代烙印和思想行为特征，给高校思想政治教育监管带来了新任务。

从社会背景来看，在顺应经济全球化发展趋势之下，各国之间的思想文化交流日益丰富，多元文化冲突日益明显。同时，市场经济的发展，使"经济至上""金钱万能"等价值观甚嚣尘上。尤其是网络信息技术的发展，使微博、微信、知乎、抖音等各类移动社交平台给青年学生带来各种便利之外，海量化、碎片化的信息也会加重青年学生的思想负担，使他们在道德认知困惑与价值观冲击困境中无所适从。教育对象思想观念的变化发展，无法用量化的标准去衡量和把握，这些现实状况给高校思想政治教育监管带来了新挑战。

从高校思想政治教育平台的监管现状来看，高校目前在进行思想政治教育过程中，对自媒体的应用容易出现"形式化、空心化"等现象，比如官方网站、微博、公众号、知乎账号、抖音账号或者其他平台上的账号，在内容发布上没有针对性，关于舆情的回应不够及时有效，导致大众舆论和网络谣言四起，从而混淆视听。因此，在进行平台内容建设、程序优化升级的过程中，高校应该从提升各平台内容输出的质量着眼，及时跟进热点问题，来针对性地回应学生的思想困惑和实际需要。要优化学生的阅读体验，加强与学生之间的思想交流，注重学生对平台传播内容的反馈；要增强平台本身的功能性，突出平台的角色定位，发挥学校新媒体矩阵的联动作用；要凸显学校官方媒体平台的权威作用，在信息筛选、议程设置、信息发布、舆情回应、突发事件应对的过程中，树立正面形象，使高校师生在使用过程中逐步增进对学校官方平台的情感认同。

从数据的储存和分析来看，大数据时代的到来，我们对高校思想政治教育工作大数据进行深入挖掘和分析，将数据分析的结果融入高校的日常思想教育、管理与服务之中，这是为师生提供精细化与智能化服务的基础。但是，数据获取的方式是否侵犯了教育对象的隐私，数据的来源是否完整、稳定、规范、可靠，如何深度利用跨单位、多部门、多领域获取的学生数据，如何从来源广泛、海量繁杂的碎片化信息中提取能够加以利用的内容，以及如何破解信息泄露导致的个人隐私安全风险等棘手问题都亟须在不断实践中予以破解，无形中加大了高校思想政治教育监管的难度。

第四章

网络时代高校思想政治教育对象的现状考察

进入 21 世纪以来，随着世界多极化、经济全球化、社会信息化、文化多样化深入发展，信息、生命、制造、能源、空间、海洋等领域的原创突破，为前沿技术的创新发展和成果转化提供了强有力的力量支撑。科学技术深刻影响着人类的前途命运和生产生活，也深刻影响着高校思想政治教育对象的成长发展。我们明晰网络时代高校思想政治教育面临的现实挑战，科学把握影响高校思想政治教育对象成长发展的主客观因素，对促进高校思想政治教育对象的全面发展，具有重要的理论价值和实践意义。

第一节　网络时代高校思想政治教育面临的现实挑战

我们准确把握网络时代高校思想政治教育的现实状况，是有效开展高校思想政治教育的前提和基础。在主流价值观遭遇冲击、网络道德模糊失范、网络技术运用的异化错位等情况下，高校思想政治教育对象分辨能力弱，这给高校思想政治教育带来了一系列的新挑战。习近平总书记指出："改革开放以来，我国经济发展很快，人民生活水平提高也很快。同时，我国社会正处在思想大活跃、观念大碰撞、文化大交融的时代，出现了不少问题。其中比较突出的一个问题就是一些人价值观缺失，观念没有善恶，行为没有底线……不讲对错，不问是非，不知美丑，不辨香臭，浑浑噩噩，穷奢极欲。"[①]

---

① 中共中央文献研究室．习近平关于社会主义文化建设论述摘编［M］．北京：中央文献出版社，2017：8.

一、主流价值观遭遇冲击

主流价值观是以社会主义核心价值观和社会主义核心价值体系为主要内容的价值观念，体现了我国社会道德的基本价值取向和判断标准。青年学生价值观的确立关乎国家的发展和未来，诚如习近平总书记所言："青年的价值取向决定了未来整个社会的价值取向，而青年又处在价值观形成和确立的时期，抓好这一时期的价值观养成十分重要。"① 网络时代的到来，思想政治教育对象受多元文化和价值观影响，传统保守的思想观念不再成为人们发展的禁锢，开放包容的思想成为适应时代发展的必然。网络自由，虚拟了环境结构，瓦解了青年学生在现实生活中构筑起的规则意识和原则底线，弱化了青年学生生活在现实生活中的信仰和担当。部分青年学生呈现了美丑善恶不辨、是非对错不分、原则底线模糊等价值观缺失的现象，使青年学生群体中主流价值观的形塑任务比以往更加紧迫。

（一）西方价值观侵袭冲击主流价值观的凝聚力

当前，传统伦理价值规范对处在现代化转型的社会适应性减弱，价值体系内部在不断进行着更新和重构。在传统价值观与当下经济基础决定的价值规范之间无法实现有序对接的情况下，西方价值观念的侵袭，就更容易出现多元价值之间的冲突。比如，传统美德中的勤俭节约与拜金主义和享乐主义之间的冲突、个人利益与集体利益的价值抉择、坚持自我还是盲目从众等问题，持续困扰着高校思想政治教育对象。他们在进行社会交往的过程中，思想和行为会受根深蒂固的传统伦理道德观念束缚，也会受到处于建构进程中的现代价值观念的冲击。因此，青年学生的思想困惑在网络虚拟环境和现实环境的叠加干扰中被放大。

横向上，全球化进程的加快和我国全面深化改革与对外开放的推进，我国在与世界上其他国家进行文化交流交融交锋的过程中，处于不同文化背景下的价值观念、文化理念涌入，无形中增加了高校思想政治教育对象的选择难度。加上他们自身成长发展条件的限制和认知水平的制约，他们更容易出

---

① 习近平. 习近平谈治国理政：第一卷［M］. 北京：外文出版社，2018：172.

现价值选择和价值认同的问题。纵向上，一方面，网络传播的即时性和网络存储的长期性与海量化的裂变，使人类文明进程中不同历史时期的价值观念在同一时间节点涌入人们眼帘。另一方面，中国用几十年的时间走完了西方国家几百年的发展历程，在这个过程中，出现经济基础和上层建筑中文化、道德等层面的矛盾，是历史发展的必然。这些因素，都会造成人们对主流价值的认同困境，这对处于成长发展时期的青年学生，挑战更大。

与此同时，高校目前的微博、微信和客户端这"两微一端"的建设，部分缺乏独立的品牌建设和形象构建，内容流于形式，缺乏吸引力、影响力、解释力和创新力，无法把握平台建设的实质内核，无法实现内涵式发展，也无法真正达到引领学生思想发展和释疑解惑的作用，无法真正达到突出专业特色、发挥育人实效的预期等效果。究其原因，一是高校重视不够，未发挥新媒体与传统媒体形成的融媒体矩阵的强大功效；二是学校缺乏既懂专业又能做好新媒体的复合型人才；三是关于新媒体平台本身角色定位的不准确，不能实现内容与形式的统一，在迎合学生还是引领学生的问题上，目标不够清晰，定位不够准确；四是师生参与平台建设和进行互动的机会比较少，平台原创内容不够。因此，平台建设过程中就容易出现生产力、影响力持续性不足的问题，这些都会影响主流价值观的作用发挥。

（二）技术的发展使多元文化的影响辐射力增强

网络时代，主流价值观的地位遭受多元文化的强烈冲击，各式各样的价值观通过一系列的嬗变持续解构着青年学生的认知发展。热点事件在网络空间的发酵、扩散，以及由此引发的网络讨论和社会反响，以及不同声音对相关问题的解读，都有可能影响青年学生对主流价值观的认知和自身价值观念的建构。一方面，依托于网络信息技术发展的有利条件，人人都是自媒体，承担着发言人、传声筒、扩音器的作用，人人都可以成为网络内容的传播者和创造者。个人主体性的增强，草根文化的兴起，平等性、开放性、交互性的网络环境，给人们更多表达自我的渠道、平台和机会。不同的思想观点、价值观念和道德观念交融交织，也会挑战传统权威，使之影响力式微。另一方面，人们的立场、出发点、认知能力和实际经历不同，对事物的认知也不同，各种思想通过各种各样的途径涌入人们的生活，众说纷纭，繁杂无序，也会给高校思想政治教育对象的价值认同带来选择困境。

同时，个体的价值取向受文化环境、社会舆论环境、教育水平、家风建设水平以及个体成长发展环境和实践经历的影响。就社会发展的整体进程而言，我国自1992年确立社会主义市场经济体制以来，对个体价值和个人利益给予了更多的关注。而当前的青年学生大部分都是"95后""00后"，他们所成长的时代与环境赋予了他们进行多样价值观选择的权利和自由。就主流价值观的传播载体而言，网络的辐射力使各种多元价值和社会思潮以更强有力的方式传播，冲击了传统意义上的官方信息传播的单向性和权威性，也改变了人们接受信息的方式和渠道，使教育对象浸润在多元价值观的影响之中。

其一，从内容上看，主流价值观所传播的内容没有实现与青年学生的有效对接。主流价值观的宣传内容话题严肃，以时事政治为主，政治属性突出，但与青年学生的日常生活、关注领域和兴趣点不够贴近。青年流行文化呈现多元化、个性化、国际化的发展趋势，大众化与小众化并存，物质需求与精神追求并重，青年流行文化形式易变、内容更新快、科技水平含量逐步提高，也会受利益和流量因素主导出现批量产出和规模化生产的现象。因此，主流价值观只有为价值内容找到与时代契合的生长点，与时俱进地更新传播形式与引导方式，才能更容易被青年学生接受。

其二，从具体标准上来看，多元价值观的涌入，使青年学生关于价值观的判断和选择难度加大。评价主体多元、评价标准不一、评价方式不科学等，都会影响教育对象对主流价值观的认知。青年学生受自身阅历和人生经验积累不足的影响，还不能够对多元价值标准进行客观全面的评判和把握，因此，会出现心理疑虑、选择困惑和价值观念缺失等问题。

其三，从技术限制来看，大数据技术和算法推荐倾向于为用户的喜好和需求服务，但由此带来的受众认知局限、视野窄化等问题，会使处于三观塑造期的青年学生处于"回音室"之中。青年学生对问题的把握、对是非的判断、对事实的探究、对底线的认知都会因为长期接受同质化内容而受到影响，进而出现"沉默的螺旋"现象，被看到的"部分事实"左右情绪，被网络舆论的"议程设置"裹挟，被网络谣言带偏，从而消解主流价值观的凝心聚力作用。

（三）利益驱使下主流价值观号召力式微

受利益驱使，部分社交媒体、自媒体、短视频平台和网络直播平台等，会通过哗众取宠、博眼球、猎奇的方式，恶搞或者故意歪曲主流价值观，来吸引用户关注，获取流量，进而提升用户黏性。尼尔·波兹曼（Neil Postman）在《娱乐至死》一书中对这一现象的实质进行了深刻的揭示和批判，他指出："一切公众话语都日渐以娱乐的方式出现，并成为一种文化精神。我们的政治、宗教、新闻、体育、教育和商业都心甘情愿地成为娱乐的附庸，毫无怨言，甚至无声无息，其结果是我们成了一个娱乐至死的物种。"

网络本身的开放性、即时性和共享性，价值观念的多元化以及网络监管的相对滞后性，导致主流意识形态存在被忽视的风险。网络用户每个人都可以成为网络信息内容的生产者、加工者、传播者和评判者，网络信息的传播出现过度娱乐化、庸俗化、碎片化的发展趋向。文字的曲解、视频与图片恶搞、低俗化表情包的滥用、有害信息的扩散以及"标题党"等传播现象在网络中泛滥。在个人主义、消费主义的推动下，粉丝经济、流量经济大行其道，青少年粉丝在诱导下容易助长网络骂战、人肉搜索、群体攻击、恶意举报、党同伐异、罔顾道德、践踏法律等歪风邪气，也可能用相似的思维去处理与同学的相处。一些粉丝用超出自己支付和承担能力的代价给偶像应援，甚至不惜网贷、裸贷，使自己陷入窘境和困境，无法专心学习。在拜金主义、享乐主义的催生下，网红经济的发展使部分学生以为找到了人生的捷径，将精力用在了短期消耗的直播、短视频、自媒体的创作上，而忽视自身专业本领的增强。一些学生对网红、偶像的不良行为进行强行辩解，在现实生活中放松对自身的要求，漠视规则和公序良俗，而这些行为都将对主流价值观的发展产生极大的影响，需要高校思想政治教育进行及时有效防范和科学应对。

比如，当前出现的"网红"现象，这对高校思想政治教育对象的价值观形塑和分辨能力的养成带来了很大冲击。网红经历了文字、图文、短视频到直播等不同的发展呈现阶段，主要分为美食类、时尚类、知识类、生活类、数码类等。从"木子美""芙蓉姐姐""凤姐""papi 酱"到各种短视频 app（抖音、快手、西瓜视频、火山小视频、腾讯微视等）以及直播平台（抖音直播、小红书直播、微信视频号直播等）造就的网络红人，比如"大胃王密子君""老爸测评魏老爸""俊平大魔王""李子柒""李佳琦"等，有的博主在做好内容的同时，给青年学生带了积极的示范作用，也有些博主为了赚取流量、博取关注，哗众取宠，利益至上，给青年学生带来了极其不好的影响。形形色色的网红人物、网红产品、网红行为及其衍生品汇聚而成的网红文化充斥着青年的现实生活，占据了青年学生大量的时间和精力，造就了一场场网络的狂欢盛宴。网红文化的繁盛不息造就了青年价值观潜移默化的历史变迁，也成为价值遮蔽与价值失范的诱因。青年学生在浸入式体验中，对网红和明星提供的定制式魅力人格或者所谓"人设"，进行自我代入式的情绪宣泄、猎奇心理的满足和情绪情感的释放。其中的部分网红文化，甚至会扭曲青年学生的审美价值观、威胁他们的生命健康、冲击伦理价值观、模糊道德标准，更有甚者会触碰法律红线等。这些现象及其背后的动因，都需要高校思想政治教育予以关注，加强主流价值观和积极向上正能量的弘扬。

二、网络道德模糊失范

道德是人类社会所特有的，是调节个人与他人之间、个人与社会之间、个人与自然界之间关系的行为规则和规范体系。《论语·为政》有言："道之以政，齐之以刑，民免而无耻；道之以德，齐之以礼，有耻且格。"现实社会中的道德规约，通过他人评价、社会舆论、个人良知等方式来约束个体的言行、缓和矛盾和冲突、维护社会秩序，而网络道德更多依靠个体自律行为得以发挥作用。"网络空间是伴随网络技术的发展而产生的新的社会性空间形态，是社会空间在信息技术背景下的进一步延伸和拓展。"[①] 在网络世界与现实社会之间的边界日益消融的发展趋向下，教育对象德性养成受环境变化多样影响，教育对象的道德标准和道德观念具有多元化、多变性和道德行为自律性减弱等特征。

（一）网络道德失范的内涵

网络本身的开放性、匿名性、交互性和虚拟性等特征，使个体在网络中的思想行为受现实社会和网络环境中的多种因素影响，进而出现在网络空间

---

① 周远斌. 论语校释辨正［M］. 北京：人民出版社，2014：21.

和现实生活中的行为差异和举止失常的现象。网络道德是现实社会道德伦理在网络世界的延伸和反映，是对人们在网络空间的言行举止进行规约、调适、评判的行为规范。网络时代的发展，为道德规范注入了新的内涵，既有的道德规范和评价标准无法满足网络时代的发展，也不符合当前人们对道德的认知。原有的道德标准或者现实世界的道德规范，无法与网络世界对道德准则的需求相匹配，也无法发挥道德规范在网络空间的实际效力。由此，教育对象在道德情感、道德认知和道德行为等方面表现出偏差，出现网络道德失范现象。

一方面，网络道德规范是现实生活中道德规范在网络空间的延伸和反映，由于网络本身的特点：即时性、超强传播力与辐射力，以及覆盖面极广的特征，使网络空间道德失范行为，或者网络谣言的伤害性和负面影响更严重。另一方面，网络上的道德失范行为也会蔓延到现实社会中，给网络事件的相关人员带来一系列的影响。比如，散播谣言、人肉搜索、侵犯隐私、侮辱谩骂、电话骚扰、人身攻击等行为，使当事人被网暴、被霸凌，出现厌世、轻生、社交恐惧等严重后果。

（二）网络道德失范的具体表征

网络空间缺乏显性的道德规约和强制的行为约束，会使学生出现价值观的扭曲、网络行为上的放纵、言论上的不顾一切、情绪上的极端以及对道德、权威和规则的漠视，开始为所欲为，进而影响学生在现实社会中正常的学习、生活、实践等。网络道德失范有其具体表征，这也使高校思想政治教育在对学生进行价值理念和道德观念引导的时候有章可循，在学生道德偏颇的时候及时加以规约。其一，网络空间中的历史虚无主义、自由主义、拜金主义、利己主义思想，背离国家利益和集体利益，盲目崇拜金钱，追求物质享受，价值观、人生观、世界观被扭曲，试图通过走捷径的方式，去经营、选择不正当职业或者不择手段牺牲他人利益来达到自己的目标。其二，有些人在网络中进行经济往来的时候，无视诚信原则，通过诈骗、欺骗、造假、售假、抄袭、泄露侵犯个体隐私等行为，损害他人正当权益，获取不正当利益。其三，"拿来主义""知识无用论""读书无用论""有钱能使鬼推磨""金钱至上"的浮躁思想以及庸俗、低俗和媚俗的思想甚嚣尘上。比如，毒鸡汤、负能量、丧文化的流行，文艺作品中无脑肥皂剧、宫斗剧、雷剧、神剧等，审美趣味低俗，给青年学生带来了不好的示范和影响。

（三）网络道德失范的原因分析

网络道德失范作为一种随着网络信息技术发展而不断产生的现象，其引发的原因多种多样。约瑟夫·斯特劳巴哈（Joseph Straubhaar）、罗伯特·拉罗斯（Robert Larose）在《今日媒介——信息时代的传播媒介》中指出，内容控制才是最棘手的问题，任何人都可以把任何事搬到互联网上去，这种事情经常发生……互联网对任何一个想在信息高速公路上清除这些垃圾的人提出了一些罕见的问题①，具体而言，主要体现在以下几个方面：

其一，虚假新闻充斥网络，加大了网络新闻的监管难度，不利于网络媒体的健康发展。部分网民为了制造话题、蹭流量、蹭热点，利益至上，无视事实，哗众取宠，罔顾伦理道德，漠视法律，影响公序良俗；一些人将现实生活的不良情绪在网络空间以极端的方式进行宣泄，或者将网络中的戾气带至实际的学习工作生活中，出现道德迷失、情感冷漠、极端自私等情况，影响正常的生活和自我发展。其二，错误价值观的传播对网民的误导。在流量至上、利益至上的喧嚣氛围中，一些新闻媒体罔顾客观事实，推出的新闻内容重数量而非质量，传播的是错误价值观、不良信息等内容，而非弘扬积极向上的正能量。充斥着色情、暴力、低俗等不良信息的网页、网站、平台、广告比比皆是。其三，网络空间道德价值扭曲，道德效力弱化，道德标准在利益驱使下出现缺失、混乱、无序和失衡的现象，影响青年学生的道德认知和道德观念的建构。其四，监督、管控、话语体系转化以及法治建设有待完善；道德教育的影响力、渗透力、传播力以及转换力不足；改革发展进程中机制体制弊端、社会矛盾的凸显，不平衡不充分发展问题等的影响，会扩大网络戾气。其五，网络道德教育不够贴近"90后"和"00后"的青年学生群体，网络道德教育与新兴网络媒介和工具的结合不够与时俱进。传统道德教育内容并不能完全适应当前网络空间道德教育的新需求和新情况。其六，

---

① 约瑟夫·斯特劳巴哈，罗伯特·拉罗斯. 今日媒介——信息时代的传播媒介 [M]. 熊澄宇，等译. 北京：清华大学出版社，2002：258.

道德他律的功效有所弱化，依赖更多的是个体的道德自律能力和慎独精神。道德主体在纷繁复杂的网络信息、网络文化和网络道德现象以及网络空间道德标准的影响下，更是面临着选择困惑。

三、网络技术运用的异化错位

技术作为人体的器官功能的延伸，是人改造自然界的工具和中介，诚如马克思所言："自然界没有制造出任何机器，没有制造出机车、铁路、电报、走锭精纺机等等。它们是人类劳动的产物，是变成了人类意志驾驭自然的器官或人类在自然界活动的器官的自然物质。它们是人类的手创造出来的人类头脑的器官；是物化的知识力量。技术首先是作为中介出现的，通过这种中介，人们借助于劳动工具和使特定的自然物质适合特殊的人群需要的活动，通过自己的劳动达到与自然的协调。"① 技术理性强调的是计算和效率，体现的是人们对技术及其运用过程中产生的问题的理性思考。马克思主义哲学认为，异化是人的生产及其产品反过来统治人的一种社会现象。科技为人类的发展带来了无数可能，也潜藏着人类可能无法控制的不利因素。人们在享用它带来的各种便利条件的同时，也会出现被它控制和奴役的可能。在进行高校思想政治教育的过程中，网络信息技术的运用也要注意防范异化的风险。

其一，就课堂教学而言，如果过度依赖网络信息技术和丰富多样的教育形式，而不注重内容建设，就无法充分发挥教学过程中的主观能动性和创造性。那么，科学技术的运用虽然缓解了教育者在上课时候的劳动强度，却使高校思想政治教育对象无法在上课过程中享受到与教育者和身边同学进行交流互动的乐趣，无法在真切的情感氛围中进行及时有效的情感反馈。同时，教育内容形式过多而内容不够生动深刻，就无法深入教育对象的内心或者触及教育对象的灵魂，无法真正植根于他们的学习生活中，也就无法取得预期的教学效果。目前思想政治理论课上出现了一些重形式设计、轻内容讲授的现象。例如，有的老师在上课过程中，用放纪录片或者电影、电视情节的方式代替课堂内容的讲述，有的老师全程让学生自主研讨而不把控课堂的走向

---

① 马克思恩格斯全集：第 3 卷 [M]. 北京：人民出版社，2012.

和研讨氛围，不对学生观点认知进行必要的点评引导。这些只有外在形式而没有实际内核的课堂教学，会大大减弱思想政治理论课的教学效果。

其二，就思想认识而言，科学技术会创造出新的生活方式，不断满足人们的不同需要。人们过度崇尚技术理性带来的物质生活，就会相对忽视精神境界的提高；人们过度依赖科技带来的便利，就会懒得思考，缺乏探索精神和创新能力。这也导致了许多社会问题的产生，如拜金主义、消费主义、享乐主义、贪污腐败等不良风气。当前，高科技产品日益占据了青年学生的生活领域，这给他们的生活带来了很多的便利，他们也会被网络信息技术和电子产品所奴役。青年学生在网络虚拟空间表达自己，通过信息技术加强与他人的交流和联系，但不少人患上了电子产品依赖症，时间和精力被电子产品、网络游戏、娱乐内容和碎片化知识占据，很少有时间去面对自己的内心世界，从而变得精神空虚，无所适从。

其三，就科技异化对青年学生的影响而言，网络信息技术的发展，使信息生产、加工、传播、接收、反馈等方式、途径和效率发生了翻天覆地的变化，深刻改变了人们的社会交往方式和生活形态。网络信息技术的发展，使思想政治教育对象在接受信息的过程中超越时空的限制，但"以一个或多个'虚拟'身份从事网上活动和交往，几乎不必承担任何责任"。[1] 网络文化和社交方式的流行和迭变，不断重塑着高校思想政治教育对象的发展和认知。被泥沙俱下的信息裹挟的青年学生容易被一些网络谣言或者具有煽动性的信息影响而做出偏激行为。高校思想政治教育对象在这种社会环境下，就会失去批判精神，不清楚自己真正需要的东西，对自我的认知不清，对未来的规划不明。网络中的信息无限性和个体时间精力的有限性，致使个体陷入认知碎片化发展和泥沙俱下的信息洪流之中，丧失系统化的思考整合、甄别判断和现实转化的能力，越来越失去自己，越来越无所适从。如何在这种情况下引导高校思想政治教育对象保持独立的清醒，正确认识社会环境和自身的现状，这是高校思想政治教育需要解决的问题。

---

① 张永红，刘文良．网络时代思想道德教育初探 [J]．求实，2001（2）：51．

四、教育对象分辨是非的能力薄弱

在开放多元的网络环境下，高校思想政治教育对象在接触网络信息资源的过程中，多是以碎片化的方式一知半解地去认识事物，对思想政治教育内容和信息缺乏深度思考和研究，一味去求新求快，而不是深入细致地去精读，这在很大程度上会直接影响高校思想政治教育对象的辨析力。高校思想政治教育对象享受着网络信息技术和科技发展带来的快捷和便利，与此同时，自身的创造性也会被弱化或者消解。能否在信息海洋中检索到有用的、适合自身发展的信息，并对信息价值做出相对准确的甄别判断，提升自身抵制负面信息干扰的能力，这对高校思想政治教育对象自主性的发展提出了新的挑战。

青年学生这一时期的生理、心理特点是感性思维能力较强，理性思维能力偏弱，易受网络空间和社会热点事件等因素创设的环境、情景影响，自我沉浸、表现欲较强，渴望被关注、被肯定、被重视，也容易受到其他人思想行为的影响而自我迷失。长期沉浸在网络空间中的青年学生，以虚拟化生存来发泄情绪，逃避现实生活中遇到的矛盾和问题，用对知识碎片化的涉猎来代替对知识体系的深度挖掘，会影响自身知识的系统构建和辨别是非能力的养成。青年学生社会阅历、实践经验不足，易受非理性化情绪和主观舆论影响，出现道德意识和具体行为脱节的现象，部分学生知道网络暴力和传播谣言是违法行为还会明知故犯。部分青年学生知识信息积累的深度和广度不够，导致思想认识的浅薄和片面，理性判断便会无从谈起。青年学生对问题的认知程度不同，对事件原因的分析和把控的能力和水平也不同，这为相关谣言的滋生提供了"沃土"。比如，我国在全面深化改革的进程中出现的一些问题，经由网络放大化呈现之后，被别有用心之人或者情绪极端的网民加以非理性的引导，会出现矛盾激化等现象。对于缺乏甄别能力的青年学生而言，他们信息收集能力、信息判断能力、信息运用能力不足，更容易被蛊惑。网络"大V"、网络红人、意见领袖、网络社群以及圈层中的网络策反活动，对青年学生进行思想观念和道德观念的渗透，使辨别能力较差的青年学生深受影响。一些所谓的"女德"班，宣传"男尊女卑"的封建愚昧思想，有些邪教组织宣传邪教活动扭曲道德观念等，这些都会对青年学生产生不良的影响。

第二节 网络时代高校思想政治教育对象变化的客观因素

柏拉图（Plato）曾说："一个人从小所受的教育把他往哪里引导，就能决定他后来往哪里走。"① "如果教育者希望从一切方面去教育人，那么它就必须首先也从一切方面去了解人。""一个教育者应当力求了解人，了解他实际上是什么样，了解他的一切弱点和伟大之处，他的一切日常琐碎的需要以及他的一切伟大的精神上的要求。"② 这要求高校思想政治教育必须全面了解青年学生，了解影响其成长发展的各种影响因素，在贴近学生实际的过程中，更好地引导学生健康发展。

一、时代变迁的影响

时代发展的进程中，社会阶级、阶层结构、经济结构、政治结构等都会发生一系列变化。与此同时，在不同社会发展阶段的人，他们的生产方式、生活方式、价值观念、行为方式等都会发生相应的变化。一方面，网络时代实现了不同时空各种思想的叠加，因此，纷繁复杂的价值观念在影响着教育对象行为方式的同时，也影响着他们的社会关系的构建。另一方面，时代的变迁相应地改变着教育对象对社会行为规范和道德观念的认同，也会使具体规范和道德观念随着社会各因素的变化而发生变化。我们要科学的认识和分析时代发展对高校思想政治教育对象的影响，既是实现思政教育目标的前提，又是促进学科建设、把握思政教育规律和推进社会发展的必要措施。

（一）网络时代改变了高校思想政治教育对象的角色定位

网络时代，高校思想政治教育素材和师资之间呈现共享发展的趋势，打破了各自为战的传统模式，改变了单一的单向性教育模式，突破了时空距离的限制，实现师生之间的有效交流和即时互动，确保高校思想政治教育的精

---

① 柏拉图. 理想国 [M]. 北京：商务印书馆，2019：143.
② 康·德·乌申斯基. 人是教育的对象 [M]. 郑文樾，译. 北京：科学出版社，1959：11.

准性和高效性，促进各高校之间的联动，有利于学校、家庭、社会和政府进行思想政治教育的一体化模式的构建。

一方面，传统思想政治教育中的教育对象处于相对被动的状态。时代的发展、科技的进步、信息技术的开放与共享等特点，使思想政治教育中教育者的权威地位被消解，教育者与教育对象在获取信息的机会上趋于平等，思想政治教育者与教育对象之间不再是单一的灌输与接受或者主动与被动的关系，而是主导性与主体性的统一。其中，思想政治教育对象的主体性体现在教育对象在选择接受思想政治教育的内容方式程度上具有选择性和主动性，在进行自我教育的过程中掌握主动权。另一方面，高校思想政治教育要关注社会热点和舆论焦点，对朋友圈 10 万+的文章以及微博热点话题予以关注；要研究作为独立个体的教育对象呈现的不同特点；要在日常教学内容规划中处理好长远发展和当前发展的关系，在中短期的时间维度上需要集中完成特定任务或解决突出问题。我们只有把握好进行思想政治教育的关键时间节点，保证高校思想政治教育内容的有效供给，才能使高校思想政治教育收到实效。信息优势地位被教育者把持的局面已成为过去，在时代浪潮中，青年学生处于信息接受的迅速、广度和深度的优势地位。部分思想政治教育者受年龄、习惯、生活方式、生产方式和思维方式的影响，对新知识的接收效率，对科学技术、网络移动终端和电子产品的运用程度大大低于青年学生。因此，从思想到行为层面的与时俱进也就成了高校思想政治教育者必须攻克的时代难题。

（二）网络信息技术的跃迁给高校思想政治教育对象的发展提供了新视野和新方向

"随着互联网的发展和普及，虚拟与现实、学校与社会等教育场域的界限被打破，在不同的教育场域呈现出不同于以往的教育主客体关系，教育工作需在既相互分化又彼此关联的教育场域中同步进行。"① 网络在教育领域的运用越来越广泛，"整体上呈现出从较强虚拟性向较强现实性转化的趋势"，"互

---

① 蒋广学，等. 网络新青年培育与创新人才培养：北京大学网络思想政治教育的探索实践[M]. 北京：北京大学出版社，2018：8.

联网成为人类存在并延伸的真实社会空间，具有明确的社会文化意义"。① 网络时代，高校思想政治教育的话语体系、传播方式、平台建设、技术应用、舆情管理、环境治理、安全维护等多个方面都发生了翻天覆地的变化，需要高校全体成员共同适应，与之共生共荣，这是适应人类生存方式转变客观要求的历史必然。

网络时代的思想政治教育对象，处在被网络信息包裹的环境之中，同时也是网络生活的积极参与者。网络已经深深印刻在高校思想政治教育对象的生命轨迹之中。网络的虚拟性使高校思想政治教育对象在网络空间和网络环境中的言行更自由，但也夹杂着网络信息内容的良莠不齐和不可控性。因此，高校思想政治教育更需要积极利用信息技术来追踪高校思想政治教育的成长发展轨迹，把握其思想实际。一方面，高校学生的上网信息、在网络公开平台展示的信息、进出宿舍的时间点和频次，在图书馆、自习室停留的时间等，都可以成为洞察教育对象的思想实际，可以用来分析教育对象的品质特征，是思想政治教育决策和评判的现实依据。另一方面，不同信息或是数据的选取和重新组合，能够从不同侧面塑造和重构高校思想政治教育的形态、场景和结果。因此，高校思想政治教育对象的家庭环境、成长发展经历、校园生活经历、社会实践经历等都会对其个体产生重要影响。

（三）网络时代为促使高校思想政治教育对象实现自我教育提供了便利的条件

青年学生的政治素养和思想道德养成可以在外在引导中形成，也可以在自发因素的影响下被激发。不同的青年学生由于自身生理素质、心理素质、思想基础、知识储备、成长经历等各不相同，对各种思想政治教育资源的选择、吸纳、反映也不同。教育对象的思想素养和政治品德从"现有"向"应有"的水准转变，需要他育与自育的结合。

恩格斯指出："在社会历史领域内进行活动的，是具有意识的、经过思虑或凭激情行动的、追求某种目的的人。"② 自我教育作为一种发挥教育对象自

① 邓宇，王立仁. 传统与现代的融合：新时代高校网络思想政治教育发展审思［J］. 延边大学学报（社会科学版），2019（5）：134.
② 马克思恩格斯选集：第4卷［M］. 北京：人民出版社，1995：247.

身主体性的教育，唤醒个体的内在自觉，来追求和实现个体的自我完善，因此针对的是个体自我管理能力和自我要求较强的群体。"未来的学校必须把教育的对象变成自己教育自己的主体，受教育的人必须成为教育他自己的人，别人的教育必须成为这个人自己的教育，这种个人同他自己关系的根本转变，是今后的几十年内科学与技术革命中教育所面临的最困难的一个问题。"① 高校思想政治教育对象可以通过社会发展提供的便利条件，不断获取高校思想政治教育资源，不断提升自身应对社会发展的技能，不断深化理论水平和认知能力，从而实现自我发展。这就要求高校思想政治教育者要坚持动态分析方法，用联系发展的眼光看问题，不断进行高校思想政治教育的理论创新和实践创新。一方面，高校要紧跟时代前进的步伐，通过对教育对象思想矛盾运动进行动态追踪和科学把控，预判矛盾发展趋势，找到矛盾产生的根源，满足教育对象成长发展的期待。另一方面，网络信息技术的发展，消解了高校思想政治教育者的绝对权威，教育者和教育对象不再单纯以身份、地位、年龄和性别等作为拥有话语权的标志。知识和信息的深度和广度成为影响教育者和教育对象身份变更的重要因素。高校思想政治教育对象接受、认同教育内容并实现内化到外化的转变，从而实现对教育内容的创造性发展，保证高校思想政治教育的连贯性和有序性，也实现了自我教育的跃升。

　　总而言之，网络是舆论斗争的主战场，是思想政治教育所依赖的工具、手段，是思想政治教育存在的环境、空间、工具、媒介、阵地、平台和场域。网络信息技术在各个领域的广泛应用，给教育领域带来了深远的影响。一方面，高校作为网络信息技术发展的前沿阵地，在运用网络信息技术带来的便利的同时，也要应对高校思想政治教育工作过程中遇到的各种挑战。高校思想政治教育对象的思想观念、价值理念和道德观念等深受网络的影响。我们只有把握人类社会智能化发展趋势，才能在前沿领域和重点领域进行前瞻性布局，从理论支撑、方法、工具实施到系统构建层面获得颠覆性突破，才能充分发挥其在社会发展中的引领作用。另一方面，网络时代，我们要更好地运用网络信息技术进行思想政治教育，就需要系统把握网络相关的基础研究、

---

① 　联合国教科文组织国际教育发展委员会.学会生存—教育的今天和明天 [M].北京：教育科学出版社，1996：43.

技术研发、产业发展和行业应用，实现网络信息技术产学研用与教育领域的有效衔接，处理好当前发展与长远发展的关系，进行系统的谋篇布局，在政策引导、环境营造、规范使用和安全监管等方面协同发力，才能构建学校、社会、政府、家庭一体化的教育系统。

二、政策导向的影响

思想政治教育政策是党和国家为实现思想政治教育目标、完成思想政治工作任务而制定的纲领和原则，主要以公文如通知、规定、意见、办法等形式呈现出来。① 政策的主要功能是依据社会运行状况和现实中出现的问题以及对整体发展趋势的把握，制定针对性政策来解决或者预防社会矛盾，保障社会良性发展和持续运行，促进思想政治教育专业发展和实践推进。思想政治教育政策在推动思想政治教育发展中起着顶层设计、总体规划、部署任务、明确重点、完善体系、建立机制、落实保障、加强领导等方面的重要作用，决定着思想政治教育重视的程度、推进的力度、发展的速度以及资源的密度，因此对于高校思想政治教育对象的成长发展影响巨大。

（一）注重政策导向影响的现实缘由

思想政治教育政策的科学制定，事关思想政治教育的育人质量和实效。因此，我们要从国家发展战略的整体布局出发，面向高校师生思想实际和现实问题，使思想政治教育政策设计兼顾科学性与实效性的同时，也体现不同社会发展阶段的时代特征，确保政策可行性、操作性、持续性和实效发挥。缺少其中任何一个环节，这都有可能对教育对象的成长发展产生影响。

其一，政策设计的科学影响高校思想政治教育的育人质量。政策设计既要注重尊重学理的建构科学，又要树立问题导向；既要注重顶层设计，又要强化政策落实；既要面向未来、服务大局，又要立足本来、自我革新；既要前后相继，又要持续跟进；既要突出时代性，又要遵循规律性；既要重点突出，又要坚定方向；既要实现育人质量的提升，又要推动思想政治教育的内

---

① 冯刚，郑永廷．思想政治教育学科 30 年发展研究报告［M］．北京：光明日报出版社，2014：415．

涵式发展。一方面，思想政治教育政策设计应尊重思想政治教育各个方面的理论研究，政策设计既要切实体现基础性、规律性、根本性问题的学理研究成果，又要充分支撑学理研究的继续推进；另一方面，学理研究是制定思想政治工作文件的理论支撑，应走在前列，发挥智库功能作用，积极指导和引领实践发展。① 比如，基于网络信息技术的发展，教育部于 2000 年印发《关于加强高等学校思想政治教育进网络工作的若干意见》，为应对高校思想政治教育发展的新情况新问题，《关于进一步加强高等学校校园网络管理工作的意见》的政策出台等，这都彰显了政策设计呈现的科学性与时代特征。

其二，政府力量能够有效保证高校思想政治教育对象的全面发展。政策制定是以政府为主导力量。思想政治教育的政策变迁反映了时代特征，做到了与之前政策的衔接，解决尚未解决的问题，能够顺应时代和社会发展趋势，能够突出重点，能与社会发展阶段的具体需要和要求相统一，使思想政治教育在国际国内形势的动态发展中始终保持为社会主义服务，为中国共产党服务，为人民服务。在此过程中，我们要看政策设计是否牢牢把握了思想政治教育的本质，是否保持了思想政治教育的初心和使命，是否遵循了思想政治教育的规律，是否具有创造性、规律性、开放性和时代性的特征。思想政治教育政策从制定到落实，需要依赖多个部门，比如中央宣传部、组织部、教育部、司法部、人事部、中央综治办、财政部、共青团中央、卫健委等国家政府机关和职能部门的协同配合，同时要做好政策的反馈评估。政策评估有利于政策的贯彻落实，在总结反馈中能够更好调整和完善政策使之为中国特色社会主义事业服务。比如，2015 年国务院公开发布了《关于积极推进"互联网+"行动的指导意见》，强调"鼓励学校利用数字教育资源及教育服务平台，逐步探索网络化教育新模式。"② 2017 年 2 月，中共中央、国务院印发《关于加强和改进新形势下高校思想政治工作的意见》，为加强和改进新形势下高校思想政治工作做出了重要的战略部署。同年，教育部制定的《高等学校马克思主义学院建设标准》，从马克思主义理论教学、研究、宣传和人才培

① 冯刚．改革开放以来高校思想政治教育政策设计与发展展望［J］．国家教育行政学院学报，2018（9）：28-35.

② 十八大以来重要文献选编：中［M］．北京：中央文献出版社，2016：600.

养等方面，积极打造提升育人质量的前沿阵地。

其三，政策制定过程中的调查研究有利于契合青年学生的成长发展需求。在进行高校思想政治教育政策制定的过程中，国家要进行广泛的调查和可行性分析，要对政策实施进行全过程的动态管理，要不断整合优化政策制定的目标，对政策执行所耗费的时间、人力、物力、财力、风险等方面有一个合理的预估，进行阶段性管理，及时跟进政策执行的进展情况，了解其运行状态，从而提升高校思想政治教育效能，为高校思想政治教育对象的发展提供支持、保障。比如，毛泽东同志提出青年应当做身体好、学习好、工作好的"三好青年"，成为干社会主义大事的共产主义新人的观点。邓小平同志特别强调了人才培养应当面向现代化、面向世界、面向未来，为青年的发展注入了更多国际化内涵。习近平同志围绕立德树人这一根本教育任务，依据个体成长发展的规律，在把握时代发展的基础上，提出培养担当民族复兴大任的时代新人的观点。高校思想政治教育具有意识形态教育的属性，坚持正确政治方向尤为重要。政治性可以确保高校思想政治教育始终坚持正确的政治导向。网络时代，主流价值观遭遇多元文化的冲击，网络道德模糊失范，网络信息技术的运用存在异化、错位等问题，教育对象处在成长发展阶段的关键时期，分辨是非、辨别真伪的能力有待加强。高校只有坚持思想政治教育政策的正确政治导向，才能确保社会主义办学方向，才能充分发挥中国特色社会主义高校育人的优势，更好彰显高校人才培养鲜明的政治底色。高校要从客观性出发，坚持层次性、动态性、发展性和灵活性，要坚持智育和德育相统一，去把握高校思想政治教育对象，科学进行高校思想政治教育。

（二）思想政治教育政策对青年学生的影响具有长期性

网络时代，高校思想政治教育对象置身于虚拟空间与现实社会相结合的环境之中，要画好网上网下"同心圆"，需要学校、社会、家庭、政府协同发挥育人合力。高校要正确认识思想政治教育政策的作用，坚持问题导向，立足发展实际，合理分析政策的影响力和实效性。

首先，高校在确立思想政治教育政策之前，要对思想政治教育的育人效果有合理的预期。一方面，思想政治教育既不能统领一切，也不会包治百病。人在思政教系统之外，思政教对人的影响有限，只有特定的对象才构成思政教的对象。青年学生的思想认知、世界观、人生观、价值观的转化，并非一日之功，不是几次谈话、几次讲课、几次开会就能解决问题的，要正确认识做思想政治教育工作的长期性、艰巨性、复杂性。尤其对于网络时代高校思想政治教育而言，教育者面对思想行为呈现新特点的青年学生，更要付出足够的耐心、细心去观察认识学生，要用爱心和热心感染学生，要用关心打动学生，只有付出艰苦的劳动才能见到成效。因此，要在合理的限度内进行，这样才能围绕思想政治教育的初心，推动思想政治教育更好发展。而一旦超过某种限度，教育就会背离思想政治教育的初衷，打乱思想政治教育的节奏，可能还会带来负面影响，引起教育对象的逆反心理。我们不能过分夸大思想政治教育的意义和功效，不能过高期待高校思想政治教育的效果。

其次，高校要考虑高校思想政治教育对象的接受限度。高校思想政治教育的任务在于培养德智体美劳全面发展的人，要持续推动思想政治教育的开展和运行，在考察、反馈、总结中促进思想政治教育的实效和现代化发展。高校思想政治教育实效，是对高校思想政治教育价值的确认。效果评价的主体可能不完全是思想政治教育领域内的人员，需要考虑到，高校思想政治教育对象是动态性、发展性和层次性的集合体。因此，我们认识高校思想政治教育对象，要从个体的思想认识和行动转化中，以定性和定量相结合的方法去认识高校思想政治教育对象呈现的教育效果，去检验政策的可行性。这里，我们看到的不仅是人，还有人的信念、情感和思想，而这些非理性因素，是无法完全做到量化评价的。比如，对于学生的智育，我们可以有具体量化的评价标准去评定思想政治教育效果，而对于德育的成效，我们要通过学生的实际行动得以知晓。思想政治教育的效果显现是一个长期的过程，不是一时半会的就能进行测评的。因此，思想政治教育评价要对对象、内容加以区分，保留弹性空间，结合评价工作的实际和需要进行。我们需要注意的是，对高校思想政治教育对象的认识和对高校思想政治教育的评价无法事无巨细地掌握详细情况，要整体进行趋势性把握和指导，处理好整体与局部的关系，处理好群体和个体的关系。

最后，青年学生对教育政策的接受、认可和转化是一个长期的过程。思想政治教育的长期性和内隐性导致效果的显现需要长时段的观察。思想政治教育效果具有延时性特点，而非立竿见影，要经过一段时间才能显现出来。在教育对象的思想没有明显转变之前，我们短时间内是看不到效果的。因此，我们不能仅靠一时考评情况来做出最终结论，也不能以局部的结果来定义整个思想政治教育的效果，要从思想政治教育的整体发展过程来进行评价。高校思想政治教育要确保教育效果，就要以思想政治教育的目标为依据，根据社会发展对思想政治教育的要求和教育客体的思想实际、现实需求和客观发展，运用有效的评价技术和手段对思想政治教育效果进行测量、分析、比较，给予价值判断，通过实地调查、查阅文献资料、听取有关汇报以及相关测试等，全面反映高校思想政治教育对象的客观实际。一方面，高校思想政治教育的效果要依据目标而定，因此，目标的设定要实事求是，充分考虑社会发展实际，根据学生思想品德实际、思想觉悟程度、科学文化水平等，从理论和实践两方面去考量和评测思想政治教育工作的开展。另一方面，我们要设立一个科学的评价标准，才能实现综合全方位的评价。横向来看，思想政治教育是否与其他思想政治教育资源实现了协同作用；纵向来看，思想政治教育是否呈现良好的发展趋势。因为思想政治教育在人的精神领域的作用效果是无法全面量化来展现和评判的，所以无法做到精确衡量。比如，通过高校思想政治理论课教学评价，我们可以对个体的思想倾向、价值选择、学习能力等情况有直观、可视的数据和结果呈现。我们既要掌握教育对象的群体特征，又可以对高校思想政治教育对象某一方面的情况了如指掌。我们要对高校思想政治教育过程中各个环节有充分的认识，就要充分发挥高校思想政治教育的协同功能，使高校思想政治教育对象在政策的支持、保障和引领作用下，更好地实现全面发展。

总之，判断高校思想政治教育政策对青年学生的成长发展是否有效，我们要看其是否顺应了既定的教育培养目标，根据高校思想政治教育对象的思想行为的变化是否符合社会发展要求的程度，看其是否认同思想政治教育内容，是否在接受思想政治教育之后实现了内化与外化的相互转化。同时，我们还要看高校思想政治教育政策是否满足青少年学生成长和发展期待，是否实现了合目的性、合需要性与和规律性的统一。

三、社会关系的影响

个体的成长发展是在各种关系的交往过程中得以实现的。当人与人之间的交往逐渐趋于稳定的状态，人们就会在特定的环境和地点形成相互影响的关系。高校思想政治教育对象处于人生成长发展的关键时期，具有可塑性，因此，我们可以通过思想引领和价值引导，来增强凝聚力，促进高校思想政治教育对象的全面发展，使他们实现由自然人向社会人的转化，他们通过社会生活实践和现代人的教育，才能获得现代人所需要的素质。

其一，高校思想政治教育对象是现实的人。我们要从人的存在和社会关系中去考察现实的人。"首先要研究人的一般本性，然后要研究在每个时代历史地发生了变化的人的本性。"① 人"为了生活，首先就需要吃喝住穿以及其他一些东西。因此第一个历史活动就是生产满足这些需要的资料，即生产物质生活本身……"② 因此，实践是区分和统一自然界与人类社会的基础，实践是社会关系得以形成的基础，实践划分了社会生活的基本领域，实践是社会发展的动力。实践是人类社会得以存在和发展的前提，正是在实践中产生了人与人之间的交换，构成了人与人之间的关系。随着实践的发展，人不断与自身、与社会、与他人形成了纷繁复杂的关系，人本身也在社会关系的发展中得以实现自我确认。对教育对象而言，他们通过社会关系的丰富和实践锻炼，来夯实作为立身之本的专业技能，在个体综合能力提升的过程中，实现人生境界的跃升，从而能有更大能力来拓展自己的社会关系，对接更多的发展平台和资源，实现自由而全面的发展。

其二，个体的需要是高校思想政治教育发展的动力。社会关系是人的存在和发展方式，人通过社会关系实现与外部世界的物质、能量和信息交换，同时获得精神的满足。个体的需要是高校思想政治教育得以进行的不竭动力。如果高校思想政治教育无法切合教育对象的个体需要，高校思想政治教育实践活动也就无法进行，正是个体需要的不断变化和得以满足，促进了高校思想政治教育各要素的不断发展。教育对象的社会交往，使高校思想政治教育

---

① 马克思恩格斯全集：第23卷 [M]. 北京：人民出版社，1972：669.
② 马克思恩格斯文集：第1卷 [M]. 北京：人民出版社，2009：531.

者能更全面了解教育对象，通过综合分析青年学生成长经历、生活背景等家庭元素，从家庭、学校、社会、政府等综合因素来进行考量，进而不断开发高校思想政治教育对象的潜能，提升高校思想政治教育对象的个体价值，保证高校思想政治教育的质量。高校思想政治教育者在引导教育对象进行价值观建构的过程中，要促使高校思想政治教育对象合理认识自身发展，协调处理个体与集体、个人与社会、自我与他人之间的关系，要不断处理社会发展要求与自身发展实际之间的矛盾，从而使个体得到全面的发展。

其三，英国社会学家安东尼·吉登斯（Anthony Giddens）于 1984 年在《现代性的后果》一书中提出了时空脱域理论，指出在现代化的过程中，社会关系会逐渐超越时间和空间的限制，从局部的互动情境中提取出来，减弱传统的社会联系，比如，家庭关系、亲属关系、邻里关系、受社会习俗影响的关系等。实践证明，随着网络信息技术的发展，社会关系不再局限于特定的时间和空间，而是可以在全球范围内的任何时刻发生、维持、交流、沟通、协作等。同时，人们可以根据自己的需求、喜好和其他考量来选择关系的建立、维系还是舍弃。这也是社会关系的多样性、流动性、灵活性、开放性、适应性和创新性的体现。不可忽视的是，它也在无形中增加了人与人之间的竞争和冲突，使圈层化、阶层化的现象更加明显。对大学生而言，受时空脱域的影响，多元价值、海量信息瞬间涌入个体的成长发展历程中，由于自身经验、知识体系和价值判断能力还未成熟，因此会陷于自己固有的认知圈层，无法准确判断是非正误，从而阻碍个体的全面发展。这就需要高校思想政治教育对大学生进行思想引领、价值引领，以及关于个体角色认知、身份确认等方面的引导教育。

第三节　网络时代高校思想政治教育对象变化的主观因素

网络时代高校思想政治教育对象的发展变化在受客观因素影响的同时，也会受相关主观因素的影响。高校思想政治教育对象主体需要明显增多，认知能力相对弱化，情感态度更加多变等一系列因素，也在潜移默化影响着他们的成长发展。

一、网络中的教育对象主体需要明显增多

需要是"人类心理结构中最根本的东西，是人类个体和整个人类发展的动力"①"没有需要就没有生产，没有需要就没有社会的变更"②。需要引起动机，动机刺激行为，行为导向目标，目标满足需要。人的需要是动机的源泉，是人的成长发展的内在动因，同时也是现实生活的反映，具有阶段性、层次性、发展性和多样性。个体成长发展过程中，不同阶段的需要不同，不同的人具体需要也不同。个体的需求并不是单独存在的，而是重叠交叉出现的。需要具有发展性，社会正是在个体需要的产生—求索—满足这个闭环的无限循环中实现创新发展的。基本的生存发展需要被满足之后，人的物质层面和精神层面的需要会随着社会发展变化而不断丰富和发展，并最终指向自我价值和社会价值的统一，实现自由而全面的发展。

（一）需要与高校思想政治教育的内在关联

马克思认为人的需要分为自然性需要、精神性需要和社会性需要这三种，并把它们分为了生存、享受和发展三个层次。马克思说人"第一个历史活动就是生产满足这些需要的资料，即生产物质生活本身"③。因此，人的需要是在实践中产生并随着实践的发展而不断发展变化的。人的需要的满足在一定的社会关系中进行，人的需要的内容和满足人需要的实践方式都受社会历史条件的发展制约。就需要的作用来看，需要的产生和发展促进着社会的发展变化，新的社会思想和理论是社会需要得以不断产生并持续发展的。同时，需要的产生和发展会不断促进个体能力的发展。一方面，人类为了获取维持生命的基本物质生活资料，必须不断进行自身的发展，为了适应社会的发展和时代的进步，还需要进行教育和培训，获取政治、经济、文化和科学知识、行业发展专业知识以及技能资讯，来提升适应社会的能力。另一方面，个体需要的满足需要在各种社会关系的维系中进行，社会关系越完善，个体发展

---

① 马克思恩格斯全集：第2卷 ［M］．北京：人民出版社，1957：153.
② 马克思恩格斯全集：第12卷 ［M］．北京：人民出版社，1962：50.
③ 马克思恩格斯选集：第1卷 ［M］．北京：人民出版社，2012：158.

的机会、平台和空间越多。社会关系的丰富和发展，也会推动社会的进步和发展。

高校思想政治教育对象的需要是其进行一切实践活动的前提，也是其接受思想政治教育的动力。因此，高校思想政治教育对象合理需要的满足与高校思想政治教育的实效直接相关。就高校思想政治教育与人的需要的内在关联而言，高校思想政治教育能够引导青年学生正视自身的需要，引导个体在合理需要得以满足的前提下，促进自身的全面发展，更好地实现自我价值和社会价值的统一。在当今社会转型的过程中，科技发展、信息繁杂，新事物、新理念层出不穷，在受逐利性、重利轻义以及理想与现实的差距等社会状况影响的情况下，高校思想政治教育对象的需求也会出现各种各样的变化。不同的教育对象有不同的需要，同一个教育对象在不同的发展阶段也会产生这样或那样的需要。因此，教育者在承认教育对象产生需要的正当性的同时，要对教育对象的主体需要进行引导，保证需要本身的正当性和可实现性，端正其主体动机，明确其主体意识。

（二）高校思想政治教育对象需要增多的现实缘由

在处理个体与他人的关系过程中，青年学生渴望拥有良好的人际关系、真挚的友情和期待的爱情。在处理个体与自我的关系过程中，在整个大学生涯的学习过程中，青年学生要逐步实现自我适应、自我探索、自我发展，找到适合自己的学习生活方式，挖掘自身的特长与兴趣点，并通过学校、学院和班级以及社团等组织提供的平台，以及自己依据兴趣爱好加入的学习小组和网络上的各种社群，来实现自我发展之路的探索，在进行自我教育的同时，实现自身品牌的构建和形象的打造，在获得感的满足过程中，实现自我价值和社会价值的统一。在个体成长发展过程中，个体的需要会出现不同的发展变化，除去本身的基本需要，还会产生一些与实际需要不符的需要或者超出个体实际承受能力的需要。

其一，青年学生作为现实个体，有着多样化的物质需要，但其本身处于成长发展的"孕穗期"，分辨能力和自律能力较弱，容易受拜金主义、享乐主义、功利主义和其他负面因素的影响，因此，需要高校思想政治教育对其的合理物质需要加以引导，并在实践的检验中塑造良好的利益观念。其二，随着物质生活水平的提升，尤其是在网络信息技术发展提供的便利条件下，很多东西变得唾手可得，这也增长了青年学生精神世界空虚的风险。沉溺游戏、幻想不劳而获或者通过捷径走向人生巅峰等不良现象在青年学生群体中滋生。在学习生活面临逆境的过程中，在处理人际关系的矛盾中，在应对学业压力的过程中，青年学生产生的自卑、焦虑、自我怀疑等各种不良情绪，都需要思想政治教育发挥其疏通引导的作用，来解决青年学生在精神层面遇到的问题，通过纠偏、督促和激励作用的发挥，寓教于丰富多样的教育内容和学生喜闻乐见的教育活动之中，来满足他们成长发展的期待。其三，高校思想政治教育可以通过社会主义核心价值观和马克思主义理论来影响和教育青年学生，树立坚定的政治信仰和科学的发展方向。教育者通过组织青年学生参加各种社会实践活动，让学生在学以致用的过程中加深对知识理论的认识，强化理论转化为实践的实效。高校通过一体化教育理念的革新，打通学校、家庭、社会、政府协同育人的各环节，从而让青年学生在实现由学生向社会角色转化的过程中，更加从容，满足其长远发展的需要。

二、网络中的教育对象认知能力弱化

教育对象认知能力的弱化，既受现实社会和网络社会中多元文化与价值观的影响，也囿于网络本身信息内容的繁杂和教育对象自我教育能力的不足。这是多种因素作用下产生的结果，需要高校思想政治教育遵循青年学生成长发展规律，找出实际问题，科学应对。

其一，当前世界正处于百年未有之大变局之中，国际格局和世界秩序都与以往有极大不同，中国在走近世界舞台中央的进程中，面临的战略机遇和战略风险都是前所未有的。面对复杂多变的世界局势，如何正确把握世界发展趋势，认清世界发展进程，在中国开启全面建设社会主义现代化国家的新征程中，正确看待发展过程中的各种矛盾和问题，是当代大学生面临的时代课题。与此同时，大学生作为网络的"原住民"，得益于网络本身开放性、即时性、共享性和交互性的便利条件，他们"不出门已知天下事"，以多种方式获取知识、汲取养分来发展自己。对于社会热点、时代潮流、国家大事和世界发展进程，他们积极关注，在各种观点的交流交融交锋过程中，建构着自己的认知体系，塑造着自我的世界观、人生观和价值观。国际视野、世界眼光和全球意识是新时代大学生的必备素养，而这些能力素养的提升需要经过系统的理论培养和切实的实践锻炼才能获得。

其二，信息的泛滥和无休止的同质化内容的推送，占用青年学生大量的学习时间，分散他们的精力，弱化他们的时间掌控能力和学习上的自制力。高校思想政治教育对象被各类活动吸引或者面对形式多样的诱惑，能主动选择参与思想政治教育过程之中，而不是充耳不闻或者做课堂上的"低头族"，这充分说明了高校思想政治教育对象自主性的增强和对自我价值实现的渴求。与此同时，网络时代，高校思想政治教育对象与人的交往方式发生了重大转变，由原先的面对面或者书信交往交流，变成了远程、即时的虚拟交流互动，高校思想政治教育对象在这个过程中自主性更强，可以更自在表达自己，并在多种多样的平台以文字、图片、声音、视频等方式来呈现自己的所思所想和当下的状态，根据自己的实际需求和爱好选择来获取信息。二者的交流由于缺乏真切的情感氛围和现场互动，不能保证交流反馈的及时有效。

其三，部分高校思想政治教育对象自主获取教育信息和内容的动力不足。首先，思想政治教育内容自身创新能力、吸引力不足，无法满足当下时代新人的需求。从教育形式和教育方法上来讲，好多上课内容只是具备了网络时代教育传播的外在形式，而并没有真正深入教育对象的内心或者触碰教育对象的灵魂，无法植根于其生活实际中，也就无法取得预期效果。同时，高校思想政治教育对象由于还处于世界观、人生观、价值观的塑造期，对自我的认知还不够全面清晰，对如何提升自身全面发展的路径规划还不够科学，教育对象认知辨别能力的不足，加上思维定式，会使他们产生"被教育"的思维。因此，教育对象在获取思想政治教育资源的时候，动力不足，方向不明确。

三、网络中的教育对象情感态度更加多变

高校思想政治教育对象在接受思想政治教育的过程中，想要完成知、情、意、信、行的转化，就需要发挥情感因素的内隐性作用。一方面，情感作为影响人认识发展的非理性因素，会催生、强化或者抑制人的需要和价值选择。

另一方面，情感因素贯穿于思想政治教育活动始终。就教育者而言，他们要情怀够深，才能更好投入教育事业之中，以极强的耐心、爱心和责任心精心栽培学生。就教育对象而言，他们要将教育内容和要求内化于心、外化于行，需要认同和接受教育理念，才能实现相应的转化。在这个过程中，情感认同发生着重要的作用。高校思想政治教育对象在接受思想政治教育的过程中，要感知学习乐趣，充分发挥学习的积极性、主动性和创造性，融入学习情境，实现教育内容与学生的情感连接，厚植精神内涵，自觉将知识运用于具体实践之中，并在实践的过程中收获学习的成就感和满足感，才能形成对所学内容的稳定的接受状态。

高校思想政治教育对象的情感态度属于上层建筑的范畴，受经济基础的影响，但总体而言，与以下四方面有关。其一，网络环境的复杂性、网络的开放性与规范性缺失、网络文化的多元性与主导性文化弱化带来的选择困惑、网络信息的繁杂与网络交往的虚拟性带来的信息真假难辨，等等。网络本身的特性对社会矛盾具有助推器的作用，能够放大一些社会现象，引起轩然大波。个体过度沉溺网络世界，而减少与人的直接接触，会弱化自身的社会关系而趋于冷漠状态。在隐匿性和虚拟性的环境中，个体会忽略自身网络行为和相关言论的主体责任，进而出现缺失道德意识或者漠视道德底线的行为。其二，高校思想政治教育对象关于道德认知的不足，缺乏对道德相关知识以及协调道德关系的规范原则的认识，也会影响其自身的情感态度，致使行为出现偏差。其三，网络空间中的庸俗文化和不良信息对个体的刺激诱惑，道德践行的自主性被削弱。受网络环境、社会舆论等其他因素的影响，高校思想政治教育对象在网络中的情感会被网络戾气和社会负面情绪影响，会出现在网络空间的行为表现与现实不符的情况。比如，受特定场景、特定氛围的影响，教育对象出现的过激行为等。其四，网络空间中的教育内容不够与时俱进，教育方式不够切合青年学生需要，网络治理能力还不完善等一系列因素，技术融入程度越高，工具理性影响越大，越容易造成教育过程中的情感缺失，影响青年学生情感的波动，使其排斥或者抵触教育内容，进而影响个体思想道德水平的呈现和价值观的塑造。比如，青年学生受益于信息技术的便利，在微博、微信公众号和朋友圈、今日头条、知乎、百度、抖音、快手等多个平台都可以即时关注社会热点，其情绪在各种环境和各种观点下，也容易受即时场景和氛围的感染或者推波助澜，出现波动。我们经常看到的"我又不相信爱情了""爷青回""活久见"等网络热词，以及"丧"文化和"佛系""内卷""躺平"等网络丧文化的流行，都是在网络空间和舆论环境影响下，青年学生群体中出现的即时性的情感表达。

　　这也要求高校思想政治教育者在把握教育对象的时候，掌握好动态性与发展性的原则，关注青年学生的长期表现和偶然行为，客观认识教育对象，才能做到因材施教、有的放矢。面对现实世界和虚拟空间叠加所出现的新形势、新挑战和新问题，在对高校思想政治教育对象进行系统培养的过程中，教育者要充分整合思想政治教育资源，不断挖掘思想政治教育素材，不断拓展思想政治教育的阵地和平台，植根于文化的沃土之中，发挥中华民族优秀传统文化、革命文化和中国特色社会主义文化的力量，推动高校校园文化的创新发展，使青年学生在文化浸润中自觉增强文化自信和文化自觉，这是思想政治工作人文属性的体现，也是加强思想政治工作的必然要求。高校要结合实际，不断增强思想政治工作的文化力量，在凝聚价值理念中坚定理想信念的精神引领，在完善制度安排中凸显科学制度的价值导向，在关注学生的日常养成中注重成长体验，在创建和运用文化载体中发挥文化育人优势。①

---

① 冯刚．增强高校思想政治工作的文化力量［J］．思想理论教育，2017（7）．

第五章

网络时代高校思想政治教育对象培养的重点路径

当代青年是与新时代共同前进的一代。习近平总书记强调："我们必须科学认识网络传播规律，提高用网治网水平，使互联网这个最大变量变成事业发展的最大增量。"① 在网络时代要提升高校思想政治教育的育人实效，我们必须遵循高校网络育人规律，持续健全高校网络思想政治教育机制，配齐建设高校网络思想政治教育队伍，不断丰富和完善高校网络思想政治教育平台建设，实现立德树人的根本目标，促进高校思想政治教育对象的全面发展。

第一节 遵循高校网络育人规律

网络时代的发展反映了社会的变迁。在互联网发展的整个过程中，从用户以上网浏览获取信息为主的发展初期，到用户以参与互动和信息共享为主的发展中期，再到以 5G 和人工智能技术的应用为主的现阶段，互联网已经渗透了人们生活的方方面面。对高校思想政治教育而言，从如何在网络中占有一席之地到如何提升教育内容在纷繁复杂的网络信息中的比较优势，再到如何构建青年学生的网络精神家园等问题的进阶，高校思想政治教育在面临青年学生网络化生存的新形势下，重新定位自身的角色，进行高瞻远瞩的战略部署，实现与青年学生成长发展的深度融合。

---

① 中共中央党史和文献研究院．论党的宣传思想工作［M］．北京：中央文献出版社，2020：338.

一、解决技术发展的先进性与教育对象个体适应能力滞后之间的矛盾

2019 年 6 月 6 日，工业和信息化部正式发放 5G 商用牌照，这标志我国正式进入 5G 时代。第五代移动通信技术（5G）是最新一代蜂窝移动通信技术，以高速率、延时短、低成本和大规模的系统容量与设备连接为主要特征。它所昭示的不仅是通信技术的迭代升级，同时也意味着万物互联、高速传输和超大网络容量。事实证明，人们对先进科学技术的认知程度和接受程度不同，会影响青年学生对信息技术的适应能力。

其一，信息技术供给的先进性与教育对象适应能力的滞后性，是网络时代高校思想政治教育对象面临的现实问题。面对信息供给技术的先进性与信息运用技能的滞后性、信息供给风险的扩大化与信息安全保障的有限性以及信息供给过程的碎片化与信息获取方式的单一性等问题，个体无法疏解自身的焦虑情绪，无法调适自身的行为，也无法从容应对数字鸿沟带来的挑战。我们应该看到，并不是最先进的系统、工具和技术，就能解决高校思想政治教育者和教育对象在教育实践活动中遇到的一切问题。部分高校师生对信息的处理运用能力有限，缺乏感知力、洞察力和敏锐性，部分青年学生对诈骗信息、网络谣言的辨别能力不足，还有普遍存在的信息泄露风险加剧，亟须提升青年学生信息风险防范意识，提升鉴别能力，国家要不断完善信息安全保障体系。

其二，由此衍生的技术与人文的失衡也是值得我们深度思考的问题。正如约翰·奈斯比特（John Naisbitt）所说，"我们周围的高技术越多，就越需要人的情感。高技术与高情感相平衡，这是象征我们需要平衡物质与精神现实的原则"[①]。目前，我国的经济体系的构建正在向高质量方向转化，因此，我们必须重视人才培养质量，创新人才培养模式和加大综合型人才的培养力度，为我国经济转型升级提供高质量的人才队伍储备和科研力量支撑。一方面，市场经济的发展对人才素质提出了新的要求，社会主义市场经济促进人才资源的合理配置，但也会使青年学生的世界观、人生观和价值观发生转变，

[①]　约翰·奈斯比特. 大趋势——改变我们生活的十个新方向［M］. 梅艳，译. 北京：中国社会科学出版社，1982：53.

"消费主义""享乐主义""金钱至上"和盲目攀比等消极因素影响高校思想政治教育效果。另一方面，在人才培养方面，我们重视专业教育而忽略思想政治教育。青年学生在学习过程中容易被功利思想影响，以找到好工作为目的，而忽视自身承载的社会责任，从而出现一些矛盾和问题。这也要求高校思想政治教育在人才培养的过程中，注重思想性、服务性、技术性与人文性的统一，强调价值目标与人文精神的统一，强调发展知识、技术和技能的同时服务社会，而非注重知识性忽略育人本职。

其三，网络时代，人们在对物质利益的追求过程中盲目崇拜科技的力量，就会出现对人文精神的消解。比如，高校思想政治教育教师队伍出现的教学和科研的功利化，人才培养过程中追求学习成绩而忽略人文精神的培养。升职加薪和升官发财成了一些学生的人生目标，这些唯知识、唯能力和唯技术的教育理念，导致知识能力培养和人文教育相分离，不利于学生的全面发展。同时，技术的发展要有造福人类的初衷，而不应成为人们的负荷。在技术发展日新月异的当前，思想政治教育的新载体会层出不穷，教育者和教育对象为了适应技术的发展和时代的变迁，需要不断掌握新本领和新技能，才能不被时代淘汰。但传统思想政治教育的模式依然不能完全摒弃，它带来的鲜活、热度是技术无法取代的。所以，我们秉持辩证的态度看待网络信息技术的发展，坚持工具理性和价值理性的辩证统一，使网络信息技术真正为人所用，才能真正提升学生的综合素养，使学生不迷失在时代发展的洪流之中。

因此，我们要注意几个问题。一是作为工具的技术在发展中并不是万能的，而应服务于人类发展进程中的价值探寻。我们对技术的运用要坚持适度原则，杜绝"技术决定论"，遵循网络信息传播规律、舆情引导规律、网络技术发展规律和网络空间管理规律，在法律法规规定的范围内，使技术的发展为高校思想政治教育对象的成长发展赋能。我们通过建立一系列制度保障技术的合理发展，有效规避技术风险，明确技术运用的边界。二是如果过分依赖和推崇技术的运用而忽视价值追求，可能会导致技术与人文精神的失衡。因此，我们不能唯技术、唯知识和功利化，而应把营造良好的校园网络环境和网络生态当成是长期的工作去系统运营，否则就会出现炫技却缺乏文化内涵，内容与形式"两张皮"的现象。三是高校要提升人才培养的质量，培养的应该是能为中国特色社会主义事业服务的建设者和接班人，要在文化建设过程中注重对学生社会责任意识的培养，避免世俗化、功利化的价值取向。高校要坚持技术理性和价值理性的统一，使技术理性在对价值理性的探寻中发挥作用，在求真的基础上推动技术向善，使技术的发展成为高校思想政治教育人才培养的动力。

二、解决人才培养的新要求与教育对象个体成长发展需求之间的矛盾

"产业结构和劳动力资源配置结构的不断演进，推动着高等教育发展水平的不断提高。"① 由于国内外各种复杂因素的影响，以及高等教育自身发展过程中存在的矛盾和问题，人才培养质量和社会发展要求之间存在差异，高校在进行思想政治教育过程中，会出现教育要求与教育者之间的矛盾、教育者与教育对象之间的矛盾、教育对象知与行之间的矛盾、教育目标与教育结果之间的矛盾等一系列问题。比如，学科专业结构与产业转型升级存在不协调的现象，以及一些地方教育区域发展不平衡的现象，北上广深等大城市进入了高等教育普及化阶段，而经济发展水平较低的地区高等教育的入学比例就比较低。因此，我们要依靠科技发展和提升个体综合素质来促进现代化建设。

首先，高校人才培养的新要求与教育对象个体成长发展需求之间出现矛盾，一是由于高校思想政治教育具有意识形态性和明确的育人目标，而青年学生的发展则是在长期的过程中逐渐形成的，他们在个体自我意识和主观能动性的发挥过程中，对自我认知的深化和自我需要的选择，呈现多样化态势，因此，高校会出现社会发展要求和人才培养要求不一致的情况。二是因为教育对象由于对教育内容认识不到位，对自身发展方向不明确，从而不清楚自身的实际需求，在被动接受教育内容的过程中，会出现排斥和逆反心理，从而出现矛盾。三是由于网络空间不良风气和多元价值观念、思想观念的影响，复杂的网络环境会对青年学生产生多重影响，加之学生自身辨别能力较弱，这样他们无所适从。

其次，高校思想政治教育的发展受实际发展状况的制约。个体的生产生

---

① 何柞麻，兰士斌. 高等教育是适度发展还是大力发展 [J]. 上海高教研究，1998（7）：11.

活实践产生并丰富了本身的社会关系，而"社会关系实际上决定着一个人能够发展到什么程度"①。网络时代，高校思想政治教育者与教育对象根据自身信息掌握知识的多少和能力水平的高低以及其与切身利益相关的程度来选择感知、接受和运用信息。一方面，无论是从资源建设还是资源配置来讲，整体上来看，经济发展水平高的地区优质教育资源会比较集中。因此，不同地区、不同城市以及城乡之间都存在思想政治教育资源不均衡的现象，那么处于不同地区的高校也是如此。不同地区的高校思想政治教育发展情况不同，从根本上讲是由于各地经济发展水平的差异而造成的。同时，不同地区、不同城市的高校之间以及同一地区的不同高校之间在政策制度、教师队伍、教学内容、教学方式的运用以及硬件配套设施等的建设上也存在着差异，因此，高校思想政治教育资源配置和高校思想政治教育建设各方面、各要素存在不平衡的现象。另一方面，不同高校思想政治教育者对思想政治理论课的重视程度的不同也会影响高校思想政治教育的平衡发展。同时，不同学生之间会由于个体的独特性和差异性而存在不平衡发展的现象，同一个学生在不同发展阶段或者在德智体美劳发展方面也存在不平衡的现象。因此，高校思想政治教育对象的发展呈现不平衡性。

最后，网络信息技术的运用并不能替代传统的思想政治教育。"随着互联网技术的日益普及和学生对网络依赖型的不断强化，传统思想政治教育虽然具有直接沟通思想政治教育主客体的优势，却无法将课堂教学的影响力延伸至学生的网络生活中。"② 这并不意味着网络信息技术的运用、网络载体、平台的产生将取代面对面式的学习交流与线下课堂学习等传统方式，线下课堂学习所产生的氛围、所传达的思想与学习交流的温度具有不可复制性。因此，结合以上考量，我们需从以下几个重点路径着手：一是要做好顶层设计，高校思想政治教育要在尊重思想政治教育规律，遵循教书育人规律和学生成长发展规律的基础上，注重决策的科学性、实用性和长远性，要尊重客观实际，深刻洞察不同利益主体的合理诉求，整体协同推进政策的落实；二是要注重教师队伍建设，要配齐配强教师队伍，建立科学的激励制度和评价机制，切

① 马克思恩格斯全集：第 3 卷 ［M］. 北京：人民出版社，1960：295.
② 骆郁廷主编. 思想政治教育原理与方法 ［M］. 北京：北京师范大学出版社，2019：247.

实保障教师的自主发展，使教师在做好本职的基础上充分发挥自身潜能，在教书育人的实践中实现自我价值和社会价值的统一；三是高校思想政治教育者要因材施教、因时而异、因事而化、因势而新，在进行教学的同时丰富教学内容和形式，关注学生的成长发展动态，通过小组交流、单独辅导等方式，用多维度立体化的评价方式来全面客观地认识学生，在完成教育使命的同时促进每个学生的个性发展。

三、解决教育对象的普遍性与网络中教育对象思想行为特殊性的矛盾

网络时代，高校思想政治教育不是网络和思想政治教育的简单叠加，而是既要体现高等教育和思想政治教育的要求，又要突出网络特色，在新形势下推动高校思想政治教育向纵深发展，教育者必须准确把握教育对象的普遍性与网络中教育对象思想行为特殊性的矛盾差异化这一现象。

谈及问题实质，我们主要有以下几方面。其一，网络本身的开放性、虚拟性、互动性给教育对象提供了释放自我个性、进行思想表达的场域和条件。其二，青年学生处于思想道德观念和价值观的重要塑造期，情绪容易波动，思想和行为易受网络文化、网络现象、网络信息碎片化、网络谣言带来的消极影响。同时，网络空间中多元文化的交流交融交锋以及西方意识形态的侵袭，给高校思想政治教育对象思想观念、道德理念和价值判断带来了一定的冲击和影响，致使他们在网络中出现异常性和差异性表现。其三，网络的隐蔽性特点以及小部分青年学生缺乏法治意识，让青年学生误以为可以在网络空间释放自己的天性、戾气和不良情绪，他们可以罔顾法律而肆意进行网络诽谤、网络暴力、人身攻击，充当网络喷子和键盘侠，对不明所以的内容随意进行自以为是的评析和解读，对网络谣言进行不假思索的转发等，从而出现过激情绪和异常行为。

高校思想政治教育对象群体也呈现普遍性特征。一方面，高校思想政治教育对象的共性特征，比如，青年学生生理心理还不够成熟，易受外界环境和言论影响，无法透视问题的本质和舆情产生的根源，从而衍生出各种错误思想和认知。另一方面，高校思想政治教育对象对世界的探索愿望强烈，群体交往特征明显。这就要求高校思想政治教育要解决教育对象的普遍性与网

络中教育对象思想行为特殊性的矛盾差异化问题。高校思想政治教育者通过调查研究和对信息的综合系统分析，就可以发现教育对象在与人交往过程中的矛盾点，通过有效的疏解和引导，来理顺青年学生群体之间的关系，为他们的学习生活营造良好的环境。

思想政治教育最终都要落脚到人这个具有内在精神的主体方面，人的思想问题没有得到最终解决，一切行为动机的积极特性都将无法表现。如何实现高校思想政治教育供给最大程度的整合，如何在尊重现代人个性充分发展、实现个人价值的同时，减少个体自身的困惑，缓解个体与他人之间的冲突摩擦，促进社会的良性运行，这是时代留给当前高校思想政治教育者的新课题。利益是促使意识产生和行为发生的核心要素，所以从这个意义上来讲，意识和行为的产生则是价值追求的体现。同时，大数据可以实现对思想政治教育对象的智能分析和科学把握。网络大数据通过读取高校思想政治教育对象的思想变化素材和活动轨迹，通过信息的有效搜集和数据的大量挖掘，充分提高数据的记录、储存和解释能力，可以智能便捷地对思想政治教育对象进行全方位的分析。思想政治教育对象的分类越来越细化，关联性与交互性越来越强，数据能够为思想政治教育对象的成长发展提供预测和决策依据，有效进行预警和预控，对思想政治教育对象进行"立体化"描绘，主动作为，精准施教。

第二节　健全高校网络思想政治教育机制

社会舆论的变化会直接影响学生价值观的确立。社会舆论是一个社会主流价值观的反映，正面的社会舆论能够给学生带来积极向上的力量，以不同渠道和方式影响着学生的一言一行，具有引导、启迪和暗示的作用。积极向上的社会舆论环境，会在无形中抵制错误思想的蔓延。近年来，高校网络建设与管理工作呈现出良好的发展态势，网络空间不断净化，网络舆论生态不断优化，网络正能量不断强化。面对网络发展的长期性、艰巨性的形势挑战，高校通过完善网络法治教育机制、网络监管机制和网络舆情风险机制，保障高校思想政治教育的健康发展。

一、完善网络法治教育机制

健全的网络法治教育机制是净化网络环境和舆论风气的有力保障，要使青年学生知对错，明是非，就需要完善法治教育体系。我们要明确法治教育的重要性，实现高校、家庭、社会、政府之间的联动，不断健全相应的法律法规体系，加强对教育对象的法治教育。

首先，青年学生法律意识不足昭示了法治教育的紧迫性和必要性。一方面，部分青年学生网络法治意识淡薄，行为接近违法或者触碰法律红线而不自知，比如，在网络上捏造事实恶意诽谤他人、损害他人名誉；对热点敏感问题不清楚真相而炮制谣言，扰乱社会秩序；充当水军，参与造谣、炒作、"删帖"等活动和任务，从而获取"非法收入"；追求"关注度"和"人气""点击率"等，在网络杜撰发表虚假的个人消息和言论，甚至不明就里、不辨真伪进行跟帖、转帖博取流量关注等行为。另一方面，青年群体中频繁爆出的"裸贷""暴力催收"等负面新闻，显示了网络金融欺诈行为的频发。对于消费能力的把握和控制不足导致常常无法偿还欠下的"校园贷"，有的学生选择使用新的贷款填补漏洞，从此恶性循环，有的学生无力偿还，就选择逃避，贷款如滚雪球一般越来越大，最后不得已才告知家长和老师，却已造成重大经济损失。心理素质较差的学生，有自杀、轻生的行为，却不知债务在法律上是可以继承的，轻生行为并不会让债务消失，而是继续给家里人带来沉重的经济负担。

其次，我国要完善网络法治教育机制需要健全相关的法律法规。1994年，我国颁布《计算机信息系统安全保护条例》，2005年开始实施《电子签名法》，2012年出台《关于加强网络信息保护的决定》。2016年11月7日，全国人民代表大会常务委员会发布《中华人民共和国网络安全法》，为保障网络安全，维护网络空间主权和国家安全、社会公共利益，保护公民、法人和其他组织的合法权益，促进经济社会信息化健康发展奠定了法治基础。2017年6月1日，该法正式实施，作为我国第一部全面规范网络空间安全管理方面问题的基础性法律，《中华人民共和国网络安全法》的实施标志着我国网络安全及信息化进入全新阶段。2016 年 12 月 27 日，国家互联网信息办公室发布《国家网络空间安全战略》，着重强调网络空间安全的重大意义，为我国网络空间安全做出了战略设计；同日，国务院印发《"十三五"国家信息化规划》，成为"十三五"期间我国信息化进程的行动指南。2017 年 3 月 1 日，经中央网络安全和信息化领导小组批准，外交部和国家互联网信息办公室共同发布了《网络空间国际合作战略》，表明中国网信事业亦致力于服务全球互联网的安全与发展；2018 年，中共中央为加强党中央对涉及党和国家事业全局的重大工作的集中统一领导，强化决策和统筹协调职责，将中央网络安全和信息化领导小组改为中国共产党中央网络安全和信息化委员会，《区块链信息服务管理规定》《金融信息服务管理规定》等互联网新规制也陆续出台；2019 年 12 月 15 日，《网络信息内容生态治理规定》经国家互联网信息办公室室务会议审议通过并公布，自 2020 年 3 月 1 日起实施，为营造良好网络生态环境做出了一系列详细规定。几十年来，网络立法从起步到构建体系，不仅体现出了我国对网络空间治理的重视，还反映出了我国在该领域内司法建设的显著成效。同时，我国还要不断根据现实社会出现的新问题，明确违法行为边界，加大惩罚力度，不断完善法治体系的建设，从而为高校思想政治教育对象的成长发展提供全面的保障。

最后，我国要加强法治教育。青年学生隐私信息泄露、遭遇网络欺诈、金融骗局、网络诽谤等现象频发，昭示了部分青年学生维权意识淡薄。因此，除了思想政治教育课堂这一途径之外，高校还可以通过一系列的活动举措，提升学生的法律意识，培育青年学生的法治精神。一是高校可以开展多样化的法治实践教育课程或活动，帮助大学生加强自我学习和管理，例如，观看真实的庭审视频，定期举办网络法律知识讲座，参观法律主题展览，邀请警察、检察官、执业律师前往高校开展普法讲座和法治意识培训等。学生可以在真实的法律情境中培养法治意识，提高法治思维。二是高校要支持学生创建或参加法律类的社团，举办法律知识竞赛，模拟法庭、辩论赛、实地参观监狱、排演法治短剧等有趣而富有法治教育意义的活动，将法治教育融入活动中，学生可以在活动中主动积极探索和学习相关的网络法律和学习相关的网络法律知识。

二、完善网络监督管理机制

互联网与人之间的相互联结，在塑造世界样貌的同时，也塑造着人本身的认知。人们在享受网络带来便利的同时，也要承受隐私信息泄露、网络谣言散布真假难辨、网络诈骗、网络暴力等风险。青年学生在网络空间表达自己对热点事件和焦点话题的所思所想，也存在着利用网络渠道来发泄现实生活中不满情绪的情况，他们通过谩骂、攻击、造谣等行为来释放不满情绪。因此，我们要不断完善网络监督管理机制，营造风清气正的网络生态环境。

从监管现状来看，宏观层面上，政府作为网络监管的主体，既要鼓励网络内容的创新发展和网络用户的积极参与，又要实施有效的监管，不断打击网络违法犯罪活动。监管哪些内容，运用哪种监管方式，如何扩散监管的影响效力，如何加大监管的力度以及如何进行监管效果的评判等，这一系列要素都会影响人们对网络监管的价值判断和系统认知。如果政府的管理手段改进、迭代的效果不够显著，政府仍然使用"删帖"方式等管制手段，将会使矛盾激化或衍生出其他风险点。只有实现政府监管部门、政府宣传部门、网络创办者、社会公众、警察等各相关部门的联动，各个主体彼此遵守网络运行承诺，履行各自的网络义务，权责明确，各司其职，监管效能方能更好实现。中观层面上，学校作为监管学生的直接主体，专业课教师、思想政治理论课教师、辅导员、班主任作为与学生接触较多、联系较为密切的群体，他们要有敏锐的洞察力和信息捕捉力，对学生的思想实际和行为倾向要有清晰的认知。在这个过程中，教育者可以根据学校的网络信息办公室、宣传部、党委办公室，以及院系相关负责部门掌握的相关信息和相关数据资料进行分析，即时掌握学生的动态。同时，教育者可以通过定期组织学生代表、宿舍长以及学生个体的座谈，听到学生的真实需要和心底的声音。微观层面上，青年学生个人对信息泄露、网络诈骗、设备中病毒或木马、账号或密码被盗等情况的出现，要保持警觉性，树立网络安全意识，学会自我教育和自我管理，在遇到问题的时候，要及时向老师和院系反映，要学会用法律途径来维护自己的权利。总体而言，这也促使高校要充分发挥监管效能，与政府、社会形成监管合力，从而实现治理体系和治理能力的现代化发展。因此，我们完善网络监管机制，要从监管战略、技术储备、人员配备、方式手段的选择、硬件设施建设等多方面着眼。

就具体原因而言，我们之所以要不断完善网络监督机制，一是复杂性，青年学生参与的微信群、粉丝群、读书群、交友群等各式各样，但关于这些网络圈群的登记、审核、管理等还未形成规范有序的制度；二是隐匿性，学生群体内部有些内部交流群或者核心群，学校无法全面掌握群里基本信息和群内动向；三是动态性，群里消息时刻处于动态变化之中，因此，监管起来比较困难；四是代际性，高校思想政治教育对象多为95后和00后，与教育者之间存在着代际性差别，教育者可能会对这些"新新人类"所关注的话题、喜欢的事物、潮流的趋向以及使用的网络语言不够了解，也会阻碍相互之间的交流和信息的畅通。

就具体举措而言，我们要加强网络空间的管理，建立健全校园网络舆情研判和预警机制，做好应急处理，建立系统安全保护机制和网络监管机制等一系列举措，使学生明确文明用网的相应规则，使他们对法律法规有敬畏之心，来实现管理育人的目的。从国家层面，我们要坚持疏通和引导相结合。在对网络内容进行过滤、筛选和监管的同时，我们还要大力弘扬正能量和社会主义核心价值观，让主流价值观能够真正引领学生的成长发展，对于低俗的网络现象、不良的网络风气、各种违法犯罪活动予以针对性的监督管理和惩治。从社会层面，我们要发挥行业协会对社会主体、网站和各平台运营主体的监管作用，培育他们的自律意识，在网络空间进行合理合法的行为，减少对青年学生的不良影响；从学校层面，我们要通过技术防范和制度机制建设来抵御网络信息泄露风险，通过大数据信息处理分析系统精准运动形成监督合力，保障高校网络信息安全。要建立预警机制，对网络舆论进行预判监管，把握舆情发展趋势，有效遏制舆情的扩散蔓延；要提高安全意识，提升学生应对网络诈骗和金融风险的警觉性和能力素养，对相应的法律法规既要有内在觉醒的自律，又要有对规则意识和法治意识的敬畏，切实规范其在网络空间的一言一行。

三、完善网络舆情风险评估和处理机制

高校思想政治教育对象会在网络中找到与自己志趣相投、价值观相近的

圈群进行互动交往，通过群内的密切互动，经常性组织丰富的线下活动，分享惠及群内成员的资源、信息和其他福利，进而形成具有相对封闭性、排他性和过滤性的网络圈层。在这个群体之中，它会有"意见领袖"和"乌合之众"，也会出现"沉默螺旋"的舆论现象。

面对舆情，如何进行精准评估是当下高校思想政治教育面临的时代难题。首先，我们要正确处理社会舆情、学校舆情与网络舆情之间的关系，要看到社会舆情、网络舆情对学生的影响，也要预防学校舆情演变成网络舆情、社会舆情。比如，近年来的学生"网络贷款"事件、"自杀事件"在社会上和网络上引发的广泛关注和讨论，这些极易让不明真相的青年学生被舆论裹挟着走，而生发出一些不良情绪或者极端行为。其次，我们要明确网络舆情风险评估的主体。关于舆情的发生发展，谁来评估，如何确保评估结果的真实有效，如何实现学校舆情评估主体与国家网信办、公安部等评估主体之间的有效联动，从而对舆情采取早发现、早预防、早处理的具体措施。比如，关于舆情等级的评判，我们可分为特大舆情——互联网舆情登记主要指是那些受到境内外官方媒体等广泛关注的突发负面舆情且造成了严重危害和影响；重大舆情——互联网舆情实践在较大范围内引发部分媒体和网友关注，且造成了一定危害和影响；较大舆情——仅少数媒体和网友关注网络传播转载情况，一般谈论造成影响的事件；一般舆情——仅小范围内引发个别媒体和网友关注未形成热点，未造成大范围辐射，持续时间短，参与人数一般。只有明晰了舆情的严重程度，我们才能确定相应的应对策略。这也就对舆情评判主体的能力、掌握信息的丰富程度、网络信息技术的监测水平以及评判标准提出了更高的要求。最后，以什么样的标准进行舆情评估以及面对不同风险等级的舆情采取什么样的方式进行处置，这需要高校根据中央、地方和高校的相关规定，结合高校自身发展实际，制定科学合理的评估标准，坚持动态与静态相结合、量性与质性相结合的评估方法，根据学生群体发展实际来制定相应的舆情预警机制和处理方案。我们需要注意的是，由于网络监管难度较大，所以关于高校网络舆情的风险评估存在着风险评估预判难度较大、引导时机不好把控和监管效度难以保障、应急处理不够及时等问题。尤其是当前网络圈中出现的迎合受众、取悦受众，为了博关注、吸引眼球而出现的过度渲染或者煽动性言论等网络现象，其如果缺乏适度监管和合理引导，就容易出现舆情风险。如果没有把苗头扼杀在摇篮里，舆情经过持续的发酵升级，就有可能出现风险的逐级演变，带来不可预想的后果。

进行舆情引导是高校思想政治教育的重要工作内容。面对舆情的发生，如何对高校思想政治教育对象进行科学有效的思想疏导和价值引领，如何在纷繁复杂的声音中增强思想政治教育的影响力、辐射力、说服力、感召力，这是网络时代高校思想政治教育面临的新形势和新挑战。尤其是面对逆全球化的世界趋势和国内形势的深刻变化，网络信息技术的纵深发展与社会矛盾的重叠交织，使社会舆情的影响范围更大，辐射更广，高校思想政治教育对象所面临的网络舆情更加复杂。网络是个放大镜和发酵场，一些社会热点和焦点事件，经网络中各执一词或者心怀叵测的人进行剪辑、加工、利用，就有可能演变成舆情风险。因此，我们需要完善网络舆情风险机制，使网络空间变成弘扬正能量的舆论场域。

其一，加强舆情跟踪研判，掌握网络舆论引导主动权。对于网络热点、焦点事件，教育者要清楚它发展的来龙去脉，要知其然更知其所以然，不能人云亦云，不能拿来主义，要通过调查研究，掌握一手资料或者科学分析现有资料，科学分析事态发展，保持理智、冷静、客观的态度，向学生讲清楚事件内容，引导学生正确分析、判断网络事件。舆情的演变是一个过程，因此，如何把握好关键的时间节点就显得尤为重要。在舆情萌芽的时候进行疏导，在舆情产生的时候积极应对，在危机出现的时候果断处理等，这些无不需要学校各个层级、各部门进行有效衔接，联动协作。对于舆情的研判和评估，高校需要有可信赖的专业评估主体、科学规范的评估标准、切实有效的评估方式和开放的反馈途径等各要素的系统运行。同时，我们要积极关注国家政策法规的变化，与中宣部、国安网信办、公安部等相关单位以及学校的宣传部、学工部、校团委等部门做好联动协同，这样才能确保对舆情的把控更加全面，也更有利于做好应对的准备。

其二，培养专兼结合的舆情应对队伍。习近平总书记指出："随着互联网快速发展，包括新媒体从业人员和网络'意见领袖'在内的网络人士大量涌现。在这两个群体中，有些经营网络，是'搭台'的；有些网上发声，是

'唱戏'的。往往能左右互联网的议题，能量不可小觑。……这部分人我们不去团结，人家就会去拉拢。要把这些人中的代表性人士纳入统战工作视野，建立经常性联系渠道，加强线上互动、线下沟通，引导其政治观点，增进其政治认同。"① 学校可以通过加强培训，增强教育者对舆情发酵的敏锐度和洞察力，提升他们的舆情研判能力和网络突发事件的应对本领。在进行队伍建设的过程中，学校要挑选既有实践经验，又有传播学、管理学、社会学等理论功底的管理者来组建队伍。学校充分整合教育者队伍中的网络大咖，使有政治信仰、有专业功底、有公信力的专家学者，对网络舆情的发展始末进行系统的梳理，对舆情发生的各个环节和涉及的各种要素进行客观分析，对网络上或者现实社会中已经出现的舆情消息进行理智辨别和实践检验，在对问题通报的过程中，将事实经过客观描述给学生，而不能选择搪塞或者含糊的态度进行处理，也不能不加验证转述相关消息，否则会引发学生出现更多愤怒、暴躁的不良情绪。我们通过在社交媒体上集体发出时代强音，用主流声音和正确导向，反击错误思想，增强主流价值观的传播力、公信力和影响力。我们通过创新舆论引导方式，突出舆论引导重点，围绕网络舆论发展的关键环节，精准施策，及时关注网络空间的热点、焦点问题，要深谙网络信息传播特性，把握舆情演化升级的规律，主动做好舆情的监控和预判，通过议程设置，引导学生对社会热点问题、网络热点话题进行讨论，在比较鉴别中增强学生的理性判断能力和分辨是非的能力。

其三，强化网络发声主体协同，形成网络治理合力。高校将微信、微博、抖音、知乎、B 站等网民活跃度较高的社交媒体平台与专业的科研机构合作，通过这些来搜集高校思想政治教育对象的现实诉求，把握他们的思想实际，研判未来发展趋势，构建不同的人群画像。高校形成结构合理的舆情回应队伍，将不同领域的专家学者召集起来，以符合不同教育对象认知习惯的方式，共同解读和阐释社会热点和焦点问题，平衡网络上的各种声音，回应高校思想政治教育对象的困惑、恐慌和焦虑等不良情绪。如若高校思想政治教育在面对网络舆情的时候，能够有效给予及时回应、释疑解惑和客观剖析，高校

---

① 习近平 . 习近平谈治国理政：第二卷［M］. 北京：外文出版社，2017：325.

思想政治教育对象就可以在长此以往的价值规范的浸润中形塑自己的三观和道德养成。比如，微信公众号"人民日报""人民日报评论""共青团中央""中央政法委长安剑"等，在回应热点新闻、舆论事件中所做出的充满正能量的评析和振聋发聩的抨击，央媒、新闻联播、人民网与抖音、快手、西瓜视频等进行联合，共青团中央与地方共青团账号形成传播矩阵，深入学生聚焦的各大平台，以时下青年学生喜闻乐见的方式呈现热点事件的前因后果和客观评析，起到了良好的释疑解惑的效果，掌握了宣传的主动权。这些新媒体构建的成功案例都值得我们进行深入学习。

第三节　配齐建强高校网络思想政治教育队伍

高校学科门类齐全，全国 80% 以上的文科专家、50% 以上的理工科专家和 50% 以上的院士都在教育系统。① 因此，我们应该充分运用高校的人才优势，既要大力发挥思想政治理论课教师、高校辅导员、班主任的育人作用，又要有"大思政"格局，积极挖掘专业课教师队伍中的育人资源，配齐建强高校网络思想政治教育队伍。

一、更新网络育人理念

高校思想政治教育者只有全面分析网络信息技术的发展给高校思想政治教育带来的颠覆性影响，深刻理解网络时代与青年学生之间的内在关联，把握网络时代高校思想政治教育内容、方法、载体和环境等要素的变化，才能做好网络育人工作。做好育人工作的前提，是要更新网络育人的理念。

其一，要明确自身角色定位。高校思想政治教育的进行，不只是思想政治理论课教师的职责，还是高校辅导员、班主任和其他专业课教师的职责。因此，他们作为教育者要明确自身的角色和职责定位，充分发挥育人的职能。如果教育者对自身的角色理解不到位或者把自身凌驾于教育对象之上，固守

---

① 冯刚 . 探索思想政治教育发展的内生动力 ［M］. 北京：人民出版社，2017：128.

教育者的权威，就会与教育对象产生疏离感，网络时代消解了教育者在教学活动过程中的权威地位，具有"去中心化"的作用。这就要求，首先，打铁必须自身硬，网络时代信息海量存在，教育对象获取知识、信息和技能可以不再依赖课堂。高校思想政治教育者要正视教育者与教育对象之间存在的各种差异"固定身份与相对身份的角色之差，时空限制与虚拟自由的场域之别，灌输说教与自我学习的方式之异，有限供给与海量选择的内容之别等诸多差异"①。教育者要承认教育对象的主体地位，尊重他们的独立人格，唤醒他们的主体自觉，促使他们置身于社会生活之中，强调和激发他们的主体地位，使个体的发展与社会的要求相契合，实现个体利益和集体利益的协调发展。教育者只有在思想上、学识上和道德修养上引领学生，起到行为示范的作用，才能更好地发挥教书育人过程中的主导作用。其次，网络对青年学生的影响多元而深远，高校思想政治教育者只有深入了解学生的主观意愿和思想实际，注重与学生的平等交流与互动，学会运用网络热词，熟悉学生的日常语境，以学生喜闻乐见的方式挖掘课堂教学内容，做好课堂的议程设置，收集学生的建议和课堂反馈，才能调动学生在课堂内外的参与热情。最后，网络时代主流价值观影响力减弱，多元文化、价值观以及社会思潮涌入青年学生的学习生活中，高校思想政治教育者要从全局思考问题，增强政治判断力，善于从苗头问题和错综复杂的矛盾关系中坚定政治方向，对党中央的精神要深刻领悟，透彻学习，要做到令行禁止，对党和国家的路线、方针、政策要坚定不移地贯彻执行，要维护党和国家的利益，对定国安邦的重大原则、重大立场和重大利益要心明眼亮。

其二，要具有全球意识。进入新时代以来，我国越来越接近世界舞台的中央，我国高等教育的国际化程度显著提高，在国际上的影响力越来越大，国外留学生以及国内高校具有海外留学经历的学生数量越来越多。因此，教育者要做好教书育人工作，就必须拥有国际视野和世界眼光，正确审视人类社会和现代化发展进程。习近平总书记在纪念马克思诞辰 200 周年的讲话中指出，"今天，人类交往的世界性比过去任何时候都更深入、更广泛，各国相

---

① 梁定旭. 网络思想政治教育与现实思想政治教育比较分析 [J]. 学校党建与思想教育，2015（2）：8.

互联系和彼此依存比过去任何时候都更频繁、更紧密。一体化的世界就在那儿，谁拒绝这个世界，这个世界也会拒绝他"①。一方面，我们要时刻关注世界发展动态，科学把握世界大势，在赴国（境）外交流学习、进行国际项目的合作研究以及参加国际化研讨会的过程中，积极吸收国外高校进行相关内容教育时候的良好经验；另一方面，当前世界处于百年未有之大变局之中，信息化进程重塑各国社会政治生态，数字鸿沟和贫富差距加大，极端主义和恐怖主义蔓延，保护主义、单边主义抬头，网络安全、重大传染性疾病、气候变化等全球性挑战上升。比如，新冠疫情在全球蔓延，使世界各国都面临着许多共同威胁，不确定因素增多，没有哪个国家能够独自应对或独善其身。因此，教育者要在增强自身本领的前提下，引导学生全面客观地认识当代中国和外部世界。

其三，提升育人的专门能力。教师对理论的理解程度和自信程度，直接影响着教学效果。教师作为学生的领路人，要真学真会真懂真信，让学生真正感受思想力量滋养，以理服人、以情动人，使学生真心喜爱、终身受用。习近平总书记早在担任宁德地委书记时就曾经指出："什么样的形式好呢？我们可以不断摸索，但至少要注意以下几点：一是为群众所喜闻乐见，能表现思想性，不能为了形式而形式，流于形式；二是要有群众性，脱离了群众的形式，不利于调动大家的积极性；三是要少花钱，多办事，多讲经济效益，铜钱扔到水里也要有几个响声；四是要合乎大家的口味，不搞曲高和寡。"②这就要求高校思想政治教育者，一方面，要处理好科研与教学之间的关系，重视学科的整体建构，用科学内容支撑教学实践，从教学中总结出实践经验来充实科研内容。比如，教师在教学实践过程中，以"娱乐化"的方式呈现相关素材和视频资料，就偏离了高校思想政治教育思想性的本质要求，以戏谑、调侃的方式吸引学生注意，就无法讲清楚社会热点、焦点问题的本质，过分追求所谓的通俗易懂，而不对教育内容的系统性、整体性进行构建，则会给学生以碎片化的认知。课堂出现只有外在形式、没有实际内核的课堂内

---

① 习近平. 在纪念马克思诞辰 200 周年大会上的讲话 ［M］. 北京：人民出版社，2018：22.

② 习近平. 摆脱贫困 ［M］. 福建：福建人民出版社，1992：18.

容这种现象，究其根源，就在于教师本身的知识储备不够，专业能力不足，重形式设计轻内容讲授，割裂理论和实践之间的联系，无法真正做到教学和科研的统一，无法实现二者相结合的长足发展。另一方面，教师要以深厚的理论功底向学生呈现知识本身的魅力，用学生喜闻乐见的形式辅助教学，深度挖掘课堂教学的资源，将国家大事和学生的身边事相结合，将学生的注意力和社会热点相对焦，选择贴合学生生存发展状态的素材进行教学。这些教学实践的背后，需要教师付诸极大的精力和时间。因此，教育者可以根据自身实际情况，通过参加名师论坛、青椒论坛、周末理论大讲堂，解锁更多的学习资源，增长真本领，提升人格魅力，找到属于自己的教学风格，不断优化课堂呈现。教育者让学生在理解、认同教学内容的基础上，引发学生的情感共鸣，自觉自愿地进行知行转化，引导学生在正确的人生道路上阔步前行，让学生立足于世界变局和国家全局，掌握社会发展规律和中国共产党执政规律，引导学生追寻真理的足迹，坚守信仰的力量，坚持和发展中国特色社会主义，建设社会主义现代化强国，实现中华民族伟大复兴。

其四，正视学生成长发展过程中出现的矛盾和问题。学生在成长成才的过程中，会遇到一系列的困惑和挑战，也会遭受各种利益的引诱和不良思想的侵袭，在主观愿望和现实社会的挣扎取舍中，在学习理论与面对现实的过程中，在适应社会发展要求和个人实际状况的过程中，在看待社会矛盾、处理自身矛盾的实践中，学生如果缺乏思想引领和价值引导，就会出现挫败、郁闷、焦虑等情绪，甚至会出现偏激行为。一方面，教育者要关注学生的切身利益。学生的利益关注点和客观需求的不同，对教学内容的态度、认知、情感以及行为选择也会不同。教育者找到问题的症结点，才能更好地启发学生正确看待矛盾，学会区分不同性质的矛盾，理清矛盾背后的深刻动因，整合不同利益观念，根据不同类型的矛盾采用不同的处理办法，综合运用说服教育、比较教育、心理疏导、朋辈引领等方式，让学生舒缓不良情绪，分清利害关系，辨别是非曲直，在潜移默化中择善而从。另一方面，教育者要坚持差异化理念，以互联网思维来科学把握学生群体和个体的发展规律。在进行人才培养的具体过程中注重用户体验，教育者满足不同学生的多样化需求，增强育人的指向性和针对性。要坚持迭代思维，动态把握青年学生成长发展变化和需求的变化，不能一成不变地进行内容输出；要结合时代特征，使教育内容"活起来"，用网络语言、新兴形式在年轻人群体中"出圈"；要根据具体情况选择育人内容，以正确的政治方向、思想观念、价值理念、历史观念和道德观念对学生进行思想引领和方向引导，培养他们适应终身发展和社会发展需要的正确价值观、必备品格和综合素质，引导学生成为一个德智体美劳全面发展的人；要对学生在成长发展过程中遇到的学习、生活、交往、恋爱、工作实践等方面的关键问题，进行重点指导。

二、提升信息技术媒介素养

美国媒介素养研究中心 1992 年给媒介素养的定义：人们面对各种媒介信息时所具有的选择能力、理解能力、质疑能力、评估能力、创造和生产能力以及思辨的反应能力。[1] 教育者提升信息技术媒介素养，可以从以下几方面着手。一是要提升对信息的认知能力，强化面对各种信息时候的选择力、理解力、辨别力，以及获取、分析、传播、运用和整合信息资源的能力，从常规性、程序性烦琐的日常工作中解放出来，从而更好地借助信息技术来提升工作效率，实现技术赋能。教育者要善于借助学生运用的微信、微博、知乎、抖音、快手等各种网络平台，了解学生的关注点、兴趣点以及对世界、对社会、对自身的认知难点，把握学生的思想动态，运用富有时代性的语言，丰富课堂的内容与形式，使课堂教学融知识性与趣味性为一体，提升课堂本身的吸引力。二是要及时更新对不断涌现的网络媒体、新兴的 app、网络文化、网络语言、网络文化产品等的认知，熟悉其运行和运作特点，这样才能实现高校思想政治教育内容的创新，在与学生交流互动过程中有更多共同语言，更好地掌握话语权。比如，教育者可以把微博、微信、抖音、知乎、小红书、美拍等社交媒体作为连接教育对象的桥梁，在尊重和保护学生隐私的前提下，加工处理学生呈现的信息，从而更精准地洞察了解学生的思想发展动态，及时纠正学生的错误思想和行为倾向。三是要切实掌握运营技术和网络信息技术，借助网络信息技术，全方位、深度展现教学内容，实现新旧媒体的深度

---

① THOMAN E. Skills and Strategies for Media Education [J]. Educational Leadership，1999
（2）：50-54.

融合，丰富学生的感官认知和实践体验。网络时代对大学生学习轨迹、学习能力、个人偏好、个性需求等各个领域都可以进行量化分析，对学生社团活动参与、社交媒体运用、社会实践的活动就业实习创业就业等过程进行追踪与观测。教育者要通过大数据的数据信息采集，及时追踪研究学生的学习情况，系统掌握学生的动态性变化过程，探究促进学生成长发展的深刻动因。教育者通过思想政治理论课主渠道与日常思想政治教育主阵地相结合，实现对教育对象成长发展的全过程、全方位引领。

　　一方面，教育者可以通过掌握青年学生经常运用到的软件制作技能，来深入认识学生。比如，教育者熟悉 Photoshop 软件使用和视频剪辑等知识，对微信、微博、知乎、短视频应用软件、网络直播等平台的熟悉和运用，对信息检索、数据挖掘等专业知识相关的网络信息技术的深度学习等。同时，教育者还要持续探索应用在线学习、翻转课堂、微课、慕课等新的教学形式，主动占据高校思想政治教育的新阵地，引导青年学生参与互动，创设全新的学习实践体验、互动空间和在线学习资源，突破传统教育形式的限制，随时随地进行思想的交流互动，实现将思想政治教育传统优势与网络信息技术的高度融合。另一方面，教育者要引导学生不断开阔学习视野，积极利用学校资源，给学生创设更多学习真本领和新技能的机会。比如，教育者引导青年学生通过学习数据可视化入门课程，提升数据素养，利用 Python 数据获取和分析方法，通过数据统计分析软件 SPSS 掌握入门技巧，熟练运用中外文电子期刊数据库进行文献的检索，利用 Endnote、Note Express 管理参考文献，掌握 Excel 在学习科研中的应用，学会利用 WOS 系列数据库和发现学科热点。这也要求教育者要真真正正懂网、用网，才能实现网络时代的教学相长。

三、健全网络育人激励机制

　　在推进网络育人的过程中，教育者队伍中出现一些负面思想和情绪，比如，认为网络育人工作与自己无关，只要自己做好本职就好了；网络育人不列入考察和评优评先工作范畴，做了相关工作也不出成果；对网络信息技术接受和运用能力相对较弱，网络育人力不从心；等等。究其原因，网络育人机制不够健全，导致教育者进行网络育人工作的动力不足、尽头不够。因此，我们应从以下几方面来着力完善网络育人激励机制。

首先，要健全网络育人工作的评价机制。在此过程中，我们需要运用系统分析的方法，综合分析影响网络文化成果的各种因素，找到各要素、各环节之间的内在关联。要构建系统的评价体系，力求全面把握评价对象，同时要确保评价过程的完整性；要注重系统和要素的统一，从各个层面深度聚焦网络育人的重点和难点问题；要注重评价主体多元化发展，综合采用教师自评、学生评价、同行评价、督导评价、社会评价等多种方式。网络育人工作的评价是价值判断活动，而价值判断具有客观性、主体性和社会历史性，因此，要认识、把握和遵循科学规律，围绕"为什么而评""谁来评""评什么""如何评"等一系列问题来有序展开。我们要充分考虑评价的主体性和网络育人主客体的复杂性，将教育目标和育人成果相统一，将教学效果和学生主观感受相结合，这样才能确保评价的科学有效。比如，高校思想政治工作队伍培训研修中心（高等教育出版社）、全国高校思想政治工作网、高校辅导员网络培训中心联合举办的 2020 年度全国高校思想政治工作"金微课"征集遴选活动，既激励了教育者的创作热情，又发掘了一批优秀的网络文化作品，既扩大了作品本身的影响力，又发挥了优秀作品的示范和引领作用。

其次，我们要将评选的成果作为科研成果、工作业绩、职称评定、评奖评先的参考依据，使他们的劳动成果被看到、被认可，从而真正激发教师参与网络育人的热情。同时，我们要确立一系列物质激励和精神激励的标准，既要从形式上给足奖励活动的仪式感，又要在内容上兼顾物质和精神的双重肯定。这样，才能更好更快形成网络文化育人的良好风气。

最后，要大力培养、推荐、表彰教育者队伍中的先进典型。比如，我们将网络育人的成果作为评选优秀教师的标准之一，在全国教育系统先进个人表彰中对思政课教师比例或名额做出规定；国家级教学成果奖、高等学校科学研究优秀成果奖（人文社科）中加大力度支持思政课；在一些高层次人才项目中加大支持优秀思政课教师的力度。

第四节　搭建高校网络思想政治教育平台

当前，网络与高校思想政治教育对象的学习生活实践已经融为一体。高校信息化建设拓展了思想政治教育资源，丰富了思想政治教育的内容和方法，有助于更好地建设网络教学平台和教学资源中心，促进特色网站和融媒体平台实现矩阵式发展。因此，以下三方面的工作显得尤为重要。

一、精心打造校园网络文化品牌

网络是校园文化的载体和以文化人为主的阵地，校园网络文化是校园文化在网络时代的新发展，是以网络为载体、平台和介质，以青年学生为主体进行的文化活动，呈现出的文化产品，表现出的文化观念和行为特征，以及由此形成的校园精神和文化风气总和。校园网络文化品牌是校园文化的典型成果，建设具有先进性和高品质的校园网络文化品牌，有利于营造积极向上的校园文化氛围，使学校氤氲着风清气正的人文底蕴，提升高校文化育人的质量和实效。

高校的门户网站、主题网站、学术网站、互动社区、"两微一端"（微博、微信、客户端）、数字图书馆等校园网络平台建设应该推陈出新，创造更多优秀的校园网络文化品牌和文化产品，推出一批精品公众号、精品栏目和精品课程，从教育教学、舆论宣传、文化娱乐产品内容供给和网络化服务等方面，破解高校网站少有人点击浏览，缺少关注度、吸引力和互动热度的难题。比如，对于学校官网、红色网站、主题教育网站等载体的推出，很多同学并非特别关注。在一项调查研究中，"只有 20.3% 的大学生会时常浏览本校的官网，高达 79.7% 的大学生表示会偶尔或从不浏览学校官网。学校的红色网站方面，只有 8.1% 的学生表示经常关注，55.2% 的学生会有时关注，还有 36.6% 的学生表示从来没有接触过"①。2004 年 10 月，中共中央国务院下发

---

① 项久雨，谭泽春．基于实证的高校网络思想政治教育效果研究［J］．学校党建与思想教育，2017（10）：16.

了《关于进一步加强和改进大学生思想政治教育的意见》，文件明确指出"要全面加强校园网的建设，使网络成为弘扬主旋律、开展思想政治教育的重要手段。要利用校园网为大学生学习、生活提供服务，对大学生进行教育和引导，不断拓展大学生思想政治教育的渠道和空间。要建设好融思想性、知识性、趣味性、服务性为一体的主题教育网站和网页，积极开展生动活泼的网络思想政治教育活动，形成网上网下思想政治教育的合力"①。该文件为各高校建设思想政治教育专题网站、综合性门户网站、专业性学术网站和高校网络文化品牌建设指明了方向。比如，"大学生网络文化节""高校网络育人优秀作品推选展示""网络文明进校园"等网络建设活动的开展。

同时，高校进行媒体矩阵的构建和融媒体平台的深入发展，不能让平台建设仅仅作为为了完成任务、应对检查所做的"形象工程"。其一，要注重树立官方媒体的权威性。高校官网、官方微信号和官方微博要做好定位，明确内容建设的主题，不可没有区别。比如，官网注重凸显政治性、思想性和导向性，官方微博和官方微信号在发布官网的相关信息之外，还可以增添一些趣味性的内容。学生有自己感兴趣的内容和接收信息的途径，因此，在发布信息之前，要有一个基础的调研，要了解学生的所思所想，才能够实现信息传播的有效联结，才能够达到文化浸润的目的。比如，学生喜闻乐见的热点话题、前沿资讯、现象分析等，高校媒体可以对同一个议题进行多角度、多层次的挖掘，从不同层面对议题进行解读，从而适应学生多样化的实际需求，寓价值引导于无形之中，达到润物细无声的效果。

其二，要在突出内容的"实"上下功夫。高校在结合新媒体与传统媒体发展的基础上，由宣传部门、学生工作处和教务处等部门进行协作，同时要深入调查研究，与专业课教师队伍、辅导员教师队伍以及青年学生群体进行沟通交流，了解学生思想实际和兴趣点、关注点，善于发现和捕捉学生的思想变化和社会发展动向，才能够吸引教育对象真正地去关注平台的发展和建设，着力构建系统的网络文化产品供给体系。高校官方平台发布的消息，要逻辑严密、有理有据，要经过证实，不能不假思索地进行转发。高校官方对

---

① 关于进一步加强和改进大学生思想政治教育的意见 [N]. 人民日报，2004-10-15（2）.

虚假信息的驳斥要字斟句酌，句句到位，要无懈可击，让学生在了解事实真相和问题本质的过程中，自主辨别真假，让学生真正认同官方平台发布的信息。比如，对于网络谣言的驳斥，高校官方平台要首先梳理好网络谣言的外在表现和传播路径，对"张冠李戴""夸大事实""随意拼接"等网络谣言现象，要用事实真相作为依据，从理论层面、实践层面或者历史层面去有力回击，让学生看到事实的真相，看清谣言的本质，而非人云亦云，被谣言裹挟，被情绪煽动，去做一些不理智的举动。对于网络中存在的争议事件，高校官方平台要进行理性分析和解读，要客观公正，不能带有主观色彩。网络中的争议事件，如果处理不当、应对不及时，很可能会引发学生的情绪骚动。因此，学校对此类事件的通报、处理要谨慎，不要妄下结论，要把握好时间节点，要注意对学生情绪的疏导，不能一刀切，不能忽略学生的感受。高校要把学校的官方平台做成有思想、有态度、有温度的精神家园，为学生的成长发展提供充足的思想养分和文化底蕴，为学生的学习生活提供全方位的服务。

其三，要在体现理论的"新"上做文章。高校的"两微一端"融媒体平台建设，要与时俱进，不断创新，增强思想性、服务性和互动性，要使理论体现时代特征、聚焦社会热点、反映社会实际，同时要将党的理论创新融入平台建设的内容中，把党对人才培养的要求和人才成长发展的期许和学校的具体实际、学生的具体实际相结合，将党的路线方针政策中的基础知识、中央精神的学习领悟以及权威专家的系统解读依次呈现，使平台内容与学生生活、学习、实践有效对接。

二、形成网上网下协同育人合力

网络信息技术是高校的最大环境约束变量，又是其实现创新发展的驱动性因素和力量，因此，深度进行跨界融合和平台间的联动协同等要求在时代发展的进程中显得更为重要。高校思想政治教育是系统工程，需要网上网下各平台协同发挥育人功效。从目前高校思想政治教育的现状可以看出，网络给青年学生带来了海量信息、多元文化和不同观点的激荡碰撞，也使他们拥有更广阔的世界和眼界。缺乏自律和慎独精神的青年学生会沉溺网络、游戏和其他虚拟生存场景中，导致荒废学业、失去人生方向。网络载体和新媒体平台的丰富，慕课、微课、翻转课堂等教学新模式的出现，减轻了教育者的负担，但虚拟互动的模式缺乏真实感，也会在一定程度上削弱教学效果，因此，要画好网上网下同心圆，使两个阵地、两种平台相互呼应，协同发力。一是既要遵循网络传播特点和现实教学中的规律，又要实现网络时代高校思想政治教育教书育人的创新发展；既要突出网络育人的属性，又要遵循教育领域的特点，围绕立德树人的目标和育人要求，强化教学实效。二是要与时俱进更新教学内容。网络内容是现实生活的延伸，现实生活受网络文化和网络信息的影响，因此，要充分整合网上网下的思想政治教育资源，实现网络内外教学内容的有序衔接，才能搭建好反映时代特色和青年学生特征的教学平台。三是要丰富思想政治教育的形式，将网络上视频、音频、图片、文字等内容结合起来，充实课堂内容，丰富课堂形式，使其变得生动、鲜活、有趣味，激发学生的学习兴趣和探索热情，用内容本身赢得学生。校园生活、学习趣事、探索发现、知识整合、校园文化、课堂精彩内容、师生有趣的互动等都可以经过网络平台的传播，扩大它的覆盖面和辐射力。

比如，歌手李健将清华校训"自强不息、厚德载物"在《经典咏流传》节目中以一曲《君子行》唱了出来，青年学生在观看节目、聆听歌曲的同时，对"天行健，君子以自强不息；地势坤，君子以厚德载物"的精神有了更多的感知和更鲜活的领悟。比如，高校可以充分利用多种形式展现中国发展的奇迹，用取得的辉煌成就赢得学生，帮助青年学生树立坚定的政治立场，增强学生的爱国热情。由于青年学生政治信仰的形成需要教育和引导，学校除了思想政治理论课教育教学这个主渠道之外，还可以通过研读经典著作、举办读书报告会、组织文艺节目等形式使马克思主义理论融入学生的日常学习生活中，通过宣传海报、标语、红色歌曲、广播、话剧、戏剧、影视节目以及各类 APP 等新旧媒体的协同作用，把英雄人物、模范代表的先进事迹广为传播，实现网络内外高校思想政治教育资源的有效联结。

三、充分发挥网络文化育人功能

文以载道，以文化人。文化融于高校思想政治教育的始终，是高校思想政治教育得以开展的内容和载体。同时，高校思想政治教育有利于促进文化的创造性转化和创新性发展。鉴于当下网络信息技术发展的优势，高校充分发挥网络文化的育人功能，要将思想政治教育的内容与丰富多样的文化艺术形式和文化建设融为一体，让学生浸润在文化的魅力、吸引力和感染力之中，让学生在潜移默化中接受文化的价值引导。

网络实现了对社会生活的深度变革，使现实世界与网络虚拟空间的边界日渐消融，二者之间的交融重叠日益显著。新时代高校网络精神家园的构建，需要思想政治教育与网络文化进行深度融合。这是因为，其一，网络化已经成为教育对象的生活学习方式，他们的思想实际和精神世界通过网络进行立体化的呈现；其二，教育对象的精神需求与实际的供给之间存在着矛盾，亟须教育者予以理性引导和有效疏解；其三，网络时代高校思想政治教育对象的思想实际、精神需求有了新的发展变化，网络成为高校思想政治教育必须加以重视的前沿阵地，了解网络文化发展规律，有助于用好网络文化中蕴含的丰富的思想政治教育元素和资源。因此，高校思想政治教育对象的精神世界和生活意义的构建需要不断探索，而网络文化则是高校思想政治教育必须加以巧妙运用的载体。与此同时，我们也要有清醒的认识，高校网络文化建设是长期性、艰巨性、复杂性的工作，在发展的进程中会面临一系列的风险和挑战，需要我们持之以恒地进行实践和探索。

高校网络文化建设具有重要的价值意义。一是有利于推动思想政治教育治理体系的现代化发展。高校网络文化建设是大学实现内涵式发展的重要推动力量，也是网络环境下高校校园文化建设应该予以思考的时代命题。网络信息技术的跃升，有助于以信息化带动教育现代化的实现，将信息化建设深度融入教育教学全过程，为高校校园文化建设的现代化发展提供了技术支撑和方法指向。比如，万物互联的社会发展趋势，5G、VR 技术、AI 技术、全息投影技术在大学生学习、实践与生活场景中的应用，为学生创设了智能化的育人环境，构建多功能、多形态、多场景的育人新生态，让学生在更加鲜活、立体的感知体验中增强对高校育人价值指向的认同。与此同时，当前世界正处于百年未有之大变局，国际格局和世界秩序都与以往有极大不同，中国在走近世界舞台中央的进程中，面临的战略机遇和战略风险都是前所未有的。面对复杂多变的世界局势，如何正确把握世界发展趋势，认清世界发展进程，在中国开启全面建设社会主义现代化国家的新征程中，正确看待发展过程中的各种矛盾和问题，是当代大学生面临的时代课题。以国际视野来推动高校网络文化建设，是时代变革的必然要求。在与世界合作的实践中，我们要丰富高校网络文化的内容建设，挖掘更多高校网络文化建设的新载体和新平台，拓宽高校网络文化建设的渠道，能够更好地推动思想政治教育治理体系的现代化发展。二是契合了新时代大学生对美好生活的需要。其一，学校的网络基础设施、网络信息技术支持、校园数字图书馆、校园数字化平台、多媒体教学软件、各类红色网站以及学校官网、微信公众号平台、官方微博、官方视频号、官方头条号、校园应用 app 等这些媒体矩阵，这些实质化的物质文化要素，为学生的成长发展和精神家园的构建，提供了便利的网络环境和条件。其二，推进高校网络文化建设的同时加强网络空间的管理，建立健全校园网络舆情研判和预警机制，做好应急处理，建立系统安全保护机制和网络监管机制等一系列举措，使学生明晰文明用网的相应规则，使他们对法律法规有敬畏之心，来实现管理育人的目的。其三，高校网络文化建设的目标、高校网络文化活动、高校网络文化产品、网络思想政治教育、网络文化建设的具体内容以及内在蕴含的价值指向，呈现的思想观念、道德观念、心理倾向、情感共鸣等，都是精神文化建设的体现。加强高校网络文化建设，既是党中央提出的重要任务，也是时代赋予高等教育的职责。

首先，要注重发挥高校网络文化的价值导向作用。价值理念对学生的发展至关重要，很大程度上决定了学生成为什么样的人。它的形成是一个长期而隐性的过程，是通过一点一滴的思想感染、环境熏陶、旁征博引、实力印证等长期的启发性教育来实现的。我们无法用确切的数据和量化的标准去衡量思想政治理论课的效果，却可以在学生认知世界的态度和改造世界的实践中，感知学生价值理念的变化。"一种价值观要真正发挥作用，必须融入社会生活，让人们在实践中感知它、领悟它。要注意把我们所提倡的与人们日常生活紧密联系起来，在落细、落小、落实上下功夫。"① 高校担负的育人使命不只是向青年学生传递人文知识、专业知识和专业技能，还要在保证社会主

---

① 习近平 . 习近平谈治国理政：第一卷 ［M］. 北京：外文出版社，2014：165.

义办学方向和突出政治属性的前提下，加强对学生的价值观形塑和道德养成培育。网络文化对权威和秩序的消解，使高校思想政治教育地位式微，网络各种文化的流行，对青年学生的现实生活以及在网络虚拟空间的影响和冲击都很大，渗透青年学生成长发展的方方面面。比如，网络中存在的网络暴力、低俗恶搞现象、佛系文化、丧文化，网络平台内容中出现的炫富、拜金现象等，对青年学生的成长发展带来了不良影响。一些青年学生企图通过走捷径来实现梦想，荒废学业追逐潮流趋势当网红主播却缺乏真正的文化涵养和知识支撑，在最该奋斗汲取知识养分的年纪去做其他事情，继而迷失自我，失去人生的方向。一些学生受"键盘侠"和"网络喷子"的影响而出现不良情绪和极端行为等。因此，高校要大力弘扬和培育社会主义核心价值观，以良币驱逐劣币，净化网络文化生态，不断满足高校师生的精神文化需要。

　　其次，要充分调动高校师生参与高校网络文化建设的积极性。高校师生既是网络文化的接收者，也是网络文化的建设者和传播者，因此，要大力激发高校师生参与网络文化建设的热情，着力推出一大批优秀的网络文化产品。一方面，在这个过程中，高校要注重突出网络文化的社交化、个性化特点，使高校网络文化的建设成为年轻人发声、创造和表达自己的舞台，要在内容建设和供给过程中，尊重青年学生的趣味和爱好，给予他们丰富多样的精神食粮。学生在学校创设的良好环境之下，进行微电影、微视频以及其他新媒体内容等各种网络文化产品的制作，利用网络提供的平台进行创新创业活动，积极吸收网络中的有益养分来发展自我，抓住机遇去通过文字、图片、视频等方式展示自我，实现自我发展的同时又促进了校园网络文化建设的繁荣发展。另一方面，网络文化需要精心培育，需要在网络空间积极发扬和传承中华优秀传统文化、革命文化和中国特色社会主义文化，要积极借鉴和不断总结不同的网络平台有益的经验，增强文化建设的时代性与趣味性。教师在学生积极参与校园网络文化建设的过程中接收积极反馈，在把握学生特征的同时以更大热情和更有针对性的方式投入校园网络文化建设之中。学生要善于借鉴优秀的影视节目来丰富高校网络文化的形式和内容，始终坚持用户导向，以内容为王。比如，B站2021年的元旦跨年晚会中，运用丰富多样的文化艺术形式，以现代形式来创新传统文化内容，满足受众的视听需求。节目中由国内知名编舞老师黄潇把《西游记》主题曲跳成现代舞，由京剧"裘派"第四代传承人裘继戎将昆曲《游园》、评剧《天女散花》、京剧《铡美案》等耳熟能详的传统曲目，用舞蹈和戏曲结合的方式，实现跨界表演的完美融合。央视通过《经典咏流传》《中国诗词大会》《典籍里的中国》《我在故宫修文物》《国家宝藏》《上新了故宫》等电视节目的呈现，使受众对历史的认知更为生动深刻。河南电视台2021年牛年春晚的《唐宫夜宴》的"出圈"，让躺在博物馆里的文物鲜活了起来，这些优秀的文艺节目和文化形式在网络上的广泛传播和深刻影响，为网络文化建设注入了新内容和新活力，值得高校在进行思想政治教育的过程中，加以借鉴利用，实现高校思想政治教育的创新发展。

再次，要营造网络文化创作的良好氛围。比如，学校鼓励高校教师运用专业知识，将党和国家的路线、方针、政策和国际国内要闻大事进行准确解读，将社会上的焦点问题和热点事件进行客观剖析，与网络大V和意见领袖协同发挥育人作用；将高校名师工作室、马院以及教师个体创作的优秀内容和品牌进行大力宣传，对优秀作品进行评选和奖励，扩大这些作品的影响力和辐射力；对学生群体中创作的传达青年人心声和思想的平台内容，进行充分挖掘。高校通过网络文化艺术节等形式，鼓励学生进行网络文化作品的创造生产，通过组织策划红色主题的实践之旅，引导学生在对相关主题或系列活动的参与中，深化对思想政治教育内容的理解和新时代使命的认同，从而内化为担当的自觉，外化为切实的践行。比如，大学生开展的红色革命史实调研、革命遗存旅游、革命老区志愿服务等实践活动形式，可以让大学生在红色实践活动中体验红色精神、学习红色历史、感受红色精神并主动成为红色文化的继承者和传播者。①

最后，要注重把握高校网络文化建设的运行规律。高校网络文化是高校在立德树人的过程中，基于网络信息技术而创造的精神财富的总和，是高校师生运用网络进行学习、生活、娱乐等的实践活动，是进行思想传播、知识传授，以及人生观、世界观、价值观培育过程中所创造的文化传承与创新。

---

① 冯刚，陈梦霖. 高校思政课实践教学的内涵、价值及其实现 [J]. 学校党建与思想教育，2021（18）：4-9.

在时代发展的进程中，高校网络文化呈现出政治性进一步加强、开放性进一步凸显、交互性进一步加强、圈层性进一步分化等特征。高校网络文化建设是大学实现内涵式发展的重要推动力量，也是网络环境下高校校园文化建设应该予以思考的时代命题。高校网络文化建设，一是为大学精神注入时代内涵，增强大学精神在网络空间的影响力；二是培育校园网络文化品牌，体现高校文化育人和网络育人的突出特色和鲜明亮点；三是丰富高校网络文化活动，在活动设计、组织、管理与实施的过程中，实现学校主导性与学生主体性的统一；四是完善网络空间管理制度，为青年学生营造风清气正的网络空间和环境。

高校网络文化建设在遵循网络育人规律和文化建设发展规律的同时，更应该注重以下几点。一是科学把握网络信息传播规律，网络信息传播有其自己的运行逻辑，受多种因素的综合影响。因此，在进行高校网络文化建设过程中，教育者要正确处理传播内容的确定性和青年学生接受的不确定性之间的矛盾，要系统认识信息传播所产生的裂变效应、圈层扩散和连锁反应，要加强高校网络文化建设平台的权威形象。二是科学把握网络舆论引导规律，动态监测校园网络舆情的发展变化，预判舆情的发展态势，健全预警机制和风险评估机制，搭建科学的舆情管理队伍，突出舆论引导的重要内容，强化舆情引导的效能。三是科学把握网络技术发展规律，使高校网络文化产品更加有内涵、有深度、有科技感和未来感，使学生在更新鲜、直接、强烈的互动体现中生发出更深刻的认知、更强大的情感共鸣和更强烈的心理认同。同时，面对新技术运用衍生出的"技术异化"现象，教育者要引导学生有意识进行规避和防范。四是科学把握网络空间管理规律，要把网络空间管理纳入常态化的工作体系之中，不断完善监督机制、反馈机制和评价机制，构建纵向联动和横向协同的有机格局，使学校、家庭、政府、社会共同参与网络空间管理的实践中来。从学校到院系，从校党委到各职能部门，从中央到地方，从部委到高校，这都需要完善联动协作的工作机制，在学校内部要实现党委宣传部、学工部、学生处、团委、网络信息中心等各部门之间的有效协同，让学生在校风、学风、教风中增强规范意识、法律意识，认同教育理念，明确职责担当。

因此，在高校网络文化建设过程中，教育者要使网络这个"最大变量"变成"最大增量"，其一，物质文化层面，学校要做好网络文化载体的选择，使之与教育目标同向而行，学校的网络基础设施、网络信息技术支持、校园数字图书馆、校园数字化平台、多媒体教学软件、各类红色网站以及学校官网、微信公众号平台、官方微博、官方视频号、官方头条号、校园应用 APP 等实质化的物质文化要素，要综合加以运用使之形成辐射矩阵；其二，精神文化层面，学校加大校园网络文化产品的产出力度，丰富网络文化活动的内容，做好网络思想政治教育，依托算法技术、大数据资源、5G、VR 技术、AI 技术、全息投影技术等，为青年学生创设智能化的文化育人环境，构建多功能、多形态、多场景的育人新生态，使精神生产的产品和样态呈现多样化发展，使技术赋能高校师生精神家园的构建；其三，制度文化层面，学校加强网络空间的管理，动态监测校园网络舆情，做好研判工作和应急处理准备，建立系统安全保护机制、网络监管机制、反馈机制、评估机制等一系列举措，培养学生用网的法治思维，警示和规约青年学生在网络世界的言行举止。

同时，我们要重点解决以下几个问题。首先，对高校网络文化本质的挖掘与认识。高校网络文化建设，不是校园文化和网络文化的简单叠加，需要深入挖掘网络文化的本质，才能更好把握高校网络文化建设规律。其次，如何处理好载体的选择和运用问题，避免"泛娱乐化"。形式的创新是为内容服务的，不能使形式大于内容，偏离内容本身而过分关注形式，也不能过分注重技术手段的运用而抛开内容的理论性、思想性和政治性。最后，如何合理规避"技术异化"的影响。我们对技术的运用要坚持适度原则，杜绝"技术决定论"。网络信息技术的发展，使高校网络文化建设面临舆论生态、媒体格局和传播方式发生深刻变革的新形势和新挑战，我们想要让高校网络文化适应时代的变革，进而为社会发展和国家建设服务，就需要把握时代特征，紧跟时代步伐，认清时代发展趋势。如果过分依赖和推崇技术的运用而忽视高校网络文化建设的价值追求，这可能会导致技术与人文精神的失衡。

总之，我们要想科学把握学生对高校网络文化高质量发展的需要与不平衡不充分的发展之间的矛盾，就要坚持差异化理念，以互联网思维来科学把握网络育人和文化育人的发展规律，在高校网络文化建设的具体过程中注重用户体验，满足不同学生的多样化需求，增强网络文化育人的指向性和针对性。我们要坚持迭代思维，动态把握青年学生成长发展变化和需求的变化，不能一成不变地进行内容输出，要结合时代特征，使高校网络文化建设"活起来"，用网络语言、新兴形式在年轻人群体中"出圈"，要对学生在成长发展过程中遇到的学习、生活、交往、恋爱、工作实践等方面的关键问题进行重点指导。

第六章

网络时代高校思想政治教育对象培养的创新发展

党的十八大以来，习近平总书记高度重视网络对青年学生的重要影响以及青年学生的成长发展，提出了一系列重要论述。高校作为培养人才的前沿阵地和重要摇篮，在培育"中国好网民"的工作中发挥着至关重要的作用。不可忽视的是，网络信息技术使用过程中出现的不确定性、技术应用的风险、隐私安全和道德意识淡漠等问题，需要进一步提升青年学生的思辨能力、技术运用能力和解决实际问题的能力。与此同时，国际当前的形势错综复杂，各种文明交流互鉴，不同思想文化相互激荡，国际视野既是人才培育必须关注的时代命题，也是全球化进程中时代新人应当具备的重要素养。习近平总书记指出："我们必须敏锐抓住信息化发展的历史机遇，加强网上正面宣传，维护网络安全，推动信息领域核心技术突破，发挥信息化对经济社会发展的引领作用，加强网信领域军民融合，主动参与网络空间国际治理进程，自主创新推进网络强国建设。"① 因此，进行新时代大学生网络素养教育，培育具有国际视野的时代新人，推进大中小学思想道德一体化建设，是全面建成社会主义现代化强国的战略任务，是培养中国特色社会主义事业建设者和接班人的时代要求，更是网络时代高校思想政治教育对象成长发展的实践创新要求。

---

① 习近平. 习近平谈治国理政：第三卷［M］. 北京：外文出版社，2020：305.

第一节　加强大学生网络素养教育

教育的目的在于培养人。在网络信息技术教育深刻变革的当下，网络虚拟空间和现实世界的立体交融，更好地迎接信息化社会的挑战，实现青年学生的数字化生存，网络信息素养教育就显得至关重要。新时代大学生网络素养教育是提升高等教育质量、促进青年学生全面发展的重要途径，也是推动青年学生树立终身学习理念、适应网络时代发展需要的重要方式。高校要科学把握网络素养的内涵变化，从思维层面、理论层面和实践层面不断充实网络素养教育的具体内容，选择与青年学生学习、工作和生活场景相契合的教育载体，才能系统构建有利于青年学生成长成才的网络素养教育一体化机制，实现学校、政府、社会、家庭教育的同频共振，促进青年学生的全面发展。

一、大学生网络素养的基本内涵

网络信息技术的发展，赋予了个体核心素养新的内涵。网络素养是网络时代健全社会人格的重要组成部分，它既是时代发展对青年学生提出的新要求，也是个体成长发展的新需求。我们明晰网络素养的构成要素，从青年学生的网络思维意识、计算机素养、信息素养、媒介素养、数据素养等方面，挖掘网络素养的深层次内涵，有利于大学生更好地把握复杂数据现象中的关键本质，探究既有数据结果中的生成原因，揭示偶发数据变化中的必然联系，从而全面提升大学生的数字化生存能力。

网络素养是一个动态发展的过程。随着网络信息技术的革新、时代变化进程和学科的不断发展，网络素养的内涵、特征、内容等也会随之丰富起来。总体来看，大学生网络素养内涵包括以下几方面：一是网络认知能力，指的是大学生对网络信息技术理论知识的掌握，比如，网络的发展历史、结构类型、资源分布、运用规则与技巧、相关法律法规以及道德要求等；二是网络思维能力，思维能力是思维本质力量的展现，表现为感知能力、记忆能力、表达能力、逻辑加工能力，控制调节能力等，大学生网络思维能力主要包括网络信息解读批判意识、更新迭代思维、网络道德与法律意识、网络安全意识（意识形态安全、个人信息安全、网络技术安全意识等），利用网络进行自主学习、自我管理、自我教育、自我提升、自我发展、终身学习的意识，相互协作的意识、创新意识、网络情感调适意识、使命感与担当意识、国际视野与全球意识等；三是实践创新能力，在遵守网络空间的法律与道德规范的前提下，具备快速高效地搜集信息和知识的能力、选择和分析能力、信息辨别能力、理解和运用能力、实践转化能力、创新创造能力，并能根据已有知识储备对接收到的新信息进行逻辑剖析，规范运用网络信息技术进行多维度创新创造的实践能力，使青年学生驾驭知识的能力与掌握的知识内容相匹配，使网络信息技术能够真正为人所用、为人服务，从而增强解决问题的能力。

科学界定大学生网络素养的基本内涵，关注大学生网络素养内涵的新发展、新变化，旨在通过网络素养教育，提升青年学生的网络素养意识，并使之外化为具体的网络行为实践，提升青年学生的网络参与行为能力，形成稳定的网络素养能力。一方面，有助于教育者系统把握网络素养教育在大学生思想政治教育中的定位与延伸，及时更新大学生网络素养教育的内容，实现对青年学生的精准施教，从而更好地提升大学生思想政治教育质量。另一方面，有利于大学生网络素养教育实现内涵式发展，为新时代大学生网络素养教育提供新的理论视野，推动大学生网络素养的实践养成，促进大学生的全面发展。因此，新时代大学生网络素养教育应不只是停留在教会学生网络理论知识和运用网络的具体技能上，更应该关注学生思维能力的提升，促使学生将网络理论知识转化为适应生存发展的实践能力，从而更好地解决个体在学习、生活和实践场景中遇到的实际问题。

二、大学生网络素养教育的现实价值

网络素养教育是培养青年学生在数字时代掌握生存和发展技能的必要途径，能够更有效地激发青年学生合理用网的内驱力，促使青年学生自主廓清现实社会和虚拟世界的边界，创造性地运用网络信息技术、数据、资源等，自觉维护网络空间的良好生态环境，以健全的人格来实现德智体美劳全面发展。

（一）有助于大学生从网络技能提升到网络思维能力的增强

大学生网络素养教育的目标是促使青年学生更好地实现数字化生存，从而更好地成为中国特色社会主义事业的建设者和接班人。为了实现这一目标，教育内容应从文献信息的检索挖掘、网络技术的运用，转化为网络信息的甄别、科技伦理的重视，以及对青年学生批判意识、道德伦理意识的培育。一方面，教育内容的改变，关联着教学理念的革新，通过系统的政策设计、教材体系、教学体系、课堂体系、课程体系以及学科体系之间的联动综合发挥育人作用。另一方面，教育内容契合社会发展需要和学生成长成才的现实需求，符合青年学生学习、生活实际。教育者有意识对学生进行网络思维能力的教育和培养，会增强青年学生运用网络技术、遵从网络规则进行处问题分析和处理的能力。学生在具体实践中获得网络技能、知识获取能力、信息选择辨别能力等，又会在无形中锻炼学生的思维能力。因此，网络素养教育有助于青年学生实现从网络技能提升到网络思维能力的增强。

（二）有助于大学生实现从信息技能到实践技能的应用

在对大学生进行网络素养教育的过程中，网络素养教育体现在学校教学、科研、管理和服务的全过程，使之与不同的专业课程相结合，有助于提升青年学生结合实际需要进行信息选择、利用优质资源进行高效学习的能力，增强获取和生产知识、批判和应用知识的能力。教育者要通过设计教材内容、课程体系、教学内容，为学生创设将知识转化为实践的条件、平台和环境，结合社会焦点问题引导学生践行作为时代新人的使命和担当，使学生驾驭知识、运用知识的能力与掌握的知识相匹配，这样才能真正做到在学中练，在练中学。教育者推动学生在学习、生活、实践的不同场景中熟练掌握并规范使用不同的网络技能，以培育其健全的数字人格，更好地适应网络交往和瞬息万变的信息生产环境，进行数字化生存。比如，学校的网络基础设施、网络信息技术支持、校园数字图书馆、校园数字化平台、多媒体教学软件、各类红色网站以及学校官网、微信公众号平台、官方微博、官方视频号、官方头条号、校园应用 app 等，这些媒体矩阵进行环境的创设和氛围的营造；与图书馆相结合，教育者对学生定期进行文献检索、信息甄别、数据资源利用、软件使用等方面内容的培训，以适应迅猛发展的网络信息技术和信息生产环境；借助青年学生使用频率较高的微信、微博、抖音、知乎、小红书平台，配合开展社团活动、素质拓展和社会实践等，教育者将网络素养教育润物细无声地融入学生的学习、生活、工作场景之中。

（三）加强大学生网络素养教育是培养时代新人的必然要求

新时代大学生见证网络信息社会的发展壮大，他们是与时代共同奋进的一代人。作为新的历史方位下培育的社会主义新人，时代新人既是新时代党的教育方针的集中诠释和表达，也是对社会主义教育目标的传承和发展。培养具有国际视野的时代新人，是大学生网络素养教育的目标定位，是应对国际社会竞争与挑战的必然选择，也是全球化趋势下大学生全面发展的现实需要。① 一方面，在当前时空境遇下，日新月异的世界面貌以各种即时的形式呈现在青年一代眼前，网络的开放性、即时性、共享性等特点，加之网络空间信息资源浩繁，网络内容良莠不齐，低级趣味、恶俗内容以及负能量的宣泄，多元文化广泛传播，西方国家在意识形态领域的渗透等因素的影响，一定程度上削弱了主流价值观对青年学生思想引导和价值塑造的效果，给青年学生的成长发展带来了不确定性影响。因此，高校规范大学生的网络参与行为就显得十分重要。另一方面，网络素养教育能够促使大学生更深刻地把握世界发展趋势和人类发展进程，有助于丰富大学生认识世界和解读世界的价值取向维度，提升大学生学习、生活、实践能力和改造世界的能力。教育者要将网络素养教育贯穿于大学生成长发展的全过程，持续提升大学生网络素养，使其具备创新思维、合作理念、开放意识、共赢观念和国际视野，引导其把握好时代发展趋势，立足当下、面向世界、引领未来，做实现中华民族伟大复兴的奋斗者和践行者。

（四）有利于提升人才培养质量，促进学生的全面发展

网络素养教育是一项系统性的教育实践活动。近年来，5G 技术、VR 技术、AI 技术、数字技术等技术的更迭，使网络以更多功能和形态影响着大学生的思想和行为实践，这也对大学生网络素养有了更高的要求。科学引导青

---

① 冯刚，王方. 国际视野下时代新人培育的理论蕴含与实践路径［J］. 国家教育行政学院学报，2020（3）：34-42.

年学生更高效地获取有效信息，正确甄别评判信息，深层次加工处理信息，创造性地使用传播信息，深度激发青年学生提升信息素养的内生动力，维持和拓展持续适应时代变迁的能力，积极利用现代化信息技术知识，更好地解决实际问题等，是新时代大学生网络素养教育亟待解决的时代课题，对提升大学生思想政治教育质量，促进青年学生的全面发展具有重要价值。

三、大学生网络素养教育的实施路径

网络素养是人才培养方案的重要内容，是当代大学生必备的基本素质之一。在遵循网络信息技术发展规律的基础上，高校持续更新网络素养教育内容，建立网络素养教育的协同机制，发挥网络内外的联动作用，将网络素养教育纳入学科体系、课程体系、课堂教学体系和教材体系之中，帮助大学生建立完备的网络知识体系，引导大学生在实践中将所学知识转化为具体的创新创造能力。

（一）遵循网络信息技术发展规律

网络信息技术的迅猛发展，对大学生网络素养教育的各要素产生直接的影响，因此，教育者要深化对网络信息技术发展规律的认识，通过剖析网络信息传播规律，科学分析学生在网络交往、虚拟实践中的行为轨迹，以及现实社会中的言谈举止，系统把握学生的思想实际、真实需求和成长发展期待。

其一，遵循网络信息传播规律。网络信息传播有其自己的运行逻辑，受多种因素的综合影响。信息传播的结构特点、信息发布者的影响力、信息内容的话题属性、信息传播的范围以及传播内容的可信度等都会影响传播的效力。[①] 大学生网络素养教育需要科学把握网络信息运行的内在逻辑，综合考量影响网络信息传播的主要因素，以便引导学生在知识获取、信息选择、社会热点剖析、网络谣言甄别等实践中，揭开现象背后隐藏的本质，洞察事件产生的深刻动因。一方面，网络信息在大学生群体中的多次传播、转发、分享、评论、点赞和其他交互联结，会产生由一到多的链条式效应。网络信息传播

[①] 周东浩，韩文报，王勇军．基于节点和信息特征的社会网络信息传播模型［J］．计算机研究与发展，2015，52（1）：156-166.

内容与大学生群体的心理倾向、个体认知、价值选择、精神需求契合度越高，网络信息传播的裂变效应会越强，辐射范围就会越广，从而使传播对象产生情感共鸣、思想认同和行为转化。另一方面，青年学生具有发展性、自主性和个性化的特征，同一阶段的不同学生群体和不同阶段的同一群体，由于主观上认知能力水平和所处具体的历史的条件和阶段不同，对网络文化所传播的内容接受程度和认可程度都会有所不同。与此同时，青年学生对接受内容的满足不是一蹴而就的，也不会一成不变，会随着主客观条件的变化而不断发生变化。原有的需要满足之后，新的其他的需要又会不断生长出来，大学生需要持续接受网络素养教育，以适应网络信息技术的迅猛发展和日新月异的社会变化进程。

其二，遵循网络信息技术运行规律。网络素养教育除了让学生通过计算机技术课程学习技术理论、积累实践经验之外，还依托门户网站、搜索引擎、讲座论坛等方式进行知识传递、信息共享与交互，还依托 QQ、博客、论坛等网络媒介来了解学生对信息技术的认知和运用情况，再到目前依托算法技术、云计算、大数据、物联网、5G 技术等的运用进行智能化、精准化、个性化的学生画像。网络信息技术的发展为大学生网络素养教育提供了技术支撑，创设了客观发展条件。一方面，网络信息技术通过对学生行为数据的量化分析，遵循算法逻辑，挖掘既定用户和潜在目标群体的共同行为特征，用内容丰富的信息去匹配"人的需求"；另一方面，基于学生个体学习工作实践的具体场景，学校进行分布式的信息投放，通过优化信息内容，分门别类地呈现于学生的生存发展场景之中。我们需要注意的是，算法逻辑下的信息内容，在匹配学生需求的同时，囿于固定内容的推送，也可能造成学生的认知和思维固化。这就要求网络素养教育在进行针对性教学内容设计的同时，还要注重从宏观上把握国家、社会和时代对学生的总体要求，遵循共性与个性、一般与个别相结合的原则，将网络素养教育与学生的学习、成长、发展融合起来。

（二）接续更新网络素养教育内容

大数据、数字化、人工智能等技术的迅猛发展，为高等教育实现内涵式发展提供了前所未有的契机。青年学生的网络素养教育要面向数字化的发展趋势，充分发挥数字技术带来的教育红利，使技术能够继续为学生的成长发展赋能。同时，网络信息技术的价值实现离不开教育内容的革新。高校要树立一体化的理念，根据大学生的学习阶段特点，接续更新网络素养教育内容。

其一，要使网络素养教育成为课堂内容的一部分。高校要把网络素养教育内容纳入课程体系中，使之不再单一成为计算机公共课程或者相关专业课程的教学使命，而是不同专业课程都有涉及的内容，并形成有所侧重的联动的课程体系。比如，公共课程，"大学生计算机基础课程"、"思想道德与法治"课程、"大学生心理健康教育"课程、职业生涯规划课程、安全教育课程等对大学生网络素养的知识能力、思维能力进行系统训练，在专科课程中文献学概论、现代图书馆学、JAVA 程序设计、电子文献检索、信息系统技术与管理、数字图书馆、信息咨询与信息服务、数据库与知识库、高级计算机网络、现代信息检索等图书馆学中的具体课程中，大学生进行更加专业的知识理论和实践能力锻炼。

其二，要明确网络素养教育的特殊性。一方面，在教育内容上，教育者要将网络世界中所遵循的道德与现实社会中的道德进行比较，明确网络道德的特殊之处，使学生树立网络道德意识，更好适应网络世界的生存发展要求。教育者将网络道德规范和相关法律法规等内容融入课堂教学和学生日常学习生活实践之中，要特别注重法治教育，培养大学生的法治思维和守法意识，要不断教育引导大学生意识到其自身在网络空间的责任边界，强化大学生维护网络空间秩序的使命担当。另一方面，统筹关键能力。教育者要统筹青年学生成长发展过程中所需要具备的关键能力，及时进行教育内容的更新，针对性进行培养，增强青年学生对通信技术、传感技术和计算机技术的把握能力和解决实际问题的能力，实现知识传授、能力培养和价值引领的有机结合。比如，面对媒体鼓吹"消费主义"、贩卖焦虑，以及对流量的过分追求等现象，教育者要引导学生学会探究事实，挖掘事件背后的本质。面对网络中出现的"钓鱼""网络诈骗""校园贷"等现象，教育者要引导学生注重个人隐私和数据信息保护、个人密码管理，加强对网络病毒、钓鱼邮件短信、网络诈骗等网络风险防范，完善学生的网络安全意识教育和知识体系建设。面对网络暴力和"网络喷子""网络水军""键盘侠"的出现，部分学生心理和价值观取向出现问题，教育者要及时通过心理课程、思想道德与法治课程等对学生进行有效疏导。

其三，要在课程内容、课堂教学中融入国际视野的培育。在当前纷繁复杂的国际局势之下，如何引导大学生更好地认识世界和改造世界，是教育者需要予以深入思考的现实问题。大学生要具备全球意识、国际视野和世界眼光，在逆全球化的发展趋势中，在虚拟与现实交织的环境中深入理解文化的多样性，在进行国际比较的过程中加深对伟大祖国的认同、对中华民族的认同、对中华民族文化的认同、对中国特色社会主义道路的认同。

（三）建立健全网络素养教育机制

网络素养教育关乎青年学生的终身学习能力培养，更关系到学习型、创新型社会的构建。习近平总书记在致首届中国网络文明大会的贺信中指出："网络文明是新形势下社会文明的重要内容，是建设网络强国的重要领域。……要坚持发展和治理相统一、网上和网下相融合，广泛汇聚向上向善力量。各级党委和政府要担当责任，网络平台、社会组织、广大网民等要发挥积极作用，共同推进文明办网、文明用网、文明上网，以时代新风塑造和净化网络空间，共建网上美好精神家园。"① 在网络素养教育的机制构建上，一是要统筹网络素养教育的各因素和各环节，使教学、科研、管理、服务不同领域协同发力，使学生在专业课、思想政治理论课和日常思想政治教育之中深刻认识到提升自身网络素养的重要意义，激发青年学生提升网络素养的内生动力，培养青年学生养成自育和他育相结合的学习模式。聚焦大学生网络素养提升，一方面，高校要通过优化数字化的教学环境，探索多维立体的教学方法，构建综合协同的网络素养教育课程体系，建立依托数字技术进行管理育人、服务育人的现代化发展模式；另一方面，高校要持续深化研究网络素养教学、管理、服务实践中出现的理论问题和现实难题，在研究中融合教育学、心理学、社会学、管理学、图书馆学、信息学等学科视角②，使科研成果有力支撑网络素养教育实践，精准提升网络素养教育效果。二是要构建大中小一体化的网络素养教育机制。横向上，高校要正确看待网络素养教育

---

① 习近平致首届中国网络文明大会的贺信［EB/OL］. 中华人民共和国中央人民政府网，2021-11-19.

② 冯刚，等. 新时代高校思想政治教育学原理［M］. 北京：人民出版社，2021.

的系统性、长期性和复杂性，根据学生的成长发展特点和思想认知规律，突出学段特色，从教育内容的侧重、教育方式的选择、教师队伍建设、教育质量评价等方面，分层次、有重点地进行网络素养教育。纵向上，高校以网络强国战略为引领，以教育、科技、人才一体化发展为支撑，做好顶层设计和整体规划，形成学校、社会、政府、家庭的协作机制，将网络素养教育融入青年成长发展的全过程。比如，高校通过举办由高校图书馆工作委员会主办、由各高校图书馆承办、由科技公司协办的高校学生信息素养大赛，实现校际和校企间的联动，让学生在学习、生活和实践的具体场景中提升网络素养的思维意识和运用能力。

第二节　培养具有国际视野的时代新人

党的十九届四中全会提出要推进国家治理体系和治理能力现代化。对教育领域而言，如何在当前国际形势错综复杂、各种文明交流互鉴、不同思想文化相互激荡的环境背景下有效构建青少年思想政治教育一体化建设，在思想政治教育的精准衔接中增强培育担当民族复兴大任的时代新人的教育实效，是其中最迫切的一项时代命题。时代新人是党的十九大提出的新时代人才培养目标，是担当民族复兴大任的主体。随着全球化趋势的持续发展，我国综合国力不断提升，正确认识时代新人与国际视野的关系，明晰国际视野下培育时代新人的现实缘由和战略意义，从教育创新的角度进一步探析如何培育具有国际视野的时代新人，理应成为我们每一位思想政治教育者都需要进行深入思考的教育命题。

一、时代新人是新时代下党的教育方针的集中诠释和表达

时代新人是历史的，也是现实的。时代新人是在社会主义教育目标不断传承和发展中提出的，具有国际视野，是时代新人的题中之义。培育时代新人适应了新的社会历史发展要求，在内容上更加关注人的全面发展，是新时代下党的教育方针在育人层面的集中诠释和表达。

（一）历史维度：时代新人是对社会主义教育目标的传承和发展

每个时代都有教育必须回应的主题，每个时期都有各自关于"新人"的标准，"时代新人"的提出有其历史渊源与发展过程，是党的教育方针在社会主义教育实践中持续探索的结果，是顺应全球化趋势的必然选择。

新中国成立初期，毛泽东同志结合青年团的工作和青年的特点，提出青年应当身体好、学习好、工作好，培养"三好青年"①，《关于正确处理人民内部矛盾的问题》中则更加重视德育、智育、体育的共同发展，使教育与生产劳动相结合，培养有社会主义觉悟、有文化的劳动者，使青年成为干社会主义大事的共产主义新人。党的十一届三中全会以后，解放思想、实事求是成为党的思想路线，人才培养的目标经历了从"有革命理想、讲革命道德、守革命纪律，有文化的又红又专的人才"② 到造就有理想、有道德、有文化、有纪律的"四有新人"的过程。邓小平同志特别强调了人才培养应当面向现代化、面向世界、面向未来，为青年的发展注入了更多国际化内涵。世纪更迭之际，江泽民同志根据时代的变化、国际国内形势、教育事业的改革发展，提出"努力造就'有理想、有道德、有文化、有纪律'的，德育、智育、体育、美育等全面发展的社会主义事业建设者和接班人"③，回应了当时的教育主题，为 21 世纪的人才培养指明了方向。党的十六大后，为使教育更好地适应现代化要求，胡锦涛同志强调"培养什么人，如何培养人是我国社会主义教育事业发展中必须解决好的根本问题"，要"坚持学校教育、育人为本"④，培养高素质的人才队伍。党的十八大以来，中国特色社会主义进入新时代，习近平总书记围绕"立德树人"这一根本教育任务，依据个体成长发展的规律，在把握时代内涵的基础上，提出培养"担当民族复兴大任的时代新

---

① 毛泽东著作选读：下册 [M]. 北京：人民出版社，1986：699-700.

② 冯刚. 改革开放 40 年高校思想政治教育编年史：1978—2018 [M]. 北京：北京师范大学出版社，2019：48.

③ 冯刚. 改革开放 40 年高校思想政治教育编年史：1978—2018 [M]. 北京：北京师范大学出版社，2019：249.

④ 冯刚. 改革开放 40 年高校思想政治教育编年史：1978—2018 [M]. 北京：北京师范大学出版社，2019. 329.

人"①，明晰了其使命担当，此后，又进一步提出了相应要求，要培养德智体美劳全面发展的社会主义建设者和接班人。这些论述从不同角度和层次丰富了时代新人的内涵。

由此可见，社会主义教育顺应时代发展潮流，具有广阔的国际视野和世界格局，尊重人的本性和本能，并不断促进人的高速发展。时代新人既是教育发展的受益者，又是所处时代的推动者。培育适应时代发展的社会主义新人既是社会主义教育持续探索的方向，也是社会主义教育目标在传承中创新发展的结果。

（二）现实要求：时代新人是新的历史方位下的人才培养定位

马克思、恩格斯在《德意志意识形态》中提出了世界历史的思想。习近平总书记在纪念马克思诞辰200周年的讲话中指出："今天，人类交往的世界性比过去任何时候都更深入、更广泛，各国相互联系和彼此依存比过去任何时候都更频繁、更紧密。一体化的世界就在那儿，谁拒绝这个世界，这个世界也会拒绝他。"② 进入新时代以来，我国日益走近世界舞台中央，为世界的发展提出中国智慧和中国方案，展现大国使命和责任担当。新时代既是在时间维度上对中国特色社会主义的科学判断，也指我国社会发展的新的历史方位、新的发展坐标、新的奋斗阶段，更是培育时代新人的新的立足点。它肯定了此前经过长期努力奋斗所取得的巨大成就，同时使我们清醒认识到我国仍处于社会主义初级阶段和仍是最大发展中国家的事实，使我们深刻洞悉新时代下国际形势正在发生的巨大变化，使我们意识到我国正面临的新挑战、新形势和新问题，明确未来我们仍然需要理性应对一系列的时代命题。

新时代需要新的奋斗，呼吁担当民族复兴大任的时代新人，新时代是培育时代新人的沃土。习近平总书记在党的十九大报告中正式提出"培养担当民族复兴大任的时代新人"这一重大的人才培养要求，起初是将时代新人作为培育和践行社会主义核心价值观的着眼点，突出时代新人所发挥的精神价

---

① 习近平．决胜全面建成小康社会 夺取新时代中国特色社会主义伟大胜利——在中国共产党第十九次全国代表大会上的报告［N］．人民日报，2017-10-28（1）.
② 习近平．在纪念马克思诞辰200周年大会上的讲话［M］．北京：人民出版社，2018：22.

值和主体作用。随着社会实践的发展和改革的不断深化，时代新人的内涵不断丰富，也更加契合了"培养什么样的人，怎样培养人，为谁培养人"这一重大教育课题。2018 年，全国宣传思想工作会议提出"育新人，就是要坚持立德树人、以文化人，建设社会主义精神文明、培育和践行社会主义核心价值观，提高人民思想觉悟、道德水准、文明素养，培养能够担当民族复兴大任的时代新人"①。时代新人作为新的历史方位下培育的社会主义新人，是根据新时代的需要而形成的对育人目标的新要求。一方面，需要具备正确而坚定的政治态度、科学而优秀的文化素质、崇高的思想道德品质以及规范的法治素养；另一方面，还应具备创新思维、合作理念、开放意识、共赢观念和国际视野，要能够紧跟时代步伐，做实现中华民族伟大复兴的奋斗者和践行者。还要注意的是，网络信息技术的高速发展，世界的日新月异以各种即时的形式呈现在青年一代眼前，时代新人要把握好当前的时空境遇，在理论与实践相统一的基础上，真正做到与世界接轨。

（三）人的发展：时代新人是对人的发展标准的补充和完善

时代新人的培育是一个循序渐进的过程。在社会历史发展进程中，人作为社会实践的主体，在被现实社会塑造的同时，也会推动社会的发展并实现自我的发展。社会发展和人的发展具有一致性，人的全面发展是时代发展的必然要求。

人的发展是指逐步获得解放，成为真正自觉自由的历史主体。每一代人都有每一代人要完成的使命与责任，当代青年是同新时代共同发展的一代，这也使人的全面发展目标有了更切实的方向。其一，从社会主要矛盾的变化来看，新时代下"人民日益增长的美好生活需要和不平衡不充分的发展之间的矛盾"已经成为我国社会的主要矛盾，全面深化改革进入了攻坚区和深水区，"历史车轮滚滚向前，时代潮流浩浩荡荡。历史只会眷顾坚定者、奋进者、搏击者，而不会等待犹豫者、懈怠者、畏难者"②。因此，植根于新时代发展的时代新人有了更广阔的实践基础，能够更好地实现德智体美劳全面发

---

① 习近平 . 2018 年全国宣传思想工作会议讲话 ［N］. 人民日报，2018-08-23（1）.

② 习近平 . 决胜全面建成小康社会　夺取新时代中国特色社会主义伟大胜利——在中国共产党第十九次全国代表大会上的报告 ［N］. 人民日报，2017-10-28（1）.

展，为中华民族伟大复兴而不断努力奋斗。其二，从生产力与生产关系的发展来看，人们追求的不仅仅是基本的生存和发展需要，而是对更丰富的、美好生活的向往，更期待自我价值和社会价值的统一，在物质财富极大丰富的基础上，能有更多精神境界的提升。其中，"人"作为生产力三要素中最关键、最活跃的因素，在社会的不断深化发展过程中，个体的自觉能动性得以更充分发挥和展现，主体地位不断增强，认识世界和改造世界的能力和水平也大大提升，为时代新人的培育提供了主体条件。其三，时代新人对"人的发展"进行了补充和完善，指出新时代下人的发展不能只关注自身孤立的成长和发展，而是立足于国际国内大的发展环境。时代新人要开拓国际视野，培养进取精神，扎根中国大地，厚植爱国情怀，把握时代特征，抓住发展机遇，从而不断提高人的发展的水平和质量。

二、国际视野下培育时代新人的现实缘由

国际视野是立足现实、放眼世界的全球眼光，是关注自身、兼济天下的人类情怀，是认清形势、顺应时代的发展眼光，是明确使命、正视比较的开放思维，是摒弃分歧、谋求共赢的大局意识。随着开放的广度和深度日趋加深，中国与世界的联系愈加紧密。在当下更好地处理个人与社会、与他人、与世界之间的关系，这是培育时代新人所要关注的焦点。中国的发展离不开世界，世界的繁荣也需要中国。国际视野既是时代新人应当具备的素质，也是在全球化背景下培育时代新人必须关注的命题。著名社会学家费孝通曾对人的发展的前沿问题进行深度思考，提出："各美其美，美人之美，美美与共，天下大同。"① 时代新人的发展关系着国家和民族的未来走向。我们培育时代新人，既要使本国的发展充满勃勃生机，实现国家繁荣富强，又要具有国际视野，正确应对国际社会中的竞争与挑战，为全球化背景下"人的全面发展"提供新思路，推动人类进步和世界和平发展。

（一）实现中华民族伟大复兴历史使命的必然要求

新中国成立以来，我们党始终坚持为人民谋幸福、为民族谋复兴的初心

---

① 费孝通 . 缺席的对话——人的研究在中国——个人的经历［J］. 读书，1990（10）：3-11.

和使命，团结带领全国各族人民取得了一系列巨大成就。当前，中华民族比历史上任何时期都更接近、更有信心和能力实现中华民族伟大复兴的目标。习近平总书记在纪念五四运动 100 周年大会上指出："一代人有一代人的长征，一代人有一代人的担当。建成社会主义现代化强国，实现中华民族伟大复兴，是一场接力跑。"① 这既是一种传承，也是一种嘱托。时代新人肩负着实现中华民族伟大复兴的宏伟目标，应当自觉将个人的发展融入社会变革的潮流之中，与时代进步、与国家发展同向同行，把个人的命运与国家和民族的前途命运紧密联系起来。这关系到中国特色社会主义的生机活力，关系到决胜全面建成小康社会、全面建设社会主义现代化强国，关系到党和国家事业的后继发展。

中华民族伟大复兴和"两个一百年"奋斗目标的实现，需要有担当精神的时代新人，需要时代新人在成长中具备家国情怀，需要时代新人时刻关注社会动态，树立崇高理想，打造健全人格，练就过硬本领，勇担社会责任，养成创新思维，同时要厚植我国文化根基，塑造中国风格、中国气派和中国风貌。一方面，时代新人不能只局限于个人的狭小发展领域，要有国际视野、全球意识和世界眼光，要增强国际格局和国际交往能力，在日新月异发展中寻找未来的个人定位。另一方面，高校培育具有国际视野的时代新人，要实事求是地从中国国情出发，认清中华民族伟大复兴与国际大环境密不可分，明晰在中华民族伟大复兴进程中我国的国际战略，为国家发展培育真正的国际化人才。这是中国特色社会主义进程中重要的人才培养战略，事关未来中国在全球化背景下的核心竞争力水平。因此，时代新人在全球化进程中应当不断提升自身的综合素养，注重国际视野的养成，努力成为未来国家发展的中坚力量，更好地投身于民族复兴的伟业之中。

（二）构建"人类命运共同体"赋予的责任担当

随着互联网、大数据、人工智能的快速发展，世界各国之间相互交融，紧密联系，国际社会中存在的差异愈加明显，人类需要共同面对的全球性问题也日益突出。"穷则独善其身，达则兼济天下"，我们既要看到中国在发展

---

① 习近平. 在纪念五四运动 100 周年大会上的讲话［M］. 北京：人民出版社，2019：18.

中实现的历史性跨越，又要认清中国在世界格局中的现实处境。在实现中华民族伟大复兴的历史进程中，我国既追求自身的进步与发展，也在国际社会中作为国际秩序的维护者、建设者和贡献者发挥着积极作用，承担着更多的国际责任，赢得了更多的国际尊重，为全人类的发展贡献了中国智慧和中国方案。

人类命运共同体的构建彰显了中国的国际视野和世界格局。首先，中华民族几千年一直崇尚"以和为贵""和而不同"，主张"和衷共济""和合共生"。现如今和平与发展仍是时代的主题，我国奉行独立自主的和平外交政策，放眼全球发展，进一步拓宽合作格局，推动建立新型的国际关系，构建人类命运共同体，这既是我国特色大国外交，也是促进世界和平、发展的推动力量。其次，人类命运共同体的构建，符合人类社会的发展规律，打破了西方赢者通吃、零和博弈的思维，是基于不同国家和民族的共同利益并致力于人类的共同发展的全球理念，开辟了人类在新时代下和平发展的文明之路，有利于"建设持久和平、普遍安全、共同繁荣、开放包容、清洁美丽的世界"①。最后，这也体现了时代新人的使命内容在不断丰富和延展。时代新人要不断审视和确证"个体与他人""中国与世界"之间存在的差距，不仅担负着实现中华民族伟大复兴的重任，而且也要努力成为人类命运共同体的参与者、支持者和推动者，观察和思考问题既要具备大国胸襟和大国情怀，也要具备开放的视野和全球的视角。时代新人要树立合作共赢的意识，在与各国跨文化交流时更应相互尊重，体现高度的文明素质。我们要把中国的发展置于人类命运共同体之中，把时代新人置于人类整体之中，拥有国际视野下育人的大视野、大格局，展现时代新人的国际道义和时代担当。

（三）应对国际社会竞争与挑战的必然选择

当前世界正处在大发展、大变革、大调整的时期，于中国而言，这不仅是重要的战略机遇期，还是由大国走向强国的关键阶段，面临着严峻的挑战和激烈的竞争。历史和实践证明，世界各国综合国力的竞争，是经济、社会、

---

① 习近平. 决胜全面建成小康社会　夺取新时代中国特色社会主义伟大胜利——在中国共产党第十九次全国代表大会上的报告［N］. 人民日报，2017-10-28.

科技多方面的竞争，而归根结底是人才的竞争。时代新人是推动我国实现民族振兴的人才优势，也是增强我国在国际竞争中主动权的战略资源。我国要择天下英才而用之，从国内和国际各个领域挖掘并储备能够为国家长远发展竭尽心力的建设者。

值得注意的是，国际视野不是异地移植，也不是概念平移。时代新人的培育必须立足于中国实际，植根于中国国情，而不能把问题简单化，不能没有选择地去运用外国的理论，要辩证客观地分析我国在改革进入攻坚区和深水区所处的困境和遇到的问题，理性对待当前世界的风云变幻，保持清醒的头脑，才能担好建设中国特色社会主义伟大事业的大任。我们纵观国际社会中政治、经济、军事等各方面的竞争、挑战、冲突。如一些国家和国际势力鼓吹"中国威胁论"，对我国进行阻遏和施压，霸权主义抬头，制约着发展中国家的稳定发展，民粹主义和保护主义在全球范围内不断兴起，逆全球化成为新的趋势，对全球化的不满情绪也在影响着各国民众，新形式的全球竞争层出不穷，统一问题、周边环境以及恐怖主义等非传统安全问题制约着各国的共同发展。此外，气候变化、网络安全、能源安全、资源紧缺、重大自然灾害等全球性问题，也随着各国相互交织、相互影响、密切联系而出现数量增加、规模扩大、程度加深的特征。问题是时代的呼声。当今世界的竞争内涵早已与以往不同。竞争中有合作，合作中有竞争，要本着共商共建共享的原则，才能实现共赢的目的。这也促使青年在成长中思考着更长远的、负责任的未来。一方面，要厚植文化根基，增强其文化自觉和文化自信，使时代新人正确认识中国特色，并具备大国人才应有的气度和魄力；另一方面，通过对世界先进知识和科技的应用，不断增强时代新人竞争的比较优势，激发时代新人的创造才能，更好地建设世界人才强国，从而提高我国整体对外开放的水平和国际竞争力，更全面地应对日趋激烈的国际竞争和挑战。

另外，无论是各国之间的竞争与挑战，或是涉及全人类的共同问题而产生的分歧，不只是由于国与国间政治、经济的不平衡发展，更深层次体现的是各国不同的价值趋向和价值选择，这是基于各国不同的文化底蕴而产生的。在人类发展进程中，文化显得格外重要，一个国家能否繁荣，一个民族能否崛起，文化是重要的影响因素，因为它们潜移默化地改变着人们的认知和行为。美国学者塞缪尔·亨廷顿（Samuel Huntington）在《文化的重要作用：价值观如何影响人类进步》一书中指出，"主观意义上的文化如何，影响到各个社会在经济发展和政治民主化方面取得进步或未能取得进步"①。文化深刻影响着人们组成经济、政治各项活动所遵循的原则。可见，全球经济为我国经济繁荣、时代新人培育提供前所未有的机会之时，也潜藏着多元文化、多元思潮对我国文化传统的威胁。

（四）全球化趋势下人的全面发展的现实需要

在全球化进程和新时代新形势的背景下，人的全面发展和社会全面进步对人才培育也提出了新的、更高的要求，更加注重从人的核心素养出发，与培育国际视野相结合，从而实现全球化趋势下人的全面发展。

核心素养是人才应具备的特定能力和必要品格，从而适应终身发展以及社会发展。在国内国际社会、经济、教育以及科技进一步发展下，我国也在不断探索兼有"中国根基"和"国际视野"的时代新人应具备的素质，如《中国学生发展核心素养》中提到，中国学生应当以科学性、时代性和民族性为发展核心要素，我国以培养"全面发展的人"为核心，要具备责任担当的核心素养，注重培养国家认同与国际理解的新人。此外，《21世纪核心素养5C模型研究报告（中文版）》指出五项核心素养包含文化理解与传承（culture competency）、审辩思维（critical thinking）、创新（creativity）、沟通（communication）、合作（collaboration）②，在文化理解和传承方面，其强调从历史视角和国际视野角度认识文化，强调要践行我国优秀文化中所蕴含的价值观念，同时以和平、开放、尊重的态度认识和理解不同的文化，在走出国内、走向世界进行跨文化交流与国际合作中既有开放的国际视野，又有深厚的爱国之情。

国际视野是全球化时代下对时代新人提出的新要求，也是时代新人理应具备的重要素质，它强调时代新人正确把握时代发展的走向，具有较高的参

---

① 塞缪尔·亨廷顿.文化的重要作用：价值观如何影响人类进步［M］.程克雄，译.北京：新华出版社，2010：7.

② 北京师范大学中国教育创新研究院.5C：面向未来的核心素养——《21世纪核心素养5C模型研究报告（中文版）》发布［N］.中国教师报，2018-04-11（6）.

与国际事务的能力和较强的责任担当，能从世界发展、国际背景更长远的角度思考发展的问题。《国家中长期教育改革和发展规划纲要（2010—2020年）》明确指出要提高我国教育国际化水平，适应国家经济社会对外开放的要求，培养大批具有国际视野、通晓国际规则、能够参与国际事务和国际竞争的国际化人才。① 身处全球化时代，人的发展的本身，就需要关注世界动态，拓展国际视野，走向国际舞台。时代新人在完善自身的同时积极参与国际事务，讲好中国故事、发出中国声音。

三、国际视野下培育时代新人的路径选择

习近平总书记在全国高校思想政治工作会议上强调指出："我们对高等教育的需要比以往任何时候都更加迫切，对科学知识和卓越人才的渴求比以往任何时候都更加强烈。"② 教育对人才的培育具有不可替代的地位，培育具有国际视野的时代新人，需要教育的创新发展，教育要充分发挥文化的育人作用，运用社会主义文化引领时代新人，引导其正确认识世界和中国发展大势、中国特色和国际比较，在此基础上拓宽人才培育路径，注重发挥实践的作用，在脚踏实地的锻炼中助力民族复兴。

（一）营造良好的文化育人氛围

"改革开放以来，虽然文化育人的提法出现得较晚，但是文化育人一直融合在高校专业教学、思想政治工作之中，它的效用一直在发挥""文化具有自在的育人效用，文化自在的育人效用是为了弥补人类自身的'非限定性'缺陷"③。在时代新人的培育过程中，高校要坚持立德树人，以文化人、以文育人，营造良好的文化育人氛围。

社会主义核心价值观是当代中国精神的集中体现，培育时代新人是社会主义核心价值观的着眼点。高校要营造良好的文化育人氛围，给时代新

---

① 中共中央国务院.国家中长期人才发展规划纲要（2010—2020年）[N].人民日报，2010-06-07（1）.

② 习近平在全国高校思想政治工作会议上强调：把思想政治工作贯穿教育教学全过程 开创我国高等教育事业发展新局面[N].人民日报，2016-12-09（1）.

③ 冯刚.改革开放以来高校思想政治教育发展史[M].北京：人民出版社，2018：225.

人以润物细无声的滋养。其一，高校要引导时代新人自觉培育和践行社会主义核心价值观，把社会主义核心价值观融入时代新人培育的课程教育、社会实践、制度建设等多个方面，使社会主义核心价值观教育落细、落小、落实。高校要进行理想信念教育，培育学生爱国情怀，塑造健全的人格和向善的人性，将社会主义核心价值观转化为时代新人的情感认同和行为习惯，使其成为时代新人的内在观念和文化底色。其二，高校要充分开展马克思主义教育、传统文化教育，积极学习各国优秀文化。时代新人传承和发展中华优秀传统文化，对其进行创造性转化和创新性发展，使其在新时代充满勃勃生机，领悟和学习革命文化和社会主义先进文化，扎根中国大地，筑牢文化根基，增强时代新人的文化认同和国家认同。其三，要注重学习他国优秀文化，吸收借鉴人类文明的一切有益成果，这种学习和借鉴应当立足于中华民族的文化根基，应当符合国家的发展和人的成长规律。时代新人要客观认识西方自由个性的价值内涵，在跨文化交流中保持清醒的文化自觉和坚定的文化自信，拥有中国胸怀和全球视野，既尊重和包容不同文化，又坚守我国的文化底蕴，激发文化创新创造活力，促进社会主义文化繁荣发展。同时，高校要实现全员、全过程、全方位育人，充分运用校内校外多种资源，发挥学校教育、家庭教育和社会教育的合力作用，积极利用网络信息技术，加快推进教育现代化，在扩大教育开放的背景下建设教育强国。

（二）引领时代新人树立具有国际视野的思维意识

认识是实践的先导，并在实践发展过程中逐步深化。对时代新人进行思想引领，使其形成自觉意识，是时代的要求，也是历史的必然。时代新人作为社会主义事业合格的建设者和可靠的接班人，要有正确清醒的全球化意识和坚定的理想信念，才能永葆初心，在时代的车轮滚滚向前之中，为国家和民族的未来接续奋斗。

2019 年 3 月 18 日，习近平总书记在学校思想政治理论课教师座谈会上指出"办好思想政治理论课关键在教师"，要求思想政治理论课教师"视野要广"，要"有知识视野、国际视野、历史视野，通过生动、深入、具体的纵横比较，把一些道理讲明白、讲清楚"①，为培养具有国际视野的时代新人准备好专业的教师队伍。在培育时代新人的过程中，教育者要循循善诱，因势利导。其一，时代新人要从我们党探索中国特色社会主义历史发展和伟大实践中认识和把握社会发展进程，在深刻认识到改革开放以来我国取得的重大成就的前提下，也要辩证看待我国仍处于社会主义初级阶段，发展仍然存在不平衡不充分之处。时代新人要树立道路自信、理论自信、制度自信和文化自信，积极投身于中国特色社会主义事业的发展建设之中。其二，时代新人要清晰认识当前日益复杂的国际形势和全球化的时代特征，把握我国在全球的发展定位，理性看待国际社会的冲突和挑战，关注全人类的发展进程。时代新人正确对待自身建设与融入发展，认识和把握中国特色社会主义的理论与实践探索的过程，自觉维护国家利益，与他国人才进行积极的交流沟通，吸收借鉴各国人才培育的优秀经验，在国际社会中担当大任，推动构建人类命运共同体。其三，教育者要教育引导时代新人正确认识中国特色和国际比较，使其全面客观认识当代中国、看待外部世界。在全方位对外开放的背景下，中国和世界会进行比较，青年学生如果没有坚定的立场，容易迷失方向，被模糊的思想左右。青年学生正确对待独立发展与融合共赢的关系，明确中国道路的正确性是历史和实践检验的结果，把握好中国特色和民族特点，全面客观地认识当代中国和外部世界。我国要理性客观地对待国际社会的竞争与合作，明确我国的比较优势和发展方向，要加快建设创新型国家，依靠科技、人才和创新提高国际竞争力，积极参与国际合作，作为负责任的大国发挥作用，推动国际规则的改进和完善，尊重各国发展实际，坚持在合作中竞争，竞争中合作，实现多方共赢。

（三）在与世界合作的实践锻炼中造就时代新人

在培育时代新人过程中，时代新人接受的所有知识都必须经过亲身实践才能转化为个人本领和能力，"要坚持知行合一，注重在实践中学真知、悟真

---

① 习近平. 用新时代中国特色社会主义思想铸魂育人贯彻党的教育方针落实立德树人根本任务 [N]. 人民日报，2019-03-19（1）.

谛，加强磨炼、增长本领"①。对时代新人的培育并非朝夕之举，而是关乎国家在全球化时代下长远发展的战略举措。因此，教育者培育时代新人要注重语言技能、专业知识、文化沟通的能力，更要坚持实践性原则，使其在与世界接轨的实践锻炼中增强实干本领，在自育和他育相结合的进程中，实现德智体美劳的全面发展。

教育者培育时代新人需要结合我国人才培养的实际，借鉴国外各高校、教育组织的成功经验，创新培养方式。其中，劳动是人类的本质活动，推动着人类的文明进步和时代的向前发展。一方面，教育者要拓展社会实践平台，发挥劳动教育的重要作用，鼓励时代新人通过基层实践和锻炼深入了解我国发展的现状，提高为人民服务的意识和解决问题的本领，通过创新性的劳动去开拓更美好的生活，更加明确自身的使命，牢固树立为社会进步和民族复兴奋斗的信念。另一方面，高校要拓宽人才交流渠道，推动教育对外开放新格局，提高我国教育领域的国际化发展和开放性水平，加强国与国之间、高校间的合作交流，拓展海外学习交流机会，选拔优秀人才前往国外优质高校进行联合培养或是攻读更高学历，完善短期海外交流学习项目和学习内容，创造国际交流的良好环境。高校各类社团也日益发挥着国际交流、文化沟通的重要作用，丰富国际交流社团的内容，鼓励时代新人积极参与国际组织讲座和课程，促使时代新人广泛参与国际合作和交流，使时代新人转变思维方式，丰富人生阅历，培育跨文化交流的能力，正确对待各国文化的冲突和融合。比如，我国提出"一带一路"倡议后，对国际型人才需求不断增加，此后教育部出台了《推进共建"一带一路"教育行动》，鼓励沿线各国高等学校在语言、交通运输、建筑、医学、能源、环境工程、水利工程、生物科学、海洋科学、生态保护、文化遗产保护等沿线国家发展急需的专业领域联合培养学生，推动联盟内或校际教育资源共享。② 时代新人唯有通过实践锻炼提高自身综合能力，夯实真本领，积极应对各类风险与挑战，才能更好地在构建

---

① 习近平. 在知识分子、劳动模范、青年代表座谈会上的讲话 [N]. 人民日报，2016-04-30 (2).

② 教育部. 关于印发《推进共建"一带一路"教育行动》的通知 [A/OL]. 中华人民共和国教育部网站，2016-07-15.

人类命运共同体中发挥应有的作用。

第三节　推进大中小学思想道德一体化建设

2019 年 10 月，中共中央、国务院印发了《新时代公民道德建设实施纲要》，指出"中国特色社会主义进入新时代，加强公民道德建设、提高全社会道德水平，是全面建成小康社会、全面建设社会主义现代化强国的战略任务，是适应社会主要矛盾变化、满足人民对美好生活向往的迫切需要，是促进社会全面进步、人的全面发展的必然要求"①。青少年学生是公民道德建设的重要群体和对象。加强青少年学生的思想道德建设，既是贯彻落实全国高校思想政治工作会议、全国教育大会和《新时代公民道德建设实施纲要》的需要，也是培养新时代中国特色社会主义事业合格建设者和可靠接班人的要求。早在 2019 年 3 月，习近平总书记在学校思想政治理论课教师座谈会上指出："在大中小学循序渐进、螺旋上升地开设思想政治理论课非常必要，是培养一代又一代社会主义建设者和接班人的重要保障。"② 这给新时代大中小学思想政治教育一体化建设提出了新挑战、新任务和新要求，也为推动新时代大中小学思想道德一体化发展指明了努力方向，提供了根本遵循，对促进处在人生"拔节孕穗期"青少年学生的全面发展至关重要。因此，国家需要整体布局，统筹规划，做好顶层设计，把握新时代大中小学思想道德一体化发展规律，坚持理论与实践相结合，在适应社会要求的同时，满足大中小学生丰富多元的个性化需求，解决大中小学思想道德一体化纵向有序衔接、横向有效贯通的现实问题。

---

① 新时代公民道德建设实施纲要［N］. 人民日报，2019-10-28（1）.

② 习近平主持召开学校思想政治理论课教师座谈会强调　用新时代中国特色社会主义思想铸魂育人贯彻党的教育方针落实立德树人根本任务［N］. 人民日报，2019-03-19（1）.

一、遵循人的思想品德形成规律

辩证唯物主义认为，规律是事物之间内在的、本质的、必然的联系。思想品德形成规律，是对思想政治教育本质的反映。我们只有把握好思想品德的形成规律，才能更清晰地认知青少年学生的思想变化趋势，才能取得事半功倍的育人效果。习近平总书记在全国高校思想政治工作会议上指出："做好高校思想政治工作，要因事而化、因时而进、因势而新。要遵循思想政治工作规律，遵循教书育人规律，遵循学生成长规律，不断提高工作能力和水平。"① 推动大中小学思想道德一体化建设的创新发展，把大中小学思想道德建设的现实目标和未来方向相结合，遵循大中小学思想政治教育的内在一致性逻辑，遵循人的思想品德形成和发展规律，才能真正落实立德树人的根本任务，培养青少年学生的良好道德品行，引领与时俱进的道德风尚。

（一）人是实现思想道德一体化建设的逻辑起点

思想政治教育的对象是人，目标是立德树人，思想政治教育的效果要通过人来体现。大中小学思想道德一体化建设，是教育一体化的基本要求，是实现人才培养一体化的重要途径。因此，大中小学生的思想品德状况是否和社会发展要求相一致，是衡量思想政治教育是否达成其目标的重要标准。一方面，在思想政治教育领域，一定的社会要求同人们的思想品德实际之间的矛盾是思想政治教育的基本矛盾，不断适应这个基本矛盾并想办法解决矛盾，是大中小学思想政治教育需要面临的重要课题，也是思想道德建设能够进行并不断取得实效的根本依据。另一方面，思想道德建设是与"人"及其所处的复杂社会环境深刻关联着的实践活动。马克思主义认为，人的本质，在其现实性上，是一切社会关系的总和。青少年学生不是孤立存在的个体，在推进大中小学思想道德一体化建设的进程中，要从现实的人出发，从其所处的社会关系和生长环境着手，了解他们的思想品德实际，才能提升大中小学思想道德一体化建设的效能。

---

① 习近平在全国高校思想政治工作会议上强调把思想政治工作贯穿教育教学全过程　开创我国高等教育事业发展新局面［N］. 人民日报，2016-12-9（1）.

（二）要实现思想价值理念内化与外化的统一

在原有思想品德实际的基础上，经过思想政治教育，大中小学生不断接受和认同思想政治教育所传达的政治立场、思想观念、价值理念和道德规范等内容，融合于改造世界和实现自身成长的社会实践之中，从而更好地适应社会发展的要求，形成具有自我个性的思想道德素质。只有通过社会主义的思想价值理念引导学生，以主流价值建构青少年学生的道德规范，强化道德认同，指引道德实践，学生才能实现由思想到行为的转化、由内化向外化的过渡，这使社会要求和学生的思想品德不断相互适应。

实现思想价值理念内化与外化的统一，是一个带有曲折性的长期过程。青少年学生的成长成才，要经过学校教育的系统培养，也要通过不断实践来检验自身的知识能力，这就需要国家和社会提供更多的机会来促进大中小学生的长远发展。一方面，学校要通过实践育人，分阶段分层次地培养青少年学生的社会责任感、创新精神和实践能力。新中国成立 70 多年来，青少年学生的实践活动领域，已从开始的生产劳动扩展到政治、经济、社会、科技、文化、卫生等各个领域。我们要将青少年学生的道德认知和道德实践统一于育人实践之中，充分发挥劳动教育的综合育人功能，努力建构德、智、体、美、劳全面发展的教育体系，针对不同学校、不同地区的劳动教育资源的特点，结合不同年龄段学生身心发展的规律，对劳动教育课程进行一体化、创新性、综合性的设计，增强大中小学思想道德一体化建设的科学性、层次性、联动性和实效性。另一方面，我们鼓励青少年学生参与创新创业活动，结合自身的专业特长和兴趣爱好全方位发展专业技能。大中小学生积极响应党的号召并取得实践成果的过程，也是加深对党的政策和文件精神理解的过程，更好地丰富道德体验、增进道德情感，将社会公德、职业道德、家庭美德和个人品德要求融到实践之中。

（三）要紧紧围绕立德树人的根本目标

思想政治教育目标的确立，直接关系学校所要培养人才的素质与规格。目标设计不能仅仅从教育主体的视角考虑，而要把青少年学生的成长成才需求放在更加重要的位置，满足他们的发展期待，从而提升大中小学生实现自身思想道德建设的内在驱动力。了解青少年学生的思想道德诉求，回应青少年学生的发展期待，这直接关乎大中小学思想道德一体化的实际效果，对思想政治教育活动起着导向作用、规范作用、激励作用和调控作用。"德"是评价人才培养质量的首要标准，是学生思想政治教育的核心与灵魂。"立德树人，树的应该是德智体美劳全面发展的建设者和接班人"①。学校要坚持问题导向和目标导向，把思想品德作为学生的核心素养，并纳入学业质量评价体系之中，从话语体系、组织形式、管理方式和宣传途径等方面贴近大中小学生的思想道德实际，用现代化的教育教学理念、方法、内容等来强化持续贯通的育人效果，优化青少年学生的思想道德成长环境，保证立德树人目标的实现。

二、切实发挥育人体系的协同作用

大中小学思想道德一体化建设的实施，是一项涉及多层次、多方面、多要素和多环节的系统工程，长期而紧迫、艰巨而复杂。思想道德建设，是思想政治教育的重要一环。我们要实现大中小学思想道德建设的一体化，需要打通各个环节，建设一个纵向衔接、横向贯通、螺旋上升的思想政治教育体系。纵向来看，大中小学生在不同学习阶段之间的思想道德教育要各有侧重和无缝衔接；横向来看，学校除了要将家庭、学校、社会、政府提供的思想道德教育资源相结合之外，还要实现思想政治教育的目标、内容、方法、载体、环境、管理与评价等各要素之间的协同，以及综合利用校内思想政治教育理论课这个主渠道和日常思想政治教育主阵地，形成教书育人、科研育人、管理育人、文化育人、服务育人、组织育人、实践育人相结合的系统育人体系。

（一）大中小学思想道德一体化育人体系的现状剖析

当前，大中小学思想道德一体化育人体系主要存在的问题：育人体系的协同作用发挥不够充分，教育和管理无法做到真正的统一。这主要表现在以

---

① 冯刚. 改革开放以来高校思想政治教育发展史 ［M］. 北京：人民出版社，2018：44.

下几点。一是思想道德教育队伍之间的协同问题。一方面，大中小学思想政治理论课教师、辅导员、学生工作中的专职思想政治教育工作者等都是思想道德教育的专职人员。但现实中，思想政治理论课教师多注重理论研究和课堂教学，辅导员和学生工作专职工作者更关注学生教育与管理的实务工作，这就容易出现理论研究、课堂教学、实践开展相互分离的情况。同时，思想道德教育兼职队伍大多来自教学和学生工作的一线工作者，与青少年学生的联系更为紧密，影响力更为显著，但他们在思想道德教育的开展过程中难免出现专业性不强、说服力不够等问题。二是大中小学生的思想道德教育衔接有待完善。鉴于青少年学生对美好生活的向往与思想道德教育资源、基础设施条件等不平衡不充分的发展之间存在着各种矛盾，在构建大中小学思想道德教育一体化的过程中，我们要实现青少年学生个体不同成长阶段的有序衔接，整体提升大中小学生的思想道德素养，解决各学段相互分离的现状问题，整体把控大中小学生的发展规划，突出每个阶段的思想道德建设重点，使青少年学生明大德、严私德、守公德，构建大中小学思想道德建设共同体，实现育人过程中的持续、均衡和融合发展。三是家庭、学校、社会、政府间的协同发展也不够。思想道德素质的养成是一个循序渐进的过程，思想道德教育效果的显现具有滞后性，需要家庭教育、学校教育、社会教育等各方面的通力合作，才能窥见青少年思想道德发展的全貌。大中小学生成长成才是家庭、学校、政府、社会共同的责任，很多大学生之所以出现各种"丧"的表现，不是天生就有的，是由于既有的家庭环境和个体学习成长经历所造就的。

（二）大中小学思想道德一体化育人体系的现实要求

大中小学思想道德一体化建设，要面向教育现代化的发展趋势，着眼于社会主义人才培养目标，立足于大中小学思想道德教育的特性，明确新时代思想道德教育教师应具备的职业能力，促进教育系统内外的一体化发展。

首先，要顺应大中小学教师队伍一体化发展的需求。小学、初中、高中、大学的学生所属的生理、心理、年龄阶段不同，在推进大中小思想道德教育一体化进程中，既需要有每个阶段专属的专业思想道德教育教师队伍，同时也需要有一支注重各个阶段相衔接的思想道德教师队伍。这就要求所有的教师都要坚持树立全员德育的理念，将理想信念、思想观念和价值理念的培养与知识的传授、能力的养成紧密结合，努力构建全员、全方位、全过程的育人体系。

其次，要契合大中小学生所处的时代境遇。多元文化背景开阔了青少年学生的眼界，信息技术的发展使大中小学生在获取信息资源和思想道德教育资源上，具有同等的机会，打破了传统意义上信息不对称的局面。但是，作为网络原住民一代的青少年学生，他们的思想观念和道德行为都处在塑造形成期，呈现多变性的特点，在泥沙俱下的多种信息源影响下，他们的思想观念、价值判断和道德准则易受西方意识形态侵袭和多种文化的冲击和挑战。因此，我们要深入实施网络内容建设工程，让体现主旋律、弘扬正能量的道德取向充盈网络空间，使他们远离不良网站，防止他们网络沉迷，要加强大中小学网络素养教育，引导青少年学生自觉养成网络自律行为。

最后，要促进教育系统内外的一体化发展。一方面，我们要促使大中小学思想道德教育既保持一致性，又体现多样化，将大中小学校思想道德教育与基础教育、职业教育、高等教育相结合，在德、智、体、美、劳诸方面相互渗透，共同发展；另一方面，大中小学思想道德教育工作有赖于学校教育管理各方的密切合作，同时也需要社会各界、各领域的配合和支持。学校要把大中小思想道德建设的内容和要求体现到各学科教育中，使之与学科发展、教学体系、教材建设、管理系统相结合，使道德教化过程融会贯通于教育教学进程之中。我们要发挥舆论监督作用，对违反社会道德、背离公序良俗的现象，及时进行批驳，引导大中小学生树立正确的道德原则和有大是大非的道德底线。

（三）大中小学思想道德一体化育人体系的实施路径

人才培养是一个系统工程，需要构建家庭、学校、社会、政府相结合的思想道德教育体系，明确各方的角色与责任，增强各成员间的协作联动，从育人目标协同、育人内容协同、育人方式协同、管理评价协同、学科发展协同等方面，实现思想政治理论课与日常思想政治教育协同育人，从而构建大中小思想道德一体化建设体系。

其一，在纵向上打通大中小学思想道德教育教师的交流沟通渠道。我们通过对思想道德教育教师队伍的一体化培训，建立融教学、科研、实践交流三位为一体的培训体系，定期召开大中小学思想道德教育经验交流会、座谈会、学术研讨会等，为教育和管理工作者开展理论研究、提升理论素养创造条件。我们要树立整体格局，确立覆盖大中小学不同学科、不同学段的骨干教师培训机制，使他们在做好本阶段学生的思想道德教育工作的同时，使学生得到由低年级向高年级过渡所需的能力储备和系统保障，引导学生从小学向初中、从初中向高中、从高中向大学的合理过渡。

其二，从横向上提升大中小学教师的德育能力。学校要根据大中小学生思想道德教育实践的需要，完善思想道德教育的课程体系与课程结构，努力优化大中小思想道德教育教师的知识结构，使他们在教学过程中，既注重掌握马克思主义理论和思想政治教育的基础理论，又注重掌握思想道德教育相关学科的专业知识，既加强思想道德教育的理论教学，又加强思想道德教育的实践锻炼，从而提升大中小学思想道德教育的质量，提升人才培养的质量和现代教育的质量。

其三，构建大中小学思想道德一体化的管理机制。个体良好行为习惯的养成，既需要道德的约束，也需要法律制度的规约。青少年学生思想道德实践的不断发展，离不开党和国家的政策支持、制度保障和组织保障。正是国家政策的规定才能合理纠正学生的思想道德实践观，使他们能够高昂斗志，脚踏实地，在实现中华民族伟大复兴的光明前景中挥洒青春的汗水；正是完善的制度保障，对思想道德建设领域的突出问题进行奖惩分明的治理，才使校园文化中关于思想道德建设的宣传、动员、策划、运行等各个环节顺利衔接，稳定运行；正是妥善的组织保障，优化党委政府、社会机构、企事业单位和学校之间的多方关系，为青少年学生的努力奋斗免去了后顾之忧，使他们更坚定地相信通过不断提升个体的思想道德素养，可以更好地实现潜能的无限发挥、个人前程的公平晋升，共享改革发展带来的文明成果。

三、努力促进青少年学生的全面发展

大中小学思想道德一体化建设是促进学生全面发展的现实要求，也是培

养时代新人的必经之路。大中小思想道德一体化的实践方法，是要坚持整体性与阶段性相结合，普遍性与特殊性相结合，层次性与发展性相结合，把大中小学生的全面发展作为落脚点，找准思想道德教育与大中小学生成长发展需求的结合点，真正激发学生学习和践行思想道德教育内容的积极性。

一是要根据不同阶段学生的认知特点和成长规律，学校明确规定思想道德教育的目标与内容，科学合理地设置一系列符合青少年学生的思想政治教育理论课程标准，统筹规划不同教育阶段学生的思想政治理论课教学活动，运用不同的思想道德教育方法，对大中小学生进行有针对性的教育和引导，从而全面地促进各个学段学生的身心健康发展。

二是要在尊重学生主体性和个性发展的基础上，教育者明确每个成长阶段学生的成长发展需要和内心期待，打通思想道德教育内容与学生之间的内在关联点，从时代要求、全球意识和国际视野出发，分别突出习惯养成、道德观念、情感认知体验、理想信念的教育重点，形成分层递进、有机衔接的教育序列。比如，教师要求小学生养成良好的思想品德和行为习惯，对初中生要进行道德、民主、法治、纪律教育，对高中生要进行远大理想和共同理想的教育，使大学生具备核心知识能力和专业素养，提高甄别力、判断力和应对开放环境各种挑战的能力，坚定自身的社会主义立场和共产主义信仰。

三是要把文化育人与青少年学生的道德认知、道德养成和道德实践紧密结合起来。文以载道，文以传情，文以植德。作为文化表现形式的价值观念、道德传统、风俗习惯、生活方式、行为规范等，它无时无刻不在发挥作用，丰富着人的精神世界。我们将思想道德教育融于文化现象当中，以社会主义先进文化为抓手，通过文化渗透的方式，加强中华优秀传统文化教育、革命文化教育和中国特色社会主义文化教育，综合利用民族团结、科普、国防等教育基地以及图书馆、文化馆、博物馆、纪念馆、科技馆、青少年活动中心等公共文化设施，让青少年学生在感受中国风格、中国智慧和中国精神的过程中，不断增强中华民族的归属感和认同感。我们要将文化育人与社会主义核心价值观教育相结合，营造明德守礼的浓厚氛围，将其融入基础教育、职业教育和高等教育阶段的思想政治理论课教学、宣传管理、社会实践和校园文化建设之中，从而塑造青少年学生的思想品格，提升学生的人文修养和道德情操。

第四节　运用文化激励强化高校师德建设

师德是教师在其职业生活中，调节和处理与他人、社会、集体、职业工作关系所应遵守的行为规范和行为准则，以及在这些方面所表现出来的观念意识和行为品质。作为高等教育的实施主体，高校教师承担着授道解惑、传播真理的历史使命，肩负着立德树人、铸造灵魂的时代重任，是教育发展的第一资源，是国家富强、民族振兴、人民幸福的重要基石。网络信息技术的发展和网络环境的变化，对高校师生的科学文化素质、思想道德水平和精神文化境界的提升都有巨大的影响。因此，网络时代高校师德建设契合社会发展需要，符合学生成长期待，是有利于教师自身发展的必然选择。

一、新时代高校师德建设的必要性与重要性

邓小平指出："一个学校能不能为社会主义建设培养合格的人才，培养德智体全面发展、有社会主义觉悟的有文化的劳动者，关键在教师。"① 高校教师能否以德立身、以德立学、以德施教，直接关系高校人才培养的质量和水平，关系国家和民族的未来，关系人类文明的进程。因此，高校加强师德建设，势在必行。

（一）契合社会发展需要

恩格斯说："每一个时代的理论思维，包括我们这个时代的理论思维，都是一种历史的产物，它在不同的时代具有完全不同的形式，同时具有完全不同的内容。"②《礼记·学记》中早有"凡学之道，严师为难。师严然后道尊，道尊然后民知敬学"之语，认为学生要先尊重老师，然后才会尊重老师传授

---

① 邓小平. 邓小平文选：第二卷 [M]. 北京：人民出版社，1994：108.
② 马克思恩格斯文集：第 9 卷 [M]. 北京：人民出版社，2009：436.

的学问。这种根深蒂固的思想对长期以来的师德建设影响深远。随着我国由农耕文明向现代化社会的转型进程不断加快,信息化的飞速发展,移动客户端的普及,学生获取知识的来源越来越多,而传统依靠知识优势体现教师权威的方式逐渐淡化,唯有学识渊博、品行高尚的老师才能真正赢得学生的尊重。目前,高校教师群体中存在着功利化倾向,出现"重研轻教"和"重教轻育"的现象,不利于学生的全面发展。因此,党和国家高度重视师德建设。党的十八大以来,以习近平同志为核心的党中央将教师队伍建设摆在突出位置。2018 年 1 月,中共中央、国务院颁布了《关于全面深化新时代教师队伍建设改革的意见》。2018 年 5 月,习近平总书记与北京大学师生座谈时指出"评价教师队伍素质的第一标准应该是师德师风"①。这就对高校师德建设提出了更高的要求。高校教师只有契合社会发展的需要,描绘与时代相匹配的发展蓝图,才能更有针对性和实效性。

(二)符合学生成长期待

马克思主义唯物史观认为,社会存在决定社会意识。自改革开放以来,我国社会经济成分、组织形式、就业方式、利益关系和分配方式日益多样化,人们思想活动的独立性、选择性、多变性和差异性日益增强。② 部分高校教师理想信念有所淡化,担当精神有所减弱,大局观念有所缺乏,出现学术造假、滥用科研经费徇私腐败、对学生实施性骚扰等师德失范现象。处于青年时期的大学生,对真善美十分渴求,但自身知识储备不够,信息处理能力不足,容易陷入迷茫、挣扎的状态,进而出现对社会的认知偏差,甚至走向极端。比如,新闻上出现的某些大学生由于导师学术腐败或者骚扰压榨,而自杀。因此,他们迫切需要身清气正的老师给予正面示范和积极引导,从根本上提升精神境界,满足自身全面发展的需求,进而自主探索成长成才的内在路径。高校的根本任务是立德树人,要让学生成为德才兼备、全面发展的人才,满足学生的成长发展期待,就要有师德高尚、知识渊博的老师进行言传身教,就需要系统性地进行师德建设。

---

① 习近平. 在北京大学师生座谈会上的讲话 [N]. 人民日报,2018-05-03.
② 十六大以来重要文献选编:中 [M]. 北京:中央文献出版社,2006:178.

（三）有利于教师自身发展

高校师德建设关乎党的教育方针的贯彻落实和立德树人根本任务的扎实推进。教育者要先受教育，才能教学相长，实现教书与育人的统一。习近平总书记在全国高校思想政治工作会议上强调，"教师是人类灵魂的工程师，承担着神圣使命。传道者自己首先要明道、信道。高校教师要坚持教育者先受教育，努力成为先进思想文化的传播者、党执政的坚定支持者，更好担起学生健康成长指导者和引路人的责任"①。教育部制定的《关于建立健全高校师德建设长效机制的意见》中，指出要注重师德激励，严格师德惩处。高校教师应以德立身、以德立学、以德施教，要"行为世范，学为人师"，让学生"亲其师，信其道"，在道德品行与学术能力方面成为学生的榜样，严于律己，勤恳钻研。这也要求高校在岗位聘用和职务晋升强化德才兼备的选拔标准和用人导向。长此以往，社会和学校的重视和认可就会激发教师更多的学习动力，进而促进他们的长远发展。

（四）师德建设的现状

"'思想'一旦离开'利益'，就一定会使自己出丑。"② 师德建设如果忽视广大高校教师的核心利益，就会削弱其自身的权威性和感召力，无法将相关政策落到实处。进入新时代以来，我国的社会主要矛盾转变为人民日益增长的美好生活需要和不平衡不充分发展之间的矛盾。一方面，经济社会的转型，使身处其中的部分高校教师价值观发生了变化，出现拜金、享乐等价值偏差行为以及学术造假、滥用科研经费徇私腐败、对学生实施性骚扰等师德师范行为。另一方面，网络信息发达，但网络空间上谣言四起，对个别师德失范现象大肆进行负能量传播，影响崇尚师德的社会风气的构建。

师德建设过程存在的问题主要体现在以下几方面。其一，重视外在硬性要求而相对忽视高校教师群体内在自主性的激发。其二，顶层设计中对象化服务做得还不够，相关政策措施针对性不强，没有真正做到分层对待教师群

① 习近平. 在全国高校思想政治工作会议上的讲话 ［N］. 人民日报，2016-12-09.
② 马克思恩格斯文集：第 1 卷 ［M］. 人民出版社，2009：286.

体的具体需求。比如，中青年高校教师与老年高校教师的现实需求与关注点不同，心理认知特征和职业生态特征也不同等。其三，师德监督和评价机制不健全，高校重科研轻德育现象有待改进。如何合理量化师德评价标准，如何发挥监督机制的实效等，这一系列问题还需进一步解决。

二、文化激励对高校师德建设的重要作用

习近平总书记在主持中央政治局第十三次集体学习时指出："对历史文化特别是先人传承下来的价值理念和道德规范，要坚持古为今用，推陈出新，有鉴别地加以对待，有扬弃地予以继承，努力用中华民族创造的一切精神财富来以文化人、以文育人。"① 文化是历史的积淀，具有群体性和共识性特征。高校教师作为高级知识分子，在道德选择和价值判断上有其自身的特点。除了物质资料的满足，他们更需要精神追求带来的尊严感、获得感和归属感。因此，高校师德建设要达到以文化人、以文育人的目的，就需要自我激励和外在激励的协同作用，就需要文化激励的运用。文化激励具有导向性和约束性，使高校教师在价值追求和道德观念等方面达成共识，激发其内驱力和创造性，以文化人，以文育人，进而内化于心，外化于行，产生"蓬生麻中不扶而直"的师德建设效果。

（一）文化激励对师德建设的"他律"约束

师德他律，指的是教育职业职责、教育职业社会关系以及反映这种职业职责与社会关系的师德规范的外在要求，主要通过制度建设来发挥规训作用，具有强制性。② 文化激励"他律"作用的产生，需要政府和高校两大主体来施行，通过制定相应的政策制度，来确保师德建设的顺利进行。

1. "他律"服从于政策规约。高校师德建设要以党和国家关于高校教师的道德要求为根本遵循。政府作为高校师德建设中政策的制定者，需从长远着手，做好顶层设计。2018 年 1 月，中共中央、国务院颁布了《关于全面深化新时代教师队伍建设改革的意见》（以下简称《意见》）。接着，教育部印

---

① 习近平 . 习近平谈治国理政［M］. 北京：外文出版社，2014：164.

② 徐士元，陈帅 . 高校师德他律机制研究［J］. 思想教育研究，2017（4）：48-51.

发了《新时代高校教师职业行为十项准则》，还出台了《高校教师师德失范行为处理的指导意见》，强调师德为先，育人为要，把师德考核放在教师考核的第一位，推行师德考核负面清单制度，建立教师个人信用记录，完善诚信承诺和失信惩戒机制。因此，政策上的严格要求，会从整体上规范高校教师的师德养成。

2. "他律"来自制度监督。高校作为师德政策落地生根的承载地，师德建设工作涉及学校的宣传、组织、人事和工会等多个部门，不断完善高校师德建设的体制机制，才能真正实现师德建设中选拔机制、培训机制、考评机制和奖惩机制之间的贯通联动，才能在时代发展的进程中完善师德建设。其一，选拔教师要严把入口关，把德才兼备作为第一标准。高校要从能力、实绩和贡献评价教师，克服唯学历、唯职称、唯论文等倾向，切实提高师德水平和业务能力。其二，对出现学风不正、师德失范行为的老师，绝不姑息，一票否决，形成崇尚师德的正能量校园文化氛围。这样，外在制度的约束监督，赏罚分明的态度，会使高校教师在底线之上、原则之内，自觉践行自己为人师表的职责。

（二）文化激励对高校师德的"自律"要求

师德自律是高校教师在认同师德观念的前提下，使之由外在约束向内在价值理念进行转化，并在对师德遵循的基础上，时刻观照自己的言行举止。高校要使文化力量润物细无声地融入经济力量、政治力量、社会力量之中，通过熏陶、教化、激励作用，凝聚人心，激发高校教师增强品德修养的内生动力。

1. "自律"植根于优秀文化。尊师重教一直是我国的优秀文化传统。文化激励植根于对优秀传统文化的传承和先进当代文化的塑造之中，国家要大力弘扬尊师重教的社会风尚，大力宣传师德建设中的优秀教师典型，鼓励优秀教师长期从教，终身从教，引导高校教师自觉遵循师德的基本要求，履行教书育人的根本职责，把"教好书"和"育好人"放在同等重要的位置，真正做到为人师表。

2. "自律"生发于内在觉醒。需要的产生能够激发人的内在觉醒和内生动力。高校教师是高级知识分子群体，他们有着很强的职业荣誉感，也深知在享受教师这个光荣的职业带来的光环以外，还要通过德才兼备的实力来赢得社会的认可和学生的尊重。这就要求他们，要以高尚的道德情操和人格魅力感染学生，使他们成为先进思想文化的传承者和社会进步的积极推动者。他们谨遵学术规范，恪守学术道德，自觉维护公平正义和风清气正的学术环境；科学选才，规范招生，正确行使导师权力，确保招生录取公平公正；有责任心和使命感，尽职尽责，确保足够的时间和精力及时给予学生启发和指导；有仁爱之心和深厚情怀，真正做到以德育人，以文化人。因此，他们会有主动的意愿，积极提升自身职业道德修养和个人品德，积极对接时代要求，不断进行自我更新，从而生发出符合社会需求，同时契合自身正当权益的道德力量，成为高尚师德的践行者。

三、文化激励在新时代高校师德建设中的实现路径

习近平总书记 2018 年 5 月与北京大学师生座谈时指出"师德师风建设应该是每一所学校常抓不懈的工作，既要有严格制度规定，也要有日常教育督导"①。高校要突出师德建设的重要地位，强化师德宣传教育，营造浓厚的尊师重教氛围，推进校园文化建设，用文化涵养师德，开展师德实践活动，培育师德建设的高度自觉；加强师德制度建设，为师德建设工作提供有力支撑；建立健全保障机制，确保师德建设工作扎实推进，为有力提升师德建设水平、落实立德树人的根本任务提供保障。

（一）以文化人，激发师德建设中的内在动力

文化是植根于中华民族内心的精神命脉，根深蒂固地影响着人们的生产方式、生活方式和思维方式。师德建设与文化的浸润密切相关。在进行师德建设过程中，我们要遵循教育规律和教师成长发展规律，不断弘扬尊师重教的优秀传统文化和社会主义先进文化，抵制西方错误价值观念的侵袭，使高校教师在文化的传承与创新之中，认同师德建设传达的价值理念，使高校教

---

① 习近平. 在北京大学师生座谈会上的讲话［M］. 北京：人民出版社，2018：9.

师做高尚师德的践行者。

高校要努力构建崇尚师德的校园文化，一方面，以校徽、校训、校歌等为文化载体，通过文字、图片、视频、广播等多种方式，借助研讨会、舞台剧、读书会等多种活动，在广大高校教师心中埋下为人师表的种子。另一方面，在以文化人、以文育人的过程中，高校要把外在灌输和内在渗透相结合，深刻挖掘教师群体的特质，汲取其中的道德精髓，在时代变迁的观照之中，把握思想观念和价值理念的发展规律，深入了解高校教师群体的生存状态和生活实际，真正提升师德建设的针对性和实效性，使高校教师在充分理解师德的本质的基础上，认同师德的价值追求，身体力行地践履师德要求。

（二）创新宣传，延续崇尚师德的社会风气

在时代大交锋大融合的进程中，网络信息技术迅猛发展，这也就要求师德建设工作要把握好网络阵地，画好网内网外"同心圆"，创新宣传方式，净化网络空间，延续崇尚师德的社会风气。网络具有即时性、共享性和开放性等特点，是现代化社会必备的交往工具，也是思维活跃创新之地。但与此同时，网络信息繁杂，谣言充斥其中，需要合理管控，才能发挥好舆论引导、以正视听的作用。广大高校教师在进行日常教学活动中，时时刻刻需要借助网络手段进行教学。

因此，高校进行师德师风的宣传，需要风清气正的网络文化和健康的舆论氛围加以引领。比如，高校将多种形式的教师表彰奖励活动，以及各社会团体、企事业单位、民间组织开展的尊师活动，利用微博、微信、知乎、抖音等网络平台进行传播。高校积极策划具有高尚师德的教师专题宣传纪录片，推出让人喜闻乐见、能够引起社会反响、展现教师现代风貌的影视作品和文学作品，树立师德典型，提升师德师风建设的影响力、凝聚力和向心力，循序渐进，持续用力，达到"唱响主旋律、提振精气神、激发正能量"的效果。

（三）制度服人，构建全方位的师德养成体系

完善的制度是师德建设的根本保障。健全师德建设中的培训制度、薪酬分配制度、评价制度和运行机制，推动师德建设常态化发展，是充分释放教师创新创造活力、构建全方位师德养成体系的必经之路。培养高水平道德素

质的教师离不开高水平的教师教育，高校遵照教师教育振兴行动计划的要求，遵循教育规律和教师成长发展规律。首先，完善师德师风培训制度。师德培训不仅仅是高校教师入职前要进行的工作，还是广大高校教师整个教学生涯不断跟进的工作。师德培训的内容要切合教师的实际利益，符合当代社会的现实要求，满足学生的发展期待，才能够达到共赢的效果。其次，要推进高等学校教师薪酬制度改革，解决高校教师的后顾之忧。一方面，建立增加以知识价值和品德力量为导向的收入分配机制，加大对德才兼备教师的岗位激励力度，完善适应高等学校教学岗位特点的内部激励机制。对于出现师德失范现象的高校教师，高校实行"一票否决制"，赏罚分明，有章可依，才能使各项政策制度落到实处。另一方面，要完善师德评价制度，凸显师德在职业发展中的重要作用，提高师德评价指标的权重，而不能只看教学科研成果。高校要与时俱进，坚持实践性和全面性相结合，公平、公正、公开地进行师德评价。高校要听其言，观其行，还要看周围老师、学生对其评价。最后，高校在运行机制建设方面，要协同作战，形成合力，协调处理高校师德建设工作与宣传思想工作、教学科研工作及其他各项工作之间的相互关系，围绕中心工作创新师德建设的观念和方式，切实尊重高校教师在高等教育事业发展中的主体地位，培养高素质的教师队伍，形成优秀人才争相从教、教师人人尽展其才、好教师不断涌现的良好局面。

第五节　推动高校课程思政建设科学发展

　　党的十八大以来，以习近平同志为核心的党中央，高度重视高校思想政治工作体系的构建，提出了一系列新思想、新要求和新举措。要用好课堂教学这个主渠道，思想政治理论课要坚持在改进中加强，提升思想政治教育亲和力和针对性，满足学生成长发展需求和期待，其他各门课都要守好一段渠、种好责任田，使各类课程与思想政治理论课同向同行，形成协同效应。① 课程

---

① 习近平. 习近平谈治国理政：第二卷［M］. 北京：外文出版社，2017：378.

思政就是在这样的背景下强调，要全面提升广大教师在专业课教学中挖掘思想政治教育资源的能力，更好地发挥课程育人功能。开展课程思政建设，高校要注意在提升认同意识、培养专门能力、加强载体建设、完善机制体制等四个着力点上下功夫，充分调动和发挥教师、学生的积极性、创造性，努力构建和形成全员、全程、全方位育人的大格局。

一、提升课程思政建设的认同意识

课程思政是提升人才培养质量的重要环节，是实现立德树人根本任务的战略举措。要使其他各门课程与思想政治理论课同向同行，实现知识传授、思想引领和价值塑造同频共振、有机融合，我们要促使课程思政的理念在广大师生中形成广泛共识。

学校层面，课程思政建设要实现价值塑造与知识传授、能力培养一体化推进，需要提高对课程思政建设的重视程度，将课程思政作为一项专门工作来统筹规划，进行职业化、专业化、发展性和动态性的管理。首先，课程思政是一项系统工程，不只是高校教师的职责，也需要高校管理人员和管理部门相互配合。学校各部门要做好分工和协作，共同承担育人的任务，形成党委统一领导、党政齐抓共管、教务部门牵头抓总、相关部门协同联动、院系贯彻落实的工作格局。其次，课程思政体系的构建是一个长期过程，并不是所有任课老师都能明晰和熟练掌握课程思政的内容和要求的。因此学校要给予其他各类学科、各门课程的任课教师充分的成长学习空间，建立长效的培训机制，为做好课程思政建设储备足够的主力军。学校要构建完整的培训体系，将课程思政建设纳入教师培训的全过程，比如，岗前培训、在岗培训、专项能力培训和其他专题培训等。最后，学校要搭建优质资源共享的交流平台，发挥教学名师的引领示范作用，将课程思政建设过程中的经验进行分享和推广。学校要建立课程思政集体教研制度，开展课程思政教学专题讲座、工作座谈会和经验交流会，研讨课程思政实施过程中的重点难点，打造一批可供观摩学习的示范课程，使优质的教学师资团队在高校形成良好的传帮带机制。

教师层面，教师是决定课程思政教学效果的关键。学科思政建设的成效，要通过思想政治教育在各个学科、各个专业和各门课程中的自然渗透和有效迁移来实现，而非概念的叠加和平移。但在实际教学过程中，教师却不同程度地出现思想认同不足，其他课程思政内容的缺失等问题。其一是专业教育与思政教育融合度不高，出现思想政治教育和其他课程教育相互独立，呈现"两张皮"的现象。其二是部分老师思想认识不到位，重视程度不够，认为这是思政教育和管理的职责，不应该占用专业课课时。其三是部分老师割裂了各门课程、各个学科之间的内在联系，认为讲好专业课才是第一位，其他课程与思想政治教育无关。因此，我们要激发教师对课程思政建设这一系统工程的投入热情和内驱力。

学生层面，高校学生的学习状态和意愿，深刻影响着课程思政的实施成效。部分学生并不了解课程思政的内涵，认为很多老师都只是照本宣科，学跟不学没有多大关系；一些学生认为，思政课程讲的都只是假大空的东西，跟自己的学习生活实际联系并不紧密；一些学生认为，学好专业课才是王道，课程思政本身缺乏亲和力和实际价值，并不能满足自身成长和发展的需求。因此，在开展课程思政的过程中，教育者需要特别注意把握学生，改变不同专业学生忽略思想政治教育内在价值的现象。

二、培养教师开展课程思政建设的专门能力

教师的教学能力直接影响课程思政的建设效果。课程思政建设作为高校思想政治工作体系中的新生事物，对高校所有教师提出了高标准和新要求。邓小平指出："一个学校能不能为社会主义建设培养合格的人才，培养德智体全面发展、有社会主义觉悟的有文化的劳动者，关键在教师。"[1] 因此，高校教师在实现教书育人本职的同时，也要不断提升教师进行课程思政建设的专门能力。

首先，要培养高校教师政治把握能力。教育部在 2017 年印发的《高校思想政治工作质量提升工程实施纲要》中，把政治考核作为教师评聘的首要标

---

① 邓小平 . 邓小平文选：第二卷 [M]. 北京：人民出版社，1994：108.

准。高校教师作为课程思政的组织者和实施者，其思想政治品德对学生起着潜移默化的作用。教师运用政治知识和进行政治实践的能力，使学生"亲其师，信其道"，有利于更好地实现中国特色社会主义高等教育的目标。其一，高校教师只有牢固树立政治理想，才能端正政治态度，正确把握政治方向，率先垂范，将政治理念融入大学生专业学习的各个环节中，渗透到教学、科研和社会服务等各个方面。其二，面对国家转型过程中凸显的深层次社会矛盾，高校教师要保持清醒的政治头脑和政治定力，科学地做出政治判断，注意防范政治风险，更好驾驭课程思政教学过程中的复杂局面。其三，要不断深化政治理论学习，贯彻落实政治要求，高校教师在不断历练中增强自己的政治能力。

其次，要增强高校教师挖掘思政资源的能力。一方面，高校教师要深入分析每门课程的特点和育人要求，从文史哲类、经管法类、教育学类、理工类、农学类、医学类、艺术类 7 大类专业课程中找出既有的思政元素，或者对其蕴含的思政元素进行去粗取精。另一方面，高校教师要按照不同的课程类型，找好思想政治教育和其他各门课程的结合点，分别明确公共基础课、专业课、实践类课程进行课程思政建设的重点和难点，实现二者之间的深度融合，形成协同效应。比如，高校教师通过理学、工学类专业课程，激发学生大国重器的情怀和担当。

最后，要提升高校教师的育人能力。学校培养人才的规律和特点决定了教书和育人是不可分割的整体。[①] 高校教师是进行课程思政的主力军，要做好自己的本职工作，以全面提升人才培养质量为核心，持续锻造自身的育人能力。其一，要准确把握教材内容，讲透本专业的课程，更新教学理念和方法，增强教学能力和科研能力，让学生学有所获，增长真本领。其二，要扩大育人场域，善于把课堂教学、实践教学、第二课堂以及网络课堂相结合，使学生全方位浸润于课程思政的内容和氛围之中，与课堂教学内容相互支撑。比如，专业课教师可以联合学工部门老师、辅导员，在社会实践、班级活动、社团活动等开展中，引导学生在亲身参与的历程中实现专业知识与价值塑造

---

① 冯刚. 改革开放以来高校思想政治教育发展史［M］. 北京：人民出版社 2018：320.

的双重收获。其三，要真正了解学生，掌握学生的思想变化实际，给予学生思想引领和价值引导，满足学生的内心需要和成长期待，促使学生将思想认知结合专业知识，融于个人实现自我价值和社会价值的进程中。

三、加强课程思政的载体建设

课程思政建设不仅仅是课程教学内容的增减和课程体系的调整，还强调明确课程建设目标与凝练思政元素，要求围绕课程建设目标，聚焦课程思政元素规划课程思政的课程体系、教材体系和教学体系。否则，课程思政的建设就成了无源之水、无本之木。习近平总书记指出："人才培养体系涉及学科体系、教学体系、教材体系、管理体系等，而贯通其中的是思想政治工作体系。"① 要把立德树人融入思想道德教育、文化知识教育、社会实践教育各环节。

（一）优化课程设计

课程思政不是为其他各类课程简单地贴上思政标签，也不是僵硬地平移思政内容，而是要把课程思政建设正式纳入人才培养体系之中。课程设计，一方面，要围绕立德树人根本任务，依据课程思政教育教学改革系列文件，深刻领悟政策文件的精神和内在要求，制定各类课程进行思政建设的具体标准，系统挖掘不同类型课程中的思政元素，丰富课程思政的内容建设，构建科学合理的课程思政体系；另一方面，高校要坚持统筹协调和分类指导相统一，使课程设计体现不同学科的专业特色，突出不同类型课程的建设重点，打通公共基础课程、专业教育课程和实践类课程之间的内在关联，增强不同类型课程中的思想性、时代性、发展性和人文性，促使高校学生实现德智体美劳全面发展。

（二）完善教材内容

教材是教与学的基本依据，是教书育人的主要载体之一。教材内容要反映时代要求、实践特色和学科特点。学校要增强教材的科学性和可读性，就

---

① 习近平. 在北京大学师生座谈会上的讲话［N］. 人民日报，2018-05-03（2）.

要持续梳理各门课程所蕴含的思想政治教育元素，开发各门课程所承载的思想政治教育功能，使各门课程的教材讲义、教学大纲和教案编写体现课程思政建设的要求，用理论本身来赢得学生，并将其贯穿于课程思政的各个环节之中。同时，学校还要平衡公共基础课程、专业教育课程和实践类课程教材中的思政内容，找好思政内容与专业特色内容的结合点，使不同类别的课程教材相互补充、相互支撑，开阔学生认识问题和分析问题的视野。

（三）强化课堂教学

课堂教学是教师运用教材内容、体现课程设计的过程。课堂教学作为教书育人的常规性工作，要体现思政功能，才能将课程思政建设的要求落到实处。首先，课堂教学要以学生为中心，从不同专业的学生实际切入，了解他们的认知方式、交流方式和学习习惯，激发学生的学习兴趣，增强课程思政本身的吸引力、趣味性和影响力。教学内容要紧跟时代变化，积极运用网络信息技术，使专业课程教学和实践类教学内容关照现实生活，反映社会热点，抨击错误观点、回应错误认识，开展思想引导、进行正面宣传，将课程思政的内容与专业课程教育协同作用，如盐一般融入学生的学习认知过程，实现知识传授和价值塑造的统一。其次，课堂教学要坚持灌输性与启发性相统一，坚持课程思政和日常思想政治教育相结合，关注学生的成长发展动态和期待，实现与学生的双向互动，引导学生将爱国奉献精神融于专业技能的提升过程中，并转化为建设祖国的实际行动，提升课程思政建设的实效。最后，教师在深化学科属性的同时，拓展课堂教学的形式，强化劳动教育，将社会实践、志愿服务、实习实训活动纳入课堂教学的范围之中，创新教学模式，拓展课程思政建设的方法和途径。

四、完善思政课程建设的机制体制

我国要全面推进高校课程思政建设，要把立德树人贯彻课程育人的全过程，明晰课程思政建设的具体路径，形成科学合理的制度和课程思政工作体系，协同推进课程思政建设的体制机制，使课程思政建设规章明确、体系健全、运行有序，形成全员、全程、全方位育人大格局。

（一）用好评价机制

课程思政要充分发挥评价机制这根"指挥棒"的作用，把课程思政建设的目标具体化为可以把控的标准，并制定相应的考评指标体系，以评价主体的多元化、评价标准的层次性和评价方式的多样化，来增强评价体系的准确性和可操作性。一方面，建立多维度全方位的课程思政建设成效考核评价体系和评价标准，我们充分考量各级各类教学指导委员会、学科评议组、专业学位教育指导委员会、行业职业教育教学指导委员会等专家组织的建议，将课程思政建设成效纳入"双一流"建设动态监测过程中；另一方面，要采取多元化的评价方式。课程思政建设的效果并不是即时性和集中性，显现在学生的思想行为之中，在学生成长轨迹中呈现滞后性的特点，因此，对课程思政建设成效要综合评估，将人才培养质量作为首要标准，坚持客观量化评价和主观效果评价相结合，采用结果评价、过程评价、动态评价、静态评价等多种方式，通过问卷调查和深度访谈，把学生和同行评价作为软性指标来综合评判。同时，我们要对评价过程和评价结果进行经验总结和系统反馈，进一步改进评价机制，并根据现有成果，看其是否符合高校教育教学改革要求，是否达到了课程思政建设的预期目标，实现以"评"促"改"，以"评"促"教"。

（二）强化激励机制

人的一切行为都是由某种动机引起的，动机是人类的一种精神状态，它对人的行动起激发、推动、加强的作用。它可以激发高校教师参与课程思政建设的热情，我们采取物质激励和精神激励相结合的机制，保证课程思政建设的正确方向，树立课程思政改革的权威，推动高校对课程思政建设的执行。首先，学校要系统掌握所有师生的政治思想、工作表现、评先受奖、技能培训、发展潜力等各个层面的情况，把教师参与课程思政建设情况和教学效果作为教师评优奖励和人才选拔的重要内容。在教学成果奖、教材奖等各类成果的表彰奖励工作中，学校加大对课程思政建设优秀成果的支持力度。学校将课程育人作为教师思想政治工作的重要环节，作为教学督导、绩效考核、职级晋升的重要考察内容。其次，学校要改善高校教师进行课程思政建设的福利待遇和工作条件，从物质条件方面激励高校教师进行课程思政建设的积极性、主动性和创造性。学校要提高课程思政建设在高校人才培养体系中的地位和作用，加大对高校教师进行课程思政建设的支持力度，给予实实在在的财力、物力和平台的支持，解决他们在工作生活中遇到的实际困难。最后，学校要强化人文关怀，满足教师的预期。激励机制能给人的复杂连锁行为提供反馈信息，使课程思政建设的效果得以强化、保持、巩固和发展。在教师进行课程思政教学过程中，学校在给予物质奖励的同时，充分肯定其成就，满足其成长发展预期，有利于激发其精神内驱力，增强精神生产力，将个人的价值实现与学院学科发展建设融为一体，增强教师教书育人过程中的幸福感和获得感。

（三）优化保障机制

其一，要加强组织保障。一方面，教育部要成立课程思政建设工作统筹小组，组建高校课程思政建设专家咨询委员会，制定一系列针对性强和可操作的政策文件及工作方案；另一方面，教育部要加强各地教育部门和高校对课程思政建设进程的领导监督，建立完善的督查机制。各高校要建立党委统一领导、党政齐抓共管、教务部门牵头抓总、相关部门联动、院系落实推进、自身特色鲜明的课程思政建设工作格局。其二，要加强支持保障。宏观层面，教育部门要做好顶层设计，强化政策支持，使全国各地、各高校进行课程思政建设和改革有据可依。中观层面，国家要提供充分的资金支持，统筹利用中央高校教育教学改革专项资金、地方财政高等教育资金和中央支持地方高校改革发展资金等各类资源，支持高校推进课程思政建设。微观层面，各地要结合学校实际，把课程思政纳入人才培养体系之中，制订自身课程思政建设规划，统筹各类教育教学资源，提高对课程思政建设的重视程度和加大投入力度，全面系统地落实课程思政建设的任务和要求。

（四）构建协同机制

课程思政主要是要发挥专业课教师的育人作用，但同时也要注意在实施课程思政的过程中，如何更好地发挥理论课教师和辅导员队伍的协同作用。比如，《中国普通高等学校德育大纲（试行）》明确指出，辅导员和班主任队伍的功能拓展，实际上也是强调辅导员在专业教师育人过程中的参与和配合。从这个角度来看，辅导员除了具体从事包括党团工作、班级建设、学生骨干培养、职业规划与就业指导、心理健康教育、宿舍管理、社会实践指导以及网络文化在内的校园文化建设与维护安全稳定等工作外①，还要鼓励辅导员加强专业化建设，特别是要结合学生的专业发展开展思想政治教育。所以，在对辅导员队伍进行专业培养的同时，学校要提供一系列有利于辅导员队伍长远发展的政策支持和创新举措，按照比例配备专职学生思想政治工作人员，保证辅导员队伍的编制配额，提升辅导员队伍的工作地位，解决辅导员工作过程中的后顾之忧，使辅导员队伍能够理直气壮地参与思政课程和课程思政建设中。

---

① 冯刚．改革开放以来高校思想政治教育发展史［M］．北京：人民出版社，2018：421.

结　语

　　高校思想政治教育是与时代同向而行的。社会发展瞬息万变，人类正在朝着智慧化方向大步迈进，万物互联成为必然趋势。网络环境的开放和信息技术的发展，使高校思想政治教育在主体协同、过程交互、资源共享、方式借鉴、成果互惠等方面辐射更广、影响更深。与此同时，网络深度融入青年学生的学习生活与社会实践之中。面对网络时代高校思想政治教育对象的发展变化，教育者如果仍以传统教育思维、理念、方法面对网络时代的教育对象，育人成效势必会受到影响。在深化网络时代高校思想政治教育对象研究的基础上，教育者探索网络时代思想政治教育的有效方式和路径，遵循高校思想政治教育对象成长发展规律，有助于科学把握教育对象在网络时代的现实需求和思想实际，促进青年学生的全面发展，提升高校思想政治教育的育人成效。

　　互联网的互动性、开放性、共享性，能够更好地激发人的能动性和本质力量，为人的实践活动和个性发展开辟了新的领域。作为虚拟空间的网络不仅是对现实的精确再现，而且揭示了现实所没有显示出的各种可能性。青年学生在虚拟和现实交织的网络空间有不同价值观念、道德评判标准的影响，个体成长发展的方向确立面临着多重挑战，出现自我怀疑、认同危机等问题。只有实现教育对象与教育者之间的良性互动，教育者才能将教书育人全方位、多层次、多角度落到实处。同时，教育者和教育对象之间是一种历时性和共时性共存的交往互动，需要教育者与教育对象之间通过多方面、长时间、多层次的交流，才能不断总结青年学生的特点和发展规律。

　　因此，网络时代高校思想政治教育对象研究是一个复杂的系统工程，内容十分丰富。本书也只是对其中一些基本问题做了初步研究，还有一些值得研究的课程内容由于时间、篇幅等未能涉猎。比如，如何在时代发展中回应高校思想政治教育立德树人的教育目标，回答"培养什么人，为谁培养，如何培养人"的时代追问和现实考验，如何适应高校思想政治教育环境、内容、方法等提出的新要求，如何科学把握高校思想政治教育对象在网络时空中的发展变化规律，如何规避网络信息技术发展给教育对象带来的不良影响，如何解决信息技术融入教学过程中产生的异化问题以及技术运用的瓶颈，使技术的发展能够真正围绕学生、关照学生、服务学生，以及面对网络舆情，如何进行精准评估等，这些问题需要高校思想政治教育给予有力的支撑和理论滋养，也需要每一个思想政治教育者予以持续关注和深刻思考，期待日后与学人共同探讨。在以后的工作学习过程中，本人也将继续关注网络时代的新发展、新变化，在把握理论前沿、学术热点和学科发展趋势的基础上，深化对这相关问题的系统性认识，以求为思想政治教育学科的发展、理论的丰富和实践的创新做出努力。

参考文献

一、经典著作

［1］马克思恩格斯文集：第1—10卷［M］．北京：人民出版社，2009．

［2］马克思恩格斯选集：第14卷［M］．北京：人民出版社，2012．

［3］列宁全集：第6卷［M］．北京：人民出版社，2013．

［4］列宁全集：第26卷［M］．北京：人民出版社，2017．

［5］列宁选集：第1—4卷［M］．北京：人民出版社，2012

［6］毛泽东选集：第1—4卷［M］．北京：人民出版社，1991．

［7］毛泽东文集：第一卷［M］．北京：人民出版社，1993．

［8］毛泽东著作选读：下册［M］．北京：人民出版社，1986．

［9］邓小平．邓小平文选：第一卷［M］．北京：人民出版社，1994．

［10］邓小平．邓小平文选：第二—三卷［M］．北京：人民出版社，1993．

［11］江泽民．江泽民文选：第一—三卷［M］．北京：人民出版社，2006．

［12］胡锦涛．胡锦涛文选：第一—三卷［M］．北京：人民出版社，2016．

［13］习近平．习近平谈治国理政：第一卷［M］．北京：外文出版社，2018．

［14］习近平．习近平谈治国理政：第二卷［M］．北京：外文出版社，2017．

[15] 习近平. 习近平谈治国理政：第三卷 [M]. 北京：外文出版社，2020.

[16] 毛泽东邓小平江泽民论青少年和青少年工作 [M]. 北京：中央文献出版社，2000.

[17] 十六大以来重要文献选编：中 [M]. 北京：中央文献出版社，2006.

[18] 习近平. 在哲学社会科学工作座谈会上的讲话 [M]. 北京：人民出版社，2016.

[19] 习近平. 习近平关于青少年和共青团工作论述摘编 [M]. 北京：中央文献出版社，2017.

[20] 习近平关于社会主义文化建设论述摘编 [M]. 北京：中央文献出版社，2017.

[21] 习近平总书记重要讲话文章选编 [M]. 北京：中央文献出版社，党建读物出版社，2016.

[22] 习近平. 摆脱贫困 [M]. 福建：福建人民出版社，1992.

[23] 习近平. 在哲学社会科学工作座谈会上的讲话 [M]. 人民出版社，2016.

二、报纸和电子信息

[1] 江泽民. 在纪念中国共产主义青年团成立八十周年大会上的讲话 [N]. 人民日报海外版，2002-05-16 (1).

[2] 胡锦涛. 致中国青年群英会的信 [N]. 人民日报，2007-05-05 (1).

[3] 胡锦涛. 在同中国农业大学师生代表座谈时的讲话 [N]. 人民日报，2009-05-05 (2).

[4] 胡锦涛. 在纪念中国共产主义青年团成立 90 周年大会上的讲话 [N]. 人民日报，2012-05-05 (1).

[5] 习近平. 在同各界优秀青年代表座谈时的讲话 [N]. 人民日报，2013-05-05 (1).

[6] 习近平. 胸怀大局把握大势着眼大事　努力把宣传思想工作做得更

好［N］. 人民日报，2013-08-21（1）.

［7］习近平. 在北京大学师生座谈会上的讲话［N］. 人民日报，2018-05-03（1）.

［8］习近平就高校党建工作作出重要指示［N］. 人民日报，2014-12-30（1）.

［9］习近平向全国广大教师致慰问信［N］. 人民日报，2013-09-10（1）.

［10］习近平. 把思想政治工作贯穿教育教学全过程 开创我国高等教育事业发展新局面［N］. 人民日报，2016-12-09.

［11］习近平. 坚持正确方向创新方法手段 提高新闻舆论传播力引导力［N］. 人民日报，2016-02-20（1）.

［12］习近平. 在纪念五四运动100周年大会上的讲话［N］. 人民日报，2019-05-01（2）.

［13］习近平. 坚持中国特色社会主义教育发展道路 培养德智体美劳全面发展的社会主义建设者和接班人［N］. 人民日报，2018-09-11（1）.

［14］习近平. 决胜全面建成小康社会 夺取新时代中国特色社会主义伟大胜利——在中国共产党第十九次全国代表大会上的报告［N］. 人民日报，2017-10-28.

［15］习近平. 用新时代中国特色社会主义思想铸魂育人贯彻党的教育方针落实立德树人根本任务［N］. 人民日报，2019-03-19.

［16］习近平. 在知识分子、劳动模范、青年代表座谈会上的讲话［N］. 人民日报，2016-04-30（2）.

［17］习近平在网络安全和信息化工作座谈会上的讲话［N］. 人民出版社，2016-04-26.

［18］关于全面深化新时代教师队伍建设改革的意见［N］. 人民日报，2018-02-01（1）.

［19］关于加强和改进新形势下高校思想政治工作的意见［N］. 人民日报，2017-02-28（1）.

［20］关于加强和改进新形势下高校思想政治工作的意见［N］. 人民日报，2017-02-28（1）.

［21］中国教育现代化2035［N］. 人民日报，2019-02-24（1）.

［22］新时代公民道德建设实施纲要［N］. 人民日报，2019-10-28.

［23］国务院. 关于印发新一代人工智能发展规划通知［A/OL］. 中华人民共和国中央人民政府网站，2017-07-20.

［24］中国互联网络信息中心. 第52次中国互联网络发展状况统计报告［R/OL］. 中国互联网络信息中心网站，2023-08-28.

［25］中共中央办公厅，国务院办公厅. 关于进一步加强和改进新形势下高校宣传思想工作的意见［2015］［A/OL］. 中华人民共和国中央人民政府网站，2015-01-15.

三、学术专著和译著

［1］仓道来. 思想政治教育学［M］. 北京：北京大学出版社，2004.

［2］陈万柏，张耀灿. 思想政治教育学原理：第三版［M］. 北京：高等教育出版社，2015.

［3］陈光磊，黄济民. 青少年网络心理［M］. 北京：中国传媒大学出版社，2008.

［4］冯刚. 大学生思想政治教育工作概论［M］. 北京：北京师范大学出版社，2020.

［5］冯刚. 改革开放40年高校思想政治教育编年史（1978—2018）［M］. 北京：北京师范大学出版社，2019.

［6］冯刚. 改革开放以来高校思想政治教育发展史［M］. 北京：人民出版社，2018.

［7］冯刚. 探索思想政治教育发展的内生动力［M］. 北京：人民出版社，2017.

［8］郭庆光. 传播学教程［M］. 北京：中国人民大学出版社，1995.

［9］金吾伦. 当代西方创新理论新词典［M］. 长春：吉林人民出版社，

2001.

[10] 蒋广学，等. 网络新青年培育与创新人才培养：北京大学网络思想政治教育的探索实践 [M]. 北京：北京大学出版社，2018.

[11] 陆庆壬. 思想政治教育原理 [M]. 北京：高等教育出版社，1991.

[12] 骆郁廷. 思想政治教育原理与方法 [M]. 北京：北京师范大学出版社，2019.

[13] 马俊峰. 马克思主义价值理论研究 [M]. 北京：北京师范大学出版社，2012.

[14] 彭华民，杨心恒. 社会学概论 [M]. 北京：高等教育出版社，2006.

[15] 孙其昂. 思想政治教育学基本原理 [M]. 南京：河海大学出版社，2004.

[16] 沈壮海. 思想政治教育有效性研究 [M]. 武汉：武汉大学出版社，2016.

[17] 王礼湛. 思想政治教育学 [M]. 杭州：浙江大学出版社，1989.

[18] 王岑. 网络社会：现实的虚拟与重塑 [M]. 长春：吉林人民出版社，2004.

[19] 王学俭，刘强. 新媒体与高校思想政治教育 [M]. 北京：人民出版社，2012.

[20] 吴满意，宁文英，王欣玥，等. 网络思想政治教育生态系统研究 [M]. 北京：人民出版社，2019.

[21] 肖峰. 信息主义：从社会观到世界观 [M]. 北京：中国社会科学出版社，2010.

[22] 徐建军. 大学生网络思想政治教育理论和方法 [M]. 北京：人民出版社，2010.

[23] 杨雪冬，等. 风险社会与秩序重建 [M]. 北京：社会科学文献出版社，2006.

[24] 张再兴. 网络思想政治教育研究 [M]. 北京：经济科学出版社，

2009.

［25］左殿升，等．大学生网络思想政治教育研究［M］．北京：人民出版社，2019.

［26］张明仓．虚拟实践论［M］．昆明：云南人民出版社，2005.

［27］何齐宗．现代外国教育理论流派述评［M］．南昌：江西高校出版社，2006.

［28］中共中央文献研究室．习近平关于社会主义文化建设论述摘编［M］．北京：中央文献出版社，2017.

［29］中共中央宣传部．习近平新时代中国特色社会主义思想学习纲要［M］．北京：学习出版社，人民出版社，2019.

［30］教育部思想政治工作司．加强和改进大学生思想政治教育重要文献选编（1978—2014）［M］．北京：知识产权出版社，2015.

［31］丹尼尔·贝尔．资本主义文化矛盾［M］．严蓓雯，译．北京：人民出版社，2010.

［32］凯斯·桑斯坦．信息乌托邦［M］．毕竟悦，译．北京：法律出版社，2008.

［33］罗斯科·庞德．法理学：第3卷［M］．廖德宇，译．北京：法律出版社，2008.

［34］约瑟夫·斯特劳巴哈，罗伯特·拉罗斯．今日媒介——信息时代的传播媒介［M］．熊澄宇，等译．北京：清华大学出版社，2002.

［35］比尔·盖茨．未来之路［M］．辜正坤，等译．北京：北京大学出版社，1996.

［36］康·德·乌申斯基．人是教育的对象［M］．郑文樾，译．北京：科学出版社，1959.

［37］塞缪尔·亨廷顿．文化的重要作用：价值观如何影响人类进步［M］．程克雄，译．北京：新华出版社，2010.

［38］斐迪南·滕尼斯．共同体与社会［M］．林荣远，译．北京：商务印书馆，1999.

[39] 韦伯. 经济与社会: 上卷 [M]. 北京: 商务印书馆, 1997.

[40] 约翰·奈斯比特. 大趋势——改变我们生活的十个新方向 [M]. 梅艳, 译. 北京: 中国社会科学出版社, 1982.

四、期刊

[1] 包雷晶. 当代青年网络次元化生存的现实图景及应对 [J]. 思想理论教育, 2020 (2).

[2] 陈文心. 青少年网络道德失范的社会学检视 [J]. 教育理论与实践, 2009 (4).

[3] 邓宇, 王立仁. 传统与现代的融合: 新时代高校网络思想政治教育发展审思 [J]. 延边大学学报 (社会科学版), 2019 (5).

[4] 冯刚, 曾永平. "思想政治工作" 与 "思想政治教育" 概念辨析 [J]. 思想教育研究, 2018 (1).

[5] 冯刚. 大数据应用于思想政治教育的局限与突破 [J]. 重庆大学学报 (社会科学版), 2021 (2).

[6] 冯刚. 互联网思维与思想政治教育创新发展 [J]. 学校党建与思想教育, 2018 (2).

[7] 冯刚. 新媒体时代青少年思想政治教育的特点和规律 [J]. 中国教师, 2018 (7).

[8] 冯刚. 增强高校思想政治教育持续发展的内生动力 [J]. 中国高等教育, 2017 (13/14).

[9] 冯刚. 习近平关于大学生思想政治教育论述的理论蕴涵 [J]. 重庆大学学报 (社会科学版), 2018 (3).

[10] 冯刚. 思想政治理论课与日常思想政治教育协同育人的理论思考 [J]. 学校党建与思想教育, 2017 (11).

[11] 冯刚. 创新网络思想政治教育的几点思考 [J]. 学校党建与思想教育, 2014 (5).

[12] 冯刚. 激发思想政治理论课改革创新的深层力量 [J]. 学术论坛,

2020（2）.

[13] 冯刚. 新形势下推动高校网络文化建设的思考与实践 [J]. 思想教育研究，2015（8）.

[14] 兰明尚，郭丛斌. 网络时代大学生思想政治教育的挑战与对策 [J]. 中国高等教育，2019（23）.

[15] 蓝江. 以社会网络群体为对象的思想政治教育 [J]. 教学与研究，2015（3）.

[16] 李怀杰，申小蓉. 大数据时代个性化思想政治教育论析 [J]. 思想理论教育，2019（3）.

[17] 李梦莹. 大学生网络素养及其提升路径研究 [J]. 江苏高教，2019（12）.

[18] 李葉. 网络虚拟主体对其现实本人思想道德的挑战及对策探析 [J]. 西南民族大学学报（人文社科版），2003（6）.

[19] 梁定旭. 网络思想政治教育与现实思想政治教育比较分析 [J]. 学校党建与思想教育，2015（2）.

[20] 刘真安. 当代大学生的网络道德困境与路径探索 [J]. 教育与职业，2010（5）.

[21] 骆郁廷，李勇图. 抖出正能量：抖音在大学生思想政治教育中的运用 [J]. 思想理论教育，2019（3）.

[22] 骆郁廷. 论网络思想政治教育的主体与客体 [J]. 马克思主义与现实，2016（2）.

[23] 神彦飞，金绍荣. 提升大学生网络思想政治教育实效性的困境与路径 [J]. 思想理论教育导刊，2015（7）.

[24] 沈威. 论新形势下高校校园文化品牌培育的五个基本原则 [J]. 思想政治教育研究，2013（10）.

[25] 石书臣. 思想政治教育概念的学科梳理和探讨 [J]. 思想教育研究，2008（8）.

[26] 宋妍，李超. 高校思想政治教育工作对象研究 [J]. 思想理论教育

导刊，2009（5）.

　　[27] 苏俊海 . 高校青年学生思想特点及思想政治教育途径探析 [J]. 中国高等教育，2019（17）.

　　[28] 滕建勇，严运楼，丁卓菁 . 大学生网络行为状况分析及教育对策 [J]. 思想理论教育，2015（5）.

　　[29] 田丰，王璐 . 中国青少年网络技能素养状况研究 [J]. 中国青年社会科学，2020（6）.

　　[30] 王肖 . 大学生短视频热现象的原因分析、潜在风险及应对策略 [J]. 思想理论教育，2021（1）.

　　[31] 项久雨，谭泽春 . 基于实证的高校网络思想政治教育效果研究 [J]. 学校党建与思想教育，2017（10）.

　　[32] 谢向波 . 网络传媒对大学生思想政治教育的负面影响及对策 [J]. 学校党建与思想教育，2017（1）.

　　[33] 许成坤 . 论高校网络思想政治教育的路径选择 [J]. 思想政治教育研究，2017（5）.

　　[34] 闫雪琴，刘永栓 . 大学生网络思想政治教育的路径优化探析 [J]. 国家教育行政学院学报，2020（12）.

　　[35] 杨鲜兰，陈明吾 . 和谐社会视域下的社会交往分析 [J]. 湖北大学学报（哲学社会科学版），2011（3）.

　　[36] 叶定剑 . 当代大学生网络素养核心构成及教育路径探究 [J]. 思想教育研究，2017（1）.

　　[37] 张明明 . 微博、微信网络环境下高校思想政治教育研究 [J]. 思想理论教育导刊，2014（4）.

　　[38] 张永红，刘文良 . 网络时代思想道德教育初探 [J]. 求实，2001（2）.

　　[39] 郑恒，秦在东 . 网络思想政治教育中发挥大学生主体性略论 [J]. 学校党建与思想教育，2017（8）.

　　[40] 胡泳 . 新词探讨：回升室效应 [J]. 新闻与传播研究，2015（6）.

［41］费孝通．缺席的对话——人的研究在中国——个人的经历［J］．读书，1990（10）．

［42］何怀远．意识形态的内在结构浅论［J］．江苏行政学院学报，2001（2）．

［43］黄新建，朱立新，宋明先．青少年网络道德失范及对策探析［J］．学校党建与思想教育，2010（21）．

［44］徐士元，陈帅．高校师德他律机制研究［J］．思想教育研究，2017（4）．

［45］贾英健．论虚拟生存［J］．哲学动态，2006（7）．

［46］黄燕．95后大学生网络精神文化生活的群体特质与引导策略［J］．思想理论教育，2017（2）．

五、博士论文

［1］胡恒钊．高校网络思想政治教育实施方法研究［D］．北京：中国矿业大学（北京），2012（5）．

［2］李蓝冰．网络信息技术进步与思想政治教育发展研究［D］．北京：中央财经大学，2016（5）．

［3］万光侠．人的虚拟性生存与思想政治教育创新研究［D］．济南：山东师范大学，2011（5）．

［4］王丽君．大学生网络思想政治教育研究［D］．西安：陕西师范大学，2018（5）．

［5］吴满意．网络人际互动：网络思想政治教育的基本视域［D］．成都：电子科技大学2011（5）．

六、外文文献

［1］PAUL A. Samuelson. Economic［M］. Boston：Harvard University Press，1948.

［2］BRUCE C. Information literacy research：dimensions of the the energing collective consciousness [J]. Australian Academic &Research Libraries, 2000, 31 (2).

[3] CHARD K, BUBENDORFED K, CATON S, et al. Social cloud computing: A vision for socially motivated resource sharing [J]. IEEE Transactions on Services Computing, 2012, 5 (4).

[4] THOMAN E. Skills and Strategies for Media Education [J]. Educational Leadership, 1999 (2).

后　记

　　时光飞驰，日月如梭。转眼间，我已从北京师范大学毕业两年。本书是在博士学位论文的基础上，经过进一步的思考打磨，得以成型。我从2018年博士入学到2021年来到北京邮电大学马克思主义学院工作，这一路的艰辛、焦灼、喜悦、成长、收获与感动，一幕幕映入眼帘。感恩一切的因缘际遇，我成为冯刚教授的博士生，我在这里实现科研能力的跃升和人生境界的升华。感恩北邮马院，给我成长发展的机会和平台，我能够将学习思考研究的成果和教学实践经验总结集结呈现。写到这里，我有太多的感谢想要表达。

　　首先，我要感谢我最敬爱的导师冯刚教授。冯刚教授既有大家风范，又有仁者之心，对学生真的是尽心尽力、尽职尽责、因材施教。我何其有幸，遇到恩师。谢谢老师以言传身教的方式让我深刻理解了"学为人师、行为世范"的精髓，让我也要立志成为像我导师一样的好老师；谢谢老师的精心栽培，我看到了人生的无限可能，我的每一分收获，每一步成长，都得益于老师的用心指导；谢谢老师和师母的鼓励，我在自我怀疑、沮丧、困惑的时候，更加坚定学习目标，期待美好未来；谢谢老师在论文选题、框架拟定、行文逻辑规范、写作思路引导等方面给予我的帮助和指导，让我在学术之路上的探索既有高瞻远瞩，又能脚踏实地。同时，我还要感谢王振师兄，他总是给我很多鼓励和思路，让我在情绪低落的时候瞬间拥有能量，感谢王天民老师、石芳老师，在论文预答辩过程中提出的宝贵建议，感谢我的严帅师兄、梁超锋师弟和朱宏强师弟，在我论文写作过程中提供的帮助。还有很多热心帮助我的师兄师姐，我在此一并感谢。

　　其次，谢谢我的家人、爱人、亲人、朋友，在我摸爬滚打的过程中给予我坚定的支持，在我需要力量的时候给我提供强大有爱的超级能量场。你们是我奋斗的动力，我也想好好长成一棵大树，回馈给我爱护和包容的你们。谢谢爸爸妈妈给我的开放包容的生长环境，让我可以奋力向上；谢谢我的邱先生，在本书成稿过程中对我的督促、鼓励和支持，并给我提供无微不至的爱和后勤保障。邱先生做事认真细致不拖延，行动力特别强，是我学习的榜样。谢谢我的宝贝女儿，她乖巧懂事，和我一起见证了这本书诞生的过程。谢谢我的婆婆，她在我修改书稿期间把家里照顾得很好，让我少了很多后顾之忧。同时，我还要谢谢我的好朋友李娅和桑俊杰夫妇、徐继敏、冯冰冰、周晓佩、陈曼、任婷婷，感谢他们对我一直以来的爱护和慷慨以及关键时刻的支撑。有很长一段时间，我靠着这份力量才能借光前行。谢谢张晋龙师兄对我读博之路的指导帮助，如果不是张晋龙师兄的推荐，我也不会对我的读博之路有如此清晰的认知。谢谢我的王运平师姐、段文涛师兄和胡兵师兄、李妍妍师姐以及安晴师妹、月月师妹、小阮同学，他们在我最需要帮助的时候，对我慷慨帮助，我会一直铭记在心。谢谢我的博士同学们，谢谢吕幸星同学和冯玲同学，他们总是跟我一起交流分享，在我遇到问题的时候事无巨细给我解答。谢谢我的室友陈晓月，她总是很贴心给我鼓励支持，分享各种好吃好玩的东西来缓解我写论文的压力。大家相亲相爱，互帮互助，共同进步，使读博的生活充满了乐趣与温情。还有很多很多感谢，我在此不一一列举，但温暖情谊始终留存于心。

再次，感谢北邮马院，让我成为一名光荣的人民教师。一个人选择了一种职业，就是选择了一种生活方式。特别荣幸，我能够成为一名光荣的思想政治理论课教师，在自己喜欢的学术领域进行钻研，在神圣的三尺讲台上传播真理，在开明祥和的氛围中努力向上。也正是在周晔院长和学院领导的带领下，在优秀同事们的带动下，我更加坚定要成为一名真正的学者，坚守行业本职，广泛涉猎，纵向深入发展，真正去探究、去思考、去实现有益的成果转化，在实践中总结经验，在科研中勤勤恳恳，在教学和日常事务中充满热情，为我的学生释疑解惑，给他们的成长发展以力量支撑。我在学术之路上要做一个坚定的长期主义者，以平和心态锻造过硬本领，以创新成果回应时代发展之问，以爱国之心、报国之志指引自己前行。

最后，生活明朗，万物可爱。谢谢自己一路以来的坚韧。过去种种的磨难、苦涩，蜷缩在角落艰难度日的时光还历历在目，我因自己的努力拼搏，终于可以闪闪发光了，这种愉悦也是无可比拟的。我从小学的一路颠簸，到初中、高中的题海战术，到大学时候的茫然无措，再到硕士期间的艰苦卓绝，直到现在的游刃有余，这种发展变化，一步一个台阶地往前走，抬头看，终于有花团锦簇在前，是苦尽甘来，也是心满意足。从 6 岁踏上求学之路以来，我对学习是一直有敬畏之心的，潜心向学，脚踏实地，终于学有所成，学有所获。未来依然要葆有初心，真诚、坦荡地拥抱生活，扎实、沉浸地钻研学问，掷地有声、铿锵有力的踏实投入赢得认可，用出色沉稳的成绩回报师恩。

王 方

2023 年 10 月于北京邮电大学